韓非子

Sue Crowcroft

KAGAMI GOLF

Der natürliche Weg zu gutem Golf

BLV

Wenn Sie lernen, bewußt mit Hilfe Ihres Geistes den idealen mentalen Zustand für Höchstleistungen nach Belieben herbeizuführen, dann – und nur dann – aktivieren Sie Ihr wahres Potential!

Sue Crowcroft

KAGAMI GOLF

Der natürliche Weg zum guten Golf

Danksagungen

„Kagami Golf" ist nicht in einem Jahr entstanden; viele Erfahrungen meines Lebens finden in ihm ihren Höhepunkt. Es ist deshalb nicht leicht zu entscheiden, bei wem von all den Menschen, die zu diesem Buch beigetragen haben, ich mit meinem Dank beginnen soll. Am meisten haben mich meine Eltern geprägt. Mein Vater ist ein Querdenker, der mich gelehrt hat, Grundsätzliches zu hinterfragen und nach effektiveren Wegen zu suchen, die andere für nicht gangbar hielten. Er hat mich auch gelehrt, niemals aufzugeben. Meine Mutter ist mein größter Fan; sie hat mich immer unterstützt, auch bei meinen verrücktesten Plänen. Meine Eltern haben mich beide bedingungslos bei meiner Karriere als Golfspielerin und Trainerin unterstützt. Ohne diesen Rückhalt hätte ich nicht an der Profi-Tour teilnehmen, hätte also auch nicht die Kagami-Methode entwickeln oder dieses Buch schreiben können. Ich verdanke ihnen so viel.

Großen Einfluß auf mein Leben hatte auch Alan Fine, Sportpsychologe und Inner-Game-Trainer. Alan hat mir beigebracht, wie ich meinen Intellekt beim Golfspielen beherrschen kann. Diese Erfahrung war für mein Leben und meine Arbeit sehr wichtig.

Viele Menschen und Organisationen haben mir in den letzten zehn Jahren wertvolle Erkenntnisse und Übungsmöglichkeiten vermittelt, die in unterschiedlichem Maß zu meiner persönlichen Entwicklung und meinen Lehrmethoden beigetragen haben. Dazu gehören Frits Philips jun. (Holland), Cherie Carter-Scott (USA), das Psychosynthesis Institute (London), Silva Mind Control (London), Anthony Robbins (USA), die verstorbene Jackie Mercer (Südafrika), Ruth Barry (Deutschland), Timothy Gallwey (USA) und John O'Flynn (Deutschland). Meine besten Lehrer sind meine Klienten gewesen – sie sind wunderbare Spiegel für mich. In jeder Unterrichtsstunde, bei jedem Kurs lerne ich etwas Neues.

Eine Medaille für seine Geduld und Unterstützung verdient Alan Armstrong, seit vier Jahren mein Geschäftspartner und Lebensgefährte. Alan war in der schwersten Zeit bei mir und hat mir geholfen, meinen Weg zu finden und Vertrauen zu haben. An ihm habe ich meine neuen Theorien ausprobiert – er mußte meine geballte Frustration ertragen, wenn etwas nicht klappte. Alans Kreativität und seine Anregungen sind für die Entwicklung der Kagami-Methode außerordentlich wichtig gewesen.

Die schwerste Rolle bei der Entstehung eines Buches fällt immer dem Partner zu. Wir hatten im vergangenen Jahr nicht nur sehr wenig Gelegenheit, uns gemeinsam zu entspannen; Alan hat auch enorm viel dafür getan, dem Buch den „letzten Schliff" zu geben. Wenn ich mit einem Kapitel fertig war, hat Alan es gelesen. Oft habe ich ihn gehaßt, wenn er es mir zurückgab und mir sagte, daß ich es umschreiben müsse! Natürlich ist bei dieser Überarbeitung immer etwas Besonderes herausgekommen. Ich kann wirklich sagen, daß dieses Buch ohne Alans großes Engagement nicht das wäre, was es ist.

Die Deutsche Bibliothek –
CIP-Einheitsaufnahme

Crowcroft, Sue
Kagami-Golf: der natürliche Weg zum guten Golf/ Sue Crowcroft. – München; Wien; Zürich; BLV, 1993
ISBN 3-405-14456-6

BLV Verlagsgesellschaft mbH
München Wien Zürich
8000 München 40

Titelfoto: Jackson Hole, Golf- und Tennisclub, Wyoming/USA

Grafiken: Ian Birck

Umschlaggestaltung und Layoutkonzeption: Reitz Design, Concept & Graphic, München

Satz: Kort Satz, München

Druck: Wenschow/Franzis, München

Bindung: Conzella, Urban Meister

ISBN 3-405-14456-6 · Printed in Germany

Sue Crowcroft

spielte 4 Jahre lang die Europa-Profitournee der Damen und ist seit 1984 als Golflehrerin in England, Südafrika und Deutschland tätig. In USA und Großbritannien befaßte sie sich mit Studien zu Sportpsychologie und mentalem Training. Seit über 10 Jahren beschäftigt sich die englische Profi-Spielerin intensiv mit den inneren Zusammenhängen des Golfspiels. Summe ihrer Erkenntnisse und Erfahrungen ist Kagami, das ganzheitliche Golf-Trainingsprogramm.

Zur Erklärung: Das japanische Schriftsymbol auf dem Vor- und Nachsatz dieses Buches bedeutet „Kagami" (japanisch: Spiegel).

KAGAMI
Sports and Management Training

Inhalt

Teil I

Die Grundlagen

I

DIE GRUNDLAGEN

1. Einführung

Was ich höre,
vergesse ich.
Was ich sehe,
erinnere ich.
Was ich tue,
erkenne ich.

ALTCHINESISCHES SPRICHWORT

Haben Sie jemals ein kleines Kind dabei beobachtet, wie es das Lernen lernt? Ob Kinder laufen lernen oder Ski fahren – ihre ganze Aufmerksamkeit ist total auf ihr Vorhaben gerichtet, sie wollen es unbedingt schaffen. Intuitiv finden sie die richtigen Antworten und geben die integrierte, mühelose Koordination von Geist und Körper zu erkennen.

Die Wissenschaft sagt uns, daß Kinder in den ersten fünf Lebensjahren oft mehr lernen als im Verlauf des gesamten späteren Lebens. Wie kann ihnen das gelingen?

Betrachten wir einmal ein lernendes Kleinkind näher. Offenbar hat es keine Angst davor, sich weh zu tun, es bewertet seine Leistungen weder als gut noch als schlecht, und es ist ihm *während* seiner Experimente auch gleichgültig, wie es von anderen beurteilt wird. „Versagensangst" hat in seinem Denken noch keinen Platz, sein Selbstbild ist deshalb nicht beschädigt, sein Selbstvertrauen unerschütterlich. Wenn es laufen lernt, ist sein Blick nicht auf etwas Bestimmtes gerichtet, weil es sich in diesem Moment voll auf seine Körperempfindungen konzentriert. Und was am wichtigsten ist: Kinder haben beim Lernen ungeheuer viel Freude. Der Prozeß des natürlichen Lernens scheint ihr allergrößtes Vergnügen zu sein. Sie scheinen Fehler mehr als eine Information zu nehmen denn als Versagen. Verhaltensforscher haben herausgefunden, daß die rechte und linke Gehirnhemisphäre bei kleinen Kindern hochintegriert ist; dadurch haben sie eine gut entwickelte motorische Koordination, wodurch sie einen Sport viel schneller erlernen als Erwachsene. Warum ist uns diese kindliche, mühelose Lernfähigkeit abhanden gekommen? Vielleicht, weil wir als Erwachsene mehr Angst vor dem Versagen, der Selbstverurteilung haben? Ist das Selbstvertrauen in unsere Lernfähigkeit geschwunden? Versuchen wir, den Golfschwung zu erlernen, indem unser Intellekt dem Körper vorschreibt, wie er sich bewegen soll? Vielleicht wirken unsere inneren Überzeugungen heute hemmender als noch zur Kinderzeit? Vielleicht haben allzu hochgesteckte Ziele das spielerische Element im Golf verdrängt?

Sicher sind wir heute keine Kinder mehr, aber liegt diese Zeit so weit zurück? Wenn Sie nur zehn Prozent dieser Eigenschaften zurückgewinnen könnten, würde das Ihr Golfspiel verbessern oder Ihnen helfen, das Spiel müheloser zu erlernen?

Vielleicht haben Sie das Gefühl, daß Ihre Kindheit zu weit zurückliegt, um diese Eigenschaften wiederzuerwecken, aber ich versichere Ihnen: Wenn Sie es schon einmal geschafft haben, können Sie es wieder tun. Und Sie haben es ganz gewiß schon einmal geschafft, denn Sie haben laufen gelernt!

Sehen Sie, als ich davon sprach, wie Kinder lernen, habe ich die Kagami-Methode grundsätzlich beschrieben.

Scheinbar schwierige Bewegungsabläufe wie beim Golf lassen sich mit Hilfe vieler Bereiche des Gehirns im Zusammenspiel mit den Muskeln erlernen und einprägen. Die Kagami-Methode stützt sich auf spezielle „ganzheitliche" Lerntechniken, mit denen Geist und Körper mühelos um- und den Muskeln schnell und effektiv neue Bewegungen einprogrammiert werden können. Kagami bedeutet im Japanischen „der heilige Spiegel". Beim Kagami-Training gibt es zwei Spiegel. Den einen halte ich Ihnen als Ihr Trainer vor Augen, damit Sie Ihren Golfschwung besser verstehen. Der zweite ist das Golfspiel selbst, das nicht nur Ihren „Golfschwung" widerspiegelt, sondern auch Ihren „Arbeitsschwung" und Ihren „Lebensschwung". Ich werde Ihnen in diesem Buch immer wieder den Spiegel vorhalten, indem ich Ihnen Fragen stelle, Ihnen bestimmte Wahrnehmungsspiele und ganz besondere Visualisierungsübungen vorschlage.

Dieses Buch will Ihnen helfen, die Freude am natürlichen Lernen wiederzuentdecken und einen mühelosen, erfolgreichen Schwung zu finden, der ganz und gar Ihr eigener ist.

Viele Gründe gibt es, um Kagami-Golfstunden zu nehmen: Gute Spieler kennen häufig das negative Geplapper, das ihnen durch den Kopf geht und ihr Spiel stört, wissen aber nicht, wie sie es in den Griff bekommen können.

Viele Golfspieler merken, daß sie mehr Talent haben, als sie derzeit auf dem Platz zeigen. Möglicherweise haben sie zwar hart an Technik und Schwung gearbeitet, aber die Konzentration und Wahrnehmungskraft vernachlässigt, die zu einer Verbesserung führen würden.

Spieler mit höherem Handicap haben manchmal das Problem, das intellektuell Verstandene ins Muskelgedächtnis zu übertragen und es damit zu automatisieren. Sie wissen, was zu tun ist, doch die neue Bewegung verankert sich nicht im Körper, und so kehren sie zu alten Bewegungsgewohnheiten zurück.

Anfänger wenden sich an Kagami-Golf, um das Golfspiel schnell und problemlos zu erlernen. Sie wissen, daß zehn technische Anweisungen in bezug auf den Golfschwung nicht die entspannteste und schnellste Art ist, um Golf zu lernen.

Andere Golfspieler wiederum wollen Konzentration und Beständigkeit unter Turnierdruck verbessern.

Ich hoffe, Sie begleiten mich bei der Kagami-Reise, mit dem Schläger in der Hand, und lassen mich ein Stück vorangehen. Bereiten Sie sich also auf manche einmalige und aufregende Erfahrung vor.

Es gibt zahlreiche Fallbeispiele in diesem Buch, um deutlich zu machen, wie die Kagami-Methode angewendet werden kann. Es handelt sich dabei um tatsächlich während Trainingsphasen gemachte Erfahrungen mit Schülern. Ich habe die Namen geändert.

Die Kagami-Methode favorisiert keine bestimmte Technik, sondern hilft Ihnen, einen ganz persönlichen Schwung zu finden, der für *Sie* tauglich ist. Dieses Buch soll Ihnen helfen, den Spaß am natürlichen Lernen wiederzuentdecken. Mit Hilfe bestimmter Wahrnehmungsspiele und Visualisierungstechniken wird sich Ihr Bewußtsein von Schläger, Schwung und Körper spürbar verbessern. Verbesserte Einsicht und gesteigertes Körpergefühl werden zu einem Schwung führen, der perfekt Ihrem Körperbau, Stoffwechsel und Ihrer Persönlichkeit angepaßt ist, weil er Ihrem Unterbewußtsein entspringt. Ein solcher Schwung läßt Sie auch dann nicht im Stich, wenn Sie unter Druck geraten, weil er sich so mühelos und natürlich anfühlt. Er wird Sie ihr ganzes Golferleben lang begleiten.

Dieses Buch soll Ihnen helfen, den Spaß am natürlichen Lernen wiederzuentdecken.

Um den Kagami-Prozeß voll zu erfassen, reichen noch so viele Worte in einem Buch nicht aus – Sie müssen Ihre eigenen Erfahrungen machen. Ich habe deshalb dem Buch die Konzeption eines „Erfolgsratgebers" gegeben. Wenn Sie mit den beschriebenen Übungen auf die Driving Range und den Golfplatz gehen und die Grundprinzipien aus erster Hand erfahren, dann werden Sie Ergebnisse erzielen – und Kagami begreifen.

Die Entdeckungen, die Sie in bezug auf Ihr Golfspiel und Ihr Denken machen, sind nicht nur auf den Golfplatz beschränkt, sie werden sich als bedeutsam für alle Lebensbereiche erweisen. Golf kann zu einem Spiegel des Lebens werden.

I

2. Die Kagami-Grundregeln

Die Wirklichkeit entsteht im Kopf

▼

Die Wahrnehmung

▼

Leben im Jetzt

▼

Das Kagami-Notizbuch

I

Die Grundlagen

Als einziges Lebewesen ist der Mensch in der Lage, seine eigene Entfaltung zu torpedieren. Wir blockieren unsere natürlichen Lernvorgänge, indem wir unser Leistungsvermögen anzweifeln. Wir glauben, wir müssen etwas erwerben, was nicht schon längst unser ist, oder etwas werden, das wir nicht sind. Außerhalb von uns selbst suchen wir nach Fertigkeiten und Antworten.

Fritz Perls

2. Die Kagami-Grundregeln

Vier Jahre lang spielte ich auf der Women's Professional Golf Tour. In dieser Zeit erkannte ich, daß jeder negative Gedanke im Kopf vor oder während des Schlages die Muskelspannung im Körper beeinflußt und meinen Schwung veränderte. Gleichgültig, wie viele Stunden ich meine Technik auf dem Übungsplatz trainiert hatte: Gedanken hatten offenbar Vorrang vor dem Muskelgedächtnis.

Ich erinnere mich an ein Turnier in Nordengland: Bei der Übungsrunde hatte ich den Ball ins Aus in die Bäume auf der linken Seite der Spielbahn geschlagen. Jedesmal, wenn ich dann im Turnier zu diesem Loch kam, konnte ich den Gedanken nicht vertreiben: „Schlag den Ball nicht links in die Bäume!" Mit der Folge, daß der Ball entweder nach links flog oder überkompensierend weit nach rechts auf die andere Spielbahn. Je größer der Streß, desto höher die Wahrscheinlichkeit, daß die negativen Gedanken den Schwung störten.

Damals hielt ich mich für einen eher durchschnittlichen Putter. An besonders schlechten Tagen marschierte ich aufs Grün, sah den Ball in fünf Meter Entfernung vom Loch liegen und dachte dabei ständig: „Nur jetzt keine drei Putts!"

Wissen Sie, ich war damals der Überzeugung, daß meine Gedanken und ich identisch sind. Deshalb konnte ich auch das, was mir gerade durch den Kopf ging, nicht kontrollieren. Meine Gedanken torkelten wie betrunkene Affen, und ich war sicher, daß es kein Gegenmittel gibt. Vom Übungsplatz wußte ich ja, wie gut ich sein kann. Um so mehr frustrierte mich meine Unfähigkeit, dieses Können im Turnier zu entfalten – so sehr, daß ich oft nach einer Runde zum Übungsplatz marschierte und bis zur völligen Erschöpfung Hunderte von Bällen schlug, auf der Suche nach irgendeinem technischen Schwungfehler, der meine Schwierigkeiten erklären sollte. Mit der Folge, daß ich völlig verwirrt war und mein Selbstvertrauen immer weiter sank, weil der Übungsplatz auch keine Antworten lieferte. Ich suchte schlicht an der falschen Stelle.

Im Sommer 1983 gab mir Alan Fine, der Lehrer des *Inner Game,* auf dem Teppich seines Londoner Büros eine Lektion im Putten. Nach einer halben Stunde verhalf Alan mir zu der Einsicht, daß ich meinen Intellekt tatsächlich lange genug zum Schweigen bringen kann, um einen Putt zu schlagen. Diese Erfahrung führte zu einem radikalen Wandel meiner Überzeugungen in bezug auf das Denken und auf meine potentiellen Fähigkeiten. Sie sollte der Anfang einer Entdeckungsreise werden, die mein Leben veränderte.

Während der letzten zehn Jahre habe ich mich intensiv weitergebildet, um mich selbst und die Funktion des menschlichen Geistes und seiner Beziehung zum Körper besser zu verstehen – eine Reise der persönlichen Entwicklung wie auch der Entfaltung meiner Fähigkeiten als Golflehrerin, die vor zwei Jahren im Aufbau der Kagami-Golftrainingsmethode ihren Höhepunkt fand.

In den Jahren des Lehrens und Lernens erkannte ich, daß sich alle Spielstärken unter den Golfspielern mit den gleichen Problemen herumschlagen. Einem blutigen Anfänger kann ich in dreißig Minuten den Griff und die Grundbewegung des Schwungs beibringen. Der Schwung, das wird daran erkennbar, muß nicht kompliziert sein.

Wenn ich der gleichen Person nun einen Ball vorsetze, verändert sich augenblicklich sein Schwung. Warum? Der Kopf mischt sich ein. Man ist überzeugt, jetzt mehr tun zu müssen, als nur die einfache Bewegung des Ballschlagens auszuführen, die man gerade gelernt hat. Der Intellekt sendet folglich Anweisungen an den Körper. Man zweifelt an der Fähigkeit, auf natürliche, ungezwungene Weise zu lernen, und verliert den Kontakt mit dem Körper, aus Angst vor Fehlern.

Handicap-Spieler schlagen sich mit ähnlich gelagerten Problemen herum. Klassische Situation: Der erste Abschlag eines Turniers. Ängstlichkeit und überflüssige Gedanken im Kopf verändern die Muskelspannung im Schwung und damit das Resultat. Zahlreiche technische Schwungfehler, die Golfspieler in den Muskeln verankert haben, haben ihren Anfang als mentale Vorschriften in der Lernphase genommen. Wir werden später noch sehen, daß unser Denkvermögen, unser Intellekt mit Golf nicht viel anfangen kann. Ein Beispiel: ein rechtshändiger Golfspieler will einen Ball sehr weit schlagen, schickt also eine Anweisung vom Kopf zur Aktivierung von rechtem Arm und Schulter beim Abschwung – das Resultat, ein Slice, ein Ball mit Rechtsdrall, gehört zu den häufigsten Fehlern von Handicap-Spielern und Anfängern.

Die Wirklichkeit entsteht im Kopf

Meiner Erfahrung nach gibt es für jeden Schwungfehler oder schlechten Schlag eine tiefere Ursache: mentale Störgeräusche.

Meiner Erfahrung nach gibt es für jeden Schwungfehler oder schlechten Schlag eine tiefere Ursache: mentale Störgeräusche.

Im Laufe meiner Studien der letzten Jahre stieß ich auf zahlreiche wissenschaftliche Beweise, die meine eigenen Erfahrungen und die meiner Golfschüler bestätigten. Viele Wissenschaftler und Ärzte sind zu dem Schluß gekommen, daß wir tatsächlich unsere Wirklichkeit mit unseren Gedanken beeinflussen. Sogar der wissenschaftliche Beweis wurde erbracht, daß der Geist versucht, jede seiner Überzeugungen in die Wirklichkeit umzusetzen.

Wenn Ihr Kopf beispielsweise vor dem Schlag über ein Wasserhindernis mit Bildern und Gedanken von einem ins Wasser platschenden Ball beschäftigt ist, dann wird er genau diese Realität zu schaffen versuchen. Ihr Unterbewußtsein wird sein Bestes geben, um den Schwung zu sabotieren und den Ball ins Wasser zu treiben. Wenn Sie dagegen Ihre Gedanken so sehr unter Kontrolle haben, daß Sie ein Bild vom Ball, der zum Grün fliegt, festhalten können, wenn Sie sich während des Schwungs völlig auf eine Wahrnehmungsübung konzentrieren, dann ist in ihrem Kopf für Gedanken an das feuchte Element kein Raum. In letzterem Fall ist Ihr Körper frei von Befürchtungen, was Wasser betrifft, er wiederholt einen erfolgreichen Schwung. In beiden Fällen haben die Gedanken die Realität geschaffen. Vielleicht merken Sie nicht immer, welche Gedanken an einem bestimmten Tag Ihren Schwung beeinflussen. Das führt uns zum zweiten Kagami-Prinzip.

Die Wahrnehmung

Ohne Wahrnehmung hätte unser Körper beispielsweise weder laufen noch Fahrrad fahren gelernt.

Möglicherweise ist die Wahrnehmungskraft die wichtigste Fähigkeit, die wir als Menschen besitzen. Ohne Wahrnehmung hätte unser Körper beispielsweise weder laufen noch Fahrrad fahren gelernt.

Pausenlos empfangen wir Informationen aus der Umwelt, verarbeiten, filtern und speichern sie. Je mehr Informationen wir aufnehmen, desto weniger sind wir allerdings geneigt, unseren Gedanken und Gefühlen Aufmerksamkeit zu schenken.

Ein Beispiel: Sie verspäten sich zu einem Termin auf der anderen Seite der Stadt, und gerade heute herrscht dichter Verkehr. Sie kennen den Weg nicht genau, und als Sie schließlich die Straße finden, ist kein Parkplatz in Sicht. Sie treffen gestreßt und außer Takt zu Ihrem Termin ein. Weil Sie mit Informationen aus der Umwelt und ängstlichen Gedanken bombardiert wurden, haben Sie möglicherweise das erhöhte Streßniveau erst wahrgenommen, als Sie aus dem Auto ausstiegen und tief durchatmeten. Die Wahrnehmung der körperlichen Vorgänge war während der Fahrt stark herabgesetzt, weil so vieles von außen auf Sie einströmte und fortwährendes Geplapper im Kopf vorherrschte.

Durchaus Vergleichbares geschieht mit vielen Golfspielern, während sie lernen oder unter Druck spielen müssen. Wenn man uns mit „Tu-das"-Anweisungen bombardiert, vom Kopf her oder durch einen Lehrer, wenn wir uns gleichzeitig sorgen, ob wir all die komplexen Muskelbewegungen im Schwung richtig hinbekommen, dann haben wir keine Chance, uns des Körpers und der tatsächlich ablaufenden Geschehnisse bewußt zu werden. Ergo rücken wir vom natürlichen Lernprozeß ab, den wir als Kinder erfolgreich einsetzten, und vertrauen der intellektuellen Form des Lernens: Dem Körper genau zu sagen, was er tun muß, um den Schläger zu schwingen. Und dann wundern wir uns, warum sich der Körper nicht unseren Anweisungen fügt!

Auch gute Spieler müssen es erleben: Man steht am 16. Abschlag im Turnier, fünf Schläge unter dem eigenen Handicap, fängt an, an einen Sieg und die Verringerung des Handicaps zu denken. Die nächsten Schläge sollen dann in erster Linie den guten Zwischenstand konservieren. Plötzlich schwindet die konzentrierte Aufmerksamkeit, die man eben noch besaß, als alles gut lief – die Gedanken daran, was geschieht, wenn man jetzt noch das Turnier verliert oder die letzten Schläge versiebt, bereiten Herzklopfen. Die Muskeln verkrampfen sich, der Schwung gewinnt an Tempo, man blickt ein wenig zu früh auf, um zu sehen, wohin der Ball fliegt. Peng, der Ball flitzt in die Bäume, und man grübelt darüber nach, was mit dem Schwung passiert sein könnte.

Was ist geschehen? Ihre Gedanken haben sich in die Zukunft davongestohlen – mit der Folge, daß Sie Ihren Schwung und Ihre Muskelspannung nicht mehr so gut wahrgenommen haben. Die Besorgnis, die der Gedanke an zukünftige Ereignisse ausgelöst hat, hat Ihren Schwung verändert.

Ein wichtiger erster Schritt im Kagami-Prozeß ist die Wahrnehmung, wie sich Ihr Schwung durch die Gedanken, die Ihnen durch den Kopf gehen, verändert. In diesem Punkt unterscheidet sich Kagami tiefgreifend von den meisten anderen Golflehrmethoden. Wenn ich Ihnen eine

Menge intellektuell-didaktischer Anweisungen gebe, wird sich Ihr Geist so sehr damit beschäftigen, das Gesagte auszuführen, daß Ihre Wahrnehmung in bezug auf das tatsächliche Geschehen nachläßt. Wenn ich Sie dagegen frage, was in Ihrem Schwung oder in Ihrem Körper gerade geschieht, müssen Sie Ihren Blick nach innen richten, um mir zu antworten. Ihre Wahrnehmung wird schärfer.

Das Tor zu Ihrem Körper schließt sich, wenn Sie sich Anweisungen vom Kopf her geben. Es steht weit offen, wenn Sie Ihren Schwung wahrnehmen oder ein visuelles Bild vor Augen halten.

Zum Beispiel: Wie steigen Sie eine Treppe hinunter, oder wie stehen Sie morgens aus dem Bett auf? Versuchen Sie einmal, sich selbst intellektuelle Anweisungen zu geben, indem Sie die Muskeln beschreiben, die Sie einsetzen müssen, um eine dieser Tätigkeiten auszuführen. Und versuchen Sie jetzt, Ihren eigenen Anweisungen zu folgen... Es ist praktisch unmöglich, selbst wenn Sie die Tätigkeit in jeder Einzelheit beschrieben haben. Die Schwierigkeit liegt offenbar in der Übertragung eines verbalen oder nonverbalen Befehls in eine körperliche Handlung. Das Gehirn kann den Körper nicht bewußt mit Worten steuern. Jener Teil des Gehirns, der analysiert und verbale Anweisungen verteilt, ist nicht fähig, den Muskeln zu sagen, was zu tun ist. Seine Möglichkeiten, mit jenem Teil unseres Gehirns zu kommunizieren, der Körperbewegungen steuert, sind begrenzt.

Wenn man also damit beschäftigt ist, dem Körper Befehle zu geben, wie er den Schläger schwingen soll, bestehen nur geringe Chancen, daß der Körper die korrekte Bewegung ausführt, es sei denn, er kann diese Anweisungen mit einer schon vertrauten Aktion verknüpfen. Zudem kommen womöglich gewisse Selbstzweifel und Spannungen auf, weil der Körper diesen Befehlen nur widerwillig gehorcht. Die Wahrnehmung dessen, was sich *tatsächlich* abspielt, verringert sich bei Anweisungen dieser Art – was wiederum die Rückmeldungen blockiert, die das Unterbewußtsein empfangen kann.

Es kann nicht überraschen, daß man als Erwachsener nicht mehr so mühelos wie ein Kleinkind lernt, wenn man begreift, wie schwer wir uns den Lernprozeß gemacht haben. Manche meiner Schüler können zu Anfang meine Fragen nicht beantworten, weil man sie nie zuvor gebeten hat, zu fühlen, was während des Golfschwungs geschieht. Wenn Sie jedoch die Übungen durchhalten, dann verbessert sich Ihre Wahrnehmung erstaunlich rasch, weil sie schon nach wenigen Schlägen Dinge an Schwung oder Körperbewegung erkennen, die ihnen völlig neu sind.

Das Tor zu Ihrem Körper schließt sich, wenn Sie sich Anweisungen vom Kopf her geben. Es steht weit offen, wenn Sie Ihren Schwung wahrnehmen oder ein visuelles Bild vor Augen halten.

Ich möchte Ihnen jetzt und hier eine Erfahrung vermitteln, die Ihnen zeigt, welche Folgen die Steigerung der Wahrnehmung haben kann. Schließen Sie Ihre Augen für einen Moment und achten Sie auf Ihre Sitzhaltung. Stützt die Stuhllehne Ihren Rücken? Sind Sie völlig entspannt oder gibt es Spannungszonen in Ihrem Körper? Achten Sie nun auf Ihre Schultern – welches Gefühl haben Sie dabei? Wieviel Spannung sitzt dort, auf einer Skala von 1 bis 5, wobei 1 sehr wenig und 5 sehr viel bedeutet? Richten Sie Ihre Aufmerksamkeit nun auf Ihre Rückenmuskeln und tun Sie dort dasselbe. Bitte machen Sie diese Übung, bevor Sie weiterlesen...

Sind Sie sich Ihres Körpers nun bewußter als noch vor einigen Minuten? Haben sich die Muskelspannungen verändert, als Sie ihnen Aufmerksamkeit schenkten? Haben Sie sich vielleicht ein wenig im Stuhl bewegt, um bequemer zu sitzen? Dasselbe geschieht, wenn Sie sich selbst eine Frage in bezug auf Ihren Golfschwung stellen. Muskeln entspannen sich automatisch, der Schwung kommt natürlicher und müheloser. Fast alle Teilnehmer an meinem Kagami-Training entdecken, daß Chip-Schläge mit geschlossenen Augen leichter fallen als mit offenen Augen. Wenn Sie es mal versuchen, werden Sie den Grund dafür verstehen. Das gleiche Prinzip arbeitet bei einem blinden Menschen, der ein höher entwickeltes Gehör besitzt.

Manchmal fällt es unserem denkenden Kopf schwer, zu glauben, daß wir all die Instruktionen nicht brauchen, die der Geist uns in bezug auf den Golfschwung geben möchte. Und deshalb brauchen wir Erfahrung aus erster Hand. Wer diese konzentrierte Wahrnehmung erfährt, den mutet das Spiel plötzlich unglaublich einfach an, und er wird sich fragen, was daran jemals so kompliziert gewesen sein soll.

Haben Sie schon einmal eine Videoaufnahme Ihres Schwungs gesehen und waren verblüfft, einen Schwungfehler zu entdecken, von dessen Existenz Sie nichts wußten? Ihre erste Reaktion war wahrscheinlich: „Aber davon habe ich gar nichts gemerkt!" Zu fühlen, was sich *tatsächlich* abspielt, ist von großer Bedeutung.

Denn wenn Sie die Bewegung so, wie sie wirklich ist, nicht fühlen können, wie können Sie dann erkennen, ob sie sich verändert hat?

Denn wenn Sie die Bewegung so, wie sie wirklich ist, nicht fühlen können, wie können Sie dann erkennen, ob sie sich verändert hat?

Vielleicht teilen Sie eine bestimmte Erfahrung mit vielen meiner Schüler: Der Golflehrer hat einen bestimmten Fehler genau beschrieben und die Gründe erläutert, warum eine Änderung der Technik erforderlich ist. Man ist sich womöglich völlig im klaren über den Sinn seiner Worte, kann jedoch die intellektuelle Einsicht nicht in die angemessene Körperbewegung umsetzen. Der Körper begeht daher auch künftig den technischen Fehler. Oder man konnte die Veränderungen durchführen, solange man vom Lehrer begleitet und korrigiert wurde; aber als man wieder allein übte, kehrte das alte Schema zurück – oder nur teilweise, und dann funktionierte gar nichts mehr.

Der Lehrer mag mit seiner Meinung völlig richtig gelegen haben, doch ein Element fehlte, um die Verbesserung zu verankern – man konnte den Unterschied zwischen alter und neuer Bewegung nicht *fühlen*. Wenn Sie erst einmal die Kagami-Wahrnehmungsspiele erlernen, dann wird es viel leichter für Sie, die Informationen Ihres Professionals erfolgreich umzusetzen.

Dieses Prinzip gilt nicht nur für Ihren Golfschwung, sondern für alle Lebensbereiche. Wenn wir uns beispielsweise nicht bewußt sind, daß uns ein bestimmtes Ereignis in Streß versetzt, dann werden wir weiterhin wie gewohnt reagieren und die Notwendigkeit übersehen, unser Verhalten zu ändern. Wir sind nicht mehr Herr der Lage, die äußeren Umstände übernehmen das Heft, und wir reagieren wie Pawlowsche Hunde.

Zwei Absichten verfolgt dieses Buch: Erstens soll es Ihre Wahrnehmung schärfen, wie Gedanken das Golfspiel und die Lernfähigkeit beeinflussen. Zweitens soll es Ihnen helfen, diese Gedanken unter Kontrolle zu bringen, um willentlich die für Bestleistungen förderliche mentale Verfassung herstellen zu können. Wenn Sie diese Fertigkeit gemeistert haben, können Sie Ihr bestes Golf spielen, wenn Sie es am meisten brauchen, und müssen nicht mehr vergeblich auf den Tag warten, an dem es in Ihrem Kopf ruhiger zugeht.

Das führt uns zum dritten Grundprinzip der Kagami-Methode.

Leben im Jetzt

Wendet man sich der Grundursache aller mentalen Störgeräusche zu, dann begegnet man stets einem zukünftigen oder vergangenen Ereignis.

Wenn wir zum Beispiel in ein gutes Buch vertieft sind oder einen amüsanten Film ansehen, verschwenden wir keine Gedanken über Vergangenheit und Zukunft und empfinden deshalb weder Streß, Ängstlichkeit noch Anspannung. Wir leben vollkommen im Jetzt.

Jede Kagami-Übung in diesem Buch soll helfen, die Aufmerksamkeit entweder auf Schwung, Schläger, den Körper oder den Augenblick des Balltreffens zu richten, sei es durch ein Wahrnehmungsspiel oder eine Visualisierungsübung. So bleibt der Geist unter Kontrolle und voll und ganz mit dem *Jetzt* beschäftigt, für *Vergangenheit* oder *Zukunft* bleibt kein Raum. Hier verbirgt sich das wirksamste Element der Kagami-Prinzipien. Für Golfer aller Spielstärken, vom Anfänger bis zum Professional, ist es von unschätzbarem Wert.

Werfen wir einmal einen Blick auf einige Situationen im Golfspiel, um diesen Punkt näher zu beleuchten:

a) Nehmen wir an, Sie spielen im Turnier, und die Gruppe hinter Ihnen spielt schneller als Ihr Team; die Leute müssen deshalb jedesmal auf Sie warten. Sie fangen an, sich darüber Gedanken zu machen und beginnen, schneller zu putten, um vom Grün zu kommen. Warum machen Sie sich Gedanken? Möglicherweise denken Sie an das, was die Leute sagen könnten (Zukunft), oder daran, daß sie vielleicht vom Ball getroffen werden könnten (Zukunft).

b) Sie haben das letzte Loch mit drei über Par beendet, ein mächtiger Slice vom Abschlag ließ den Ball ins Aus segeln. Sie sind rechtschaffen sauer und marschieren zum nächsten Abschlag. Vielleicht denken Sie jetzt, daß Ihr Score wegen des letzten Lochs im Eimer ist (Vergangenheit) oder daß Sie für den Rest der Runde noch besser spielen müssen, um das Malheur wieder wettzumachen (Zukunft). Sie stehen am Abschlag, können die Erinnerung an den Slice vom letzten Loch in die Bäume nicht beiseite schieben (Vergangenheit) und denken darüber nach, wie das überhaupt passieren konnte. Sie denken: „Wenn ich das Schlägerblatt ein bißchen näher ranbringe, vielleicht fliegt der Ball dann besser?“ (Zukunft).

Das einzige, was sich im Augenblick des Schlägerausholens beeinflussen läßt, geschieht genau *jetzt* – der Schwung! Am vorigen Schlag oder am vorigen Loch gibt es nichts zu verändern. Der einzige Weg, die Zukunft, die Ballrichtung zu beeinflussen, sind Ihre Gedanken und Ihr Gefühl während des Schwungs.

Das einzige, was sich im Augenblick des Schlägerausholens beeinflussen läßt, geschieht genau jetzt *– der Schwung!*

Behalte ich ein klares Bild im Kopf, wie mein Ball bei einem Drei-Meter-Putt ins Loch rollt, und hält mich dieses Bild zuversichtlich und entspannt, dann habe ich eine größere Chance, den Ball einzuputten, als bei einem Bild, das den Ball vorbeigehen läßt und meine Muskeln veranlaßt, sich zu verkrampfen und zu versuchen, das Ergebnis zu beeinflussen.

Worauf man sich während des Schwungs konzentriert, hat einen Einfluß darauf, wie der Körper auf Befürchtungen reagiert. Wir alle besitzen, was ich als „Probiermuskeln“ bezeichne – Muskelgruppen, die bei Anspannung reagieren, mit dem Versuch, den Schwung zu steuern, sobald unsere Denkprozesse Angst oder Streß registrieren. Bei manchen Golfern sitzen sie in der rechten Schulter, bei anderen in den Händen oder an der unteren Wirbelsäule. Diese überaktiven Muskeln sind verantwortlich für technische Schwungfehler. Ihr Auslösehebel sitzt im Kopf, doch im Lauf der Zeit hat er sich in den Muskeln verankert, so daß sich ihre Aktivität oftmals ganz normal anfühlt.

Worauf man sich während des Schwungs konzentriert, hat einen Einfluß darauf, wie der Körper auf Befürchtungen reagiert.

Die Anspannung der Muskeln in der rechten Schulter ist ein klassisches Beispiel für dieses Prinzip, es zeigt sich bei vielen Golfern. Häufig ist die Ursache der Gedanke, daß der Golfschwung eine Kraftanstrengung verlangt. Der Kopf sendet die Botschaft: „Hau drauf, so fest du kannst!" – und die Muskeln reagieren konform. Ein Slice oder ein Pull (ein gerader Schlag nach links) ist meist die Folge.

Ein weiteres beliebtes Spielchen (auch bei mir!) besteht darin, aufzuschauen, wohin der Ball geflogen ist, bevor ihn der Schläger getroffen hat: die Vorwegnahme eines *zukünftigen* Ereignisses, weil der Ball noch gar nicht geschlagen worden ist!

Wenn Sie nach und nach die Kagami-Übungen durchführen, werden Sie allmählich die „Probiermuskeln" in Ihrem Golfschwung genauer kennenlernen – mit anderen Worten: die körperliche Ursache für Ihre schlechten Schläge. Vielleicht kennen Sie Ihre schwerwiegendsten Fehler schon, nicht jedoch die weniger sichtbaren.

Haben Sie erst durch die Kagami-Übungen und geschärfte Wahrnehmung die „Probiermuskeln" identifiziert, dann fällt es Ihnen leicht, geeignete Wahrnehmungsspiele oder Visualisierungsübungen auszuwählen, um die körperliche Muskelerinnerung auszulöschen. Wenn ein Golfspieler die Wurzeln eines Schwungfehlers entdeckt, dann vergißt er es meiner Erfahrung nach nie mehr und weiß beim nächsten Mal sofort, was da geschehen ist.

Während dieses Prozesses erlernen Sie in fast „kindlicher" Weise einen natürlicheren, müheloseren Schwung – mit Hilfe sowohl der rechten wie der linken Gehirnhälfte. Wenn Sie sich Ihren Schwung oder Ihren Körper bewußt machen, um ein Wahrnehmungsspiel zu spielen oder bei Ihrem Schwung eine Visualisierungsübung anzuwenden, dann zapfen Sie Ihr Unterbewußtsein, Ihre rechte Gehirnhälfte an. Das erleichtert das Erlernen des Golfschwungs oder die Korrektur von Schwungfehlern sehr, weil Sie jenen Bereich Ihres Kopfes nützen, der auf natürliche Weise lernt.

Das Kagami-Notizbuch

Im nächsten Kapitel werden wir uns ausführlicher mit der rechten und linken Gehirnhälfte befassen, doch zuvor möchte ich Ihnen einen Weg zeigen, wie Sie den größtmöglichen Nutzen aus diesem Buch ziehen können.

Zum Teil ist dieses Buch als praktisches Handbuch zur Selbsthilfe gedacht, es soll Ihnen aber auch Hintergrundinformationen und Einsichten vermitteln. Ich hoffe, daß Sie bei der Lektüre des Buches auch die verschiedenen Übungen machen. Nichts kann Ihre persönliche Erfahrung ersetzen. Sie werden auf Übungs- und Golfplatz Einsichten gewinnen, Erfahrungen machen, die Sie für fest verankert halten; und dennoch ist es erstaunlich, wie schnell wir vergessen, was einmal gut funktionierte, wenn wir eine Durststrecke durchmachen.

Um sicherzugehen, daß dieses Buch eine dauerhafte Wirkung auf Ihr Golfspiel erzielt, möchte ich Ihnen das Anlegen eines eigenen Kagami-Notizbuchs empfehlen. Das Notizbuch sollte etwa DIN-A-5-Format aufweisen, damit Sie es auf Golfplatz und Driving Range mitnehmen können. Immer wieder werde ich Sie bitten, vor und nach den Übungen Ihre Erfahrungen festzuhalten. Zum Schluß besitzen Sie ein wertvolles Nachschlagebüchlein, mit Übungen und persönlichen Einsichten – ein Buch, das zu Ihrer Golfbibel werden kann.

Warum besorgen Sie sich nicht gleich jetzt ein geeignetes Notizbuch oder kaufen eines morgen früh?

Im nächsten Kapitel geht es um die Funktion des Gehirns in Beziehung zum Körper.

I

3. Das Spiel im Kopf

Die rechte und linke Gehirnhälfte

▼

Das menschliche Gehirn

▼

Wie wir unseren Geist geschult haben

▼

Beispiele für natürliches Lernen

▼

Das Lerntempo

Das eigentlich Wertvolle ist die Intuition. Meditation hat mir Antworten gegeben, noch bevor ich die Fragen stellte. Die Vorstellungskraft ist wichtiger als das Wissen.

Albert Einstein

3. Das Spiel im Kopf

Die rechte und linke Gehirnhälfte

Der größte Teil unserer heutigen Kenntnisse in bezug auf das Gehirn und seine Beziehung zum Körper stammt aus den letzten beiden Jahrzehnten. Wissenschaftler erfahren ständig Neues über die Funktionen des Menschen, und mit der Entdekkung der Quantenphysik wird sich das Tempo wohl noch beschleunigen.

Erstaunlich, daß das Leben auf der Erde schon vor dreieinhalb Milliarden Jahren begonnen haben soll und wir erst heute beginnen, unser Denken zu verstehen. Das Gehirn, das sieht die Wissenschaft jetzt, ist unendlich vielschichtiger als bisher vorausgesetzt, und jeder „normal" denkende Mensch besitzt ein viel größeres Potential als zuvor angenommen. Vor zwanzig Jahren erzählte uns die Wissenschaft, daß wir nur 30 Prozent unseres Gehirns nutzen. Heute spricht sie von zehn Prozent. Wir haben nichts verloren, sie hat einfach nur mehr entdeckt! William James, ein brillanter Philosoph und Doktor der Medizin der Universität Harvard, meint, daß wir nur durchschnittlich fünf Prozent unserer geistigen Fähigkeiten nutzen.

Das menschliche Gehirn

Das menschliche Gehirn ist ein hochkompliziertes Geflecht aus Milliarden von Nervenzellen, von denen jede wie ein winziges informationsverarbeitendes System funktioniert. Eine einzige Nervenzelle kann an den Synapsen Körpersignale von bis zu 15 000 anderen, unmittelbar angrenzenden Nervenzellen empfangen. Damit ist das Gehirn komplexer als jede andere uns bekannte Struktur, obwohl es nur rund drei Pfund wiegt und nicht größer ist als eine Grapefruit.

Es würde den Rahmen dieses Buches sprengen, detailliert auf die Funktion des menschlichen Gehirns einzugehen. Allerdings werden mit der Kagami-Methode beim Erlernen einer Sportart verschiedene Bereiche des Gehirns mehr stimuliert als bei herkömmlichen didaktischen Methoden. Einige wichtige Informationen werden Ihnen verstehen helfen, warum die Kagami-Übungen so effektiv sind.

Die größten und bekanntesten Bereiche des Gehirns sind die linke und rechte Gehirnhälfte, die durch eine massive, als Corpus callosum bezeichnete Nervenfaserplatte verbunden sind (siehe Abb. S. 21 oben).

Die rechte Cortex steuert die linke Seite des Körpers, die linke Cortex die rechte Körperseite. Diese

Überkreuz-Funktion gilt auch für die anderen Sinne wie den Gehör- und Gesichtssinn und das Bewegungsgefühl mit Ausnahme des Geruchssinns. Bei den Augen ist es etwas anders; hier nämlich ist die rechte Sehrinde für das linke Gesichtsfeld *beider* Augen zuständig, und die linke Sehrinde für das rechte Gesichtsfeld *beider* Augen.

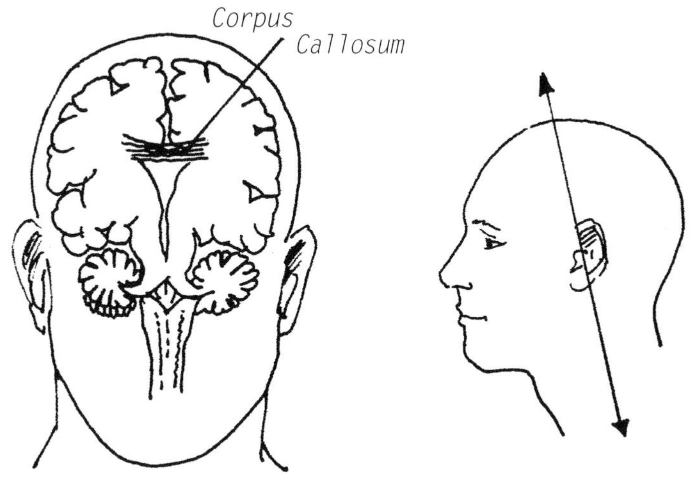

Roger Sperry und Robert Ornstein haben in den 70er Jahren am California Institute of Technology bahnbrechende Experimente an chirurgisch getrennten Hemisphären durchgeführt, die uns verstehen helfen, wie die linke und rechte Hälfte der Großhirnrinde funktionieren.

Aus diesen Experimenten und späteren Studien können wir darauf schließen, für welche Bereiche jede Gehirnhälfte maßgeblich zuständig ist. Die linke Hemisphäre scheint auf verbale Kommunikation, analytisches Denken, Lesen und allgemeine Logik ausgerichtet zu sein, während die rechte Hemisphäre vorwiegend für Kreativität, Tiefenwahrnehmung, Rhythmus und Musikalität zuständig ist.

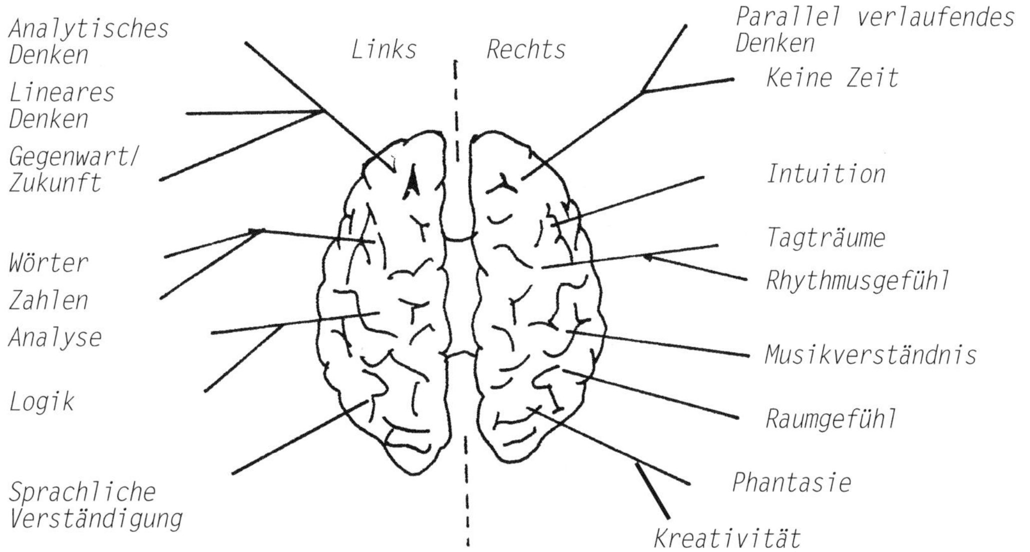

Ein Bild entsteht dort, wo die linke Hemisphäre mehr auf lineare, fortlaufende Verarbeitung und die rechte Hemisphäre auf parallele Verarbeitung spezialisiert ist – viele Einzelinformationen vereinigen sich so zu einer Synthese.

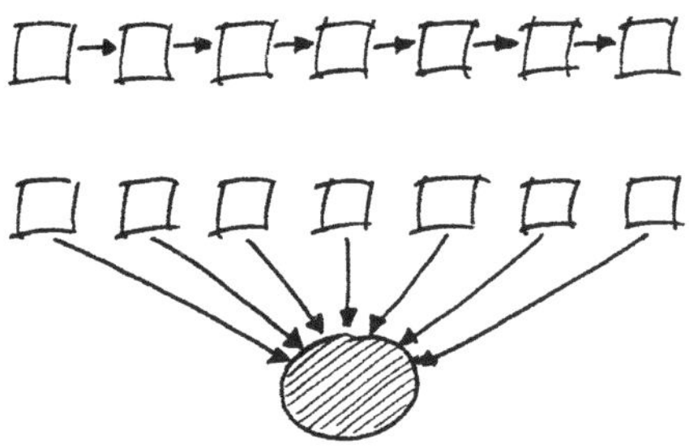

In unserer Industriegesellschaft wird den vorwiegend von der linken Hemisphäre gesteuerten Funktionen eine größere Bedeutung beigemessen als denen der rechten Hemisphäre. So kam es zu der Auffassung, daß die linke Hemisphäre wichtiger ist. Psychologen sahen sich durch jüngste Untersuchungen jedoch gezwungen, diese Sichtweise aus zwei Gründen zu überdenken. Erstens ist die rechte Hemisphäre ebenso aktiv und wichtig in der Durchführung ihrer Aufgaben wie die linke. Zweitens kann jede Hemisphäre bis zu einem gewissen Grad die Funktionen der anderen übernehmen, was strenge funktionelle Unterscheidungen schwieriger macht.

Es gibt sekundäre und tertiäre Bereiche der Großhirnrinde, die für andere, differenziertere Funktionen, wie das Sprachverständnis oder

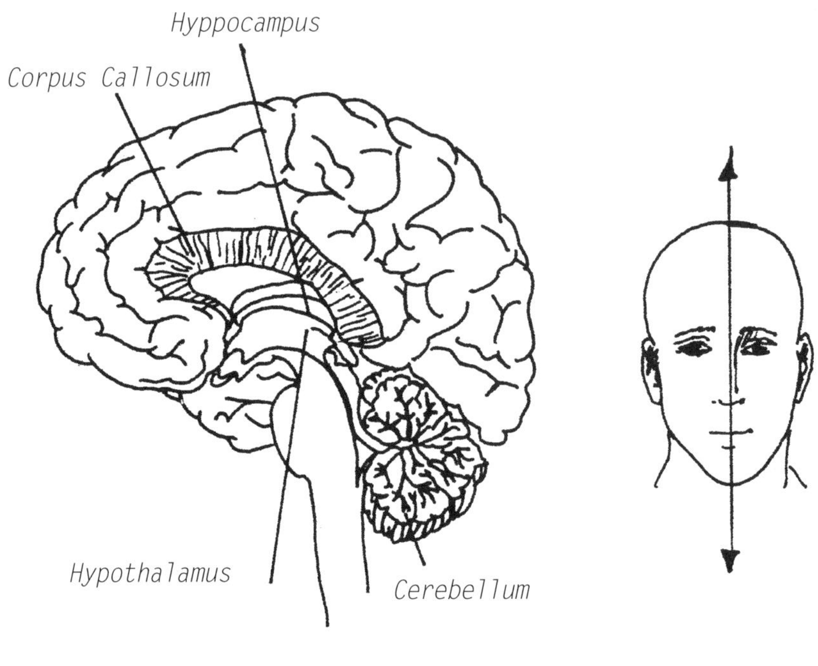

schwierige Abstraktionsebenen, da sind. Der Hippocampus ist für das Langzeitgedächtnis zuständig, und der Hypothalamus verarbeitet körperliche Äußerungen von Emotionen. Diese beiden kleinen Organe liegen tief im Kerngebiet des Gehirns, in der Nähe des Rückenmarks.

Der interessanteste Bereich des Gehirns aus unserer Sicht ist das Cerebellum. Es ist, von der Evolutionsgeschichte der Säugetiere her, der älteste Teil des Gehirns und für die genaue Koordination und Steuerung der Muskeln im Körper zuständig. Das Cerebellum integriert die von den Sinnen empfangenen Informationen in die Muskeln und ermöglicht so ganz fein abgestimmte Bewegungen, wie sie zum Beispiel beim Sport nötig sind. Ohne das Cerebellum würden solche Bewegungen ungeschickt und schwerfällig werden.

Den Neurophysiologen zufolge ist dieser Teil des Gehirns für die Programmierung der motorischen Muskelkoordination von entscheidender Bedeutung. Sollen solche motorischen Fähigkeiten automatisch ablaufen, muß das Cerebellum aktiviert werden.

Noch interessanter ist, was passiert, wenn der Intellekt anfängt, in die Funktion des Cerebellums einzugreifen. Roger Penrose beschreibt das sehr gut in seinem 1989 erschienenen Buch „The Emperor's New Mind":

„Fast jeder hat schon die Erfahrung gemacht, daß ihm, wenn er über sein Tun *nachdenkt,* die Leichtigkeit bei einer vorher gut beherrschten Fähigkeit zeitweise abhanden kommen kann. Durch dieses *Nachdenken* scheint die Kontrollfunktion des Gehirns reaktiviert und... der Fluß und die präzise Arbeit des Cerebellums unterbrochen zu werden."

Dieser Punkt ist sehr wichtig, denn er bestätigt aus wissenschaftlicher Sicht die Prinzipien, auf denen die Kagami-Techniken beruhen. Und genau diesen Vorgang habe ich während meiner zwölf Jahre als Golf-Profi, sowohl als Profi-Spieler wie als Golflehrer, schon unzählige Male beobachtet. Ich kann gar nicht mehr sagen, wie viele Menschen verzweifelt zu mir gekommen sind und Stunden haben wollten, weil sie ihren Körper nicht dazu bringen konnten, einen koordinierten Bewegungsablauf zu wiederholen, während sie sich intellektuelle Anweisungen gaben. Sie sagen Dinge wie: „Ich weiß vom Verstand her, welche Bewegung ich machen soll, aber mein Körper will einfach nicht so reagieren."

Später, wenn wir mit den speziellen Kagami-Übungen beginnen, werden Sie dank dieses Hintergrundwissens feststellen, daß die Kagami-Prinzipien auf der gesteigerten Aktivität der rechten Hirnhemisphäre und des Cerebellums basieren, und der Ruhigstellung der linken Hemisphäre während des Schwungs. Dadurch können sich Golfer aller Leistungsstufen bei der Entwicklung oder Verbesserung ihres Golfschwungs einen größeren Teil des Gehirns zunutze machen. Und genau dieser Vorgang vollzieht sich in kleinen Kindern, wenn sie Bewegungsabläufe koordinieren lernen.

Zum leichteren Verständnis werden wir im folgenden bestimmte Termini für die verschiedenen Bereiche des Gehirns benützen. Wir bezeichnen die linke Hirnhemisphäre als *Intellekt,* und alles andere, einschließlich der rechten Hirnhemisphäre und des Cerebellums, als *Unterbewußtsein.* Das ist der nicht-denkende Teil Ihres Geistes, der auf Gefühle, visuelle Bilder und intuitive Einfälle reagiert, ohne bewußten Gedanken. Diese Bezeichnungen sind zur Vereinfachung gedacht und nicht wörtlich zu verstehen.

Der interessanteste Bereich des Gehirns aus unserer Sicht ist das Cerebellum. Es ist, von der Evolutionsgeschichte der Säugetiere her, der älteste Teil des Gehirns und für die genaue Koordination und Steuerung der Muskeln im Körper zuständig.

Wie wir unseren Geist geschult haben

Wir wollen uns jetzt damit beschäftigen, was mit uns während unserer geistigen Entwicklung als Erwachsenen passiert ist und warum es für uns so schwierig ist, das Golfspielen so zu erlernen, wie es Kinder tun.

Kleine Kinder haben unter anderem den Vorteil, daß sie mit ihren Eltern nicht kommunizieren können und sich deshalb auf ihre eigene natürliche Lernfähigkeit verlassen müssen. Außerdem ist die linke Hirnhemisphäre, die für die Sprache zuständig ist, noch nicht entwickelt.

Motorische Fähigkeiten können einfach nicht über den Verstand erlernt werden.

Timothy Gallwey weist in seinem Buch *The Inner Game of Golf* darauf hin, daß ganz sicher alles anders wäre, wenn Kinder erst sprechen lernen müßten, bevor sie laufen lernen. Er sagt: „Unsere Eltern hätten uns zweifellos zunächst beigebracht, wie wir unser Gewicht vom linken auf den rechten Fuß verlagern müssen, und wir hätten infolgedessen eine Menge Zeit auf dem Boden liegend zugebracht und darüber nachgegrübelt, warum wir schon wieder hingefallen sind. Bei vielen von uns hätte das zu einem Minderwertigkeitsgefühl bezüglich unserer motorischen Fähigkeiten geführt, mit der Folge, daß wir womöglich noch heute über unsere eigenen Füße stolpern würden. Statt dessen haben wir aus Erfahrung als natürlichem Prozeß gelernt, so wie Kinder sich selbst beibringen, wie man auf einem Fahrrad oder einem Skateboard balanciert – ein Prozeß, der die volle Aufmerksamkeit fordert und Freude macht."

Ich habe nur wenige Erwachsene getroffen, die auf diese Weise lernen, Golf zu spielen. Die meisten werden ärgerlich und regen sich über sich selbst auf, programmieren förmlich einen Schwung in ihren Körper, der dann nicht zu dem gewünschten Ergebnis führt. Sie richten über sich, befehlen ihren Körper und, was das Schlimmste ist, *zwingen* ihren Körper in völlig unnatürliche Stellungen. Warum? Ich glaube, weil keiner von uns jemals gelernt hat, in balancierter „ganzheitlicher" Weise zu lernen. Als Schüler und Studenten haben die meisten von uns die intellektuelle Gehirnhälfte beansprucht und entwickelt, während die rechte, intuitive Seite als weniger wichtig vernachlässigt worden ist. Ins Berufsleben traten wir dann mit gut entwickeltem Intellekt und nicht so gut entwickeltem Unterbewußtsein.

Der Verstand ist wie ein Muskel. Je mehr wir damit arbeiten, um so stärker wird er. Wir investieren daher mehr in die intellektuelle Seite unseres Verstandes und werden von deren mentalen Funktionen abhängig.

Verläßt man sich darauf, ist klar: Motorische Fähigkeiten können einfach nicht über den Verstand erlernt werden.

Beispiele für natürliches Lernen

Unter den europäischen Topspielern gibt es einige wunderbare Beispiele dafür, wie man das Spiel auf ganz natürliche Weise lernen kann. Severiano Ballesteros hat als Caddy in Spanien die Golfer beobachtet. Seine unglaubliche Ballkontrolle entwikkelte er, weil er als Kind nur ein Dreier-Eisen besaß. Er mußte sich also beibringen, wie man ein solches Eisen aus jeder Position schlägt – sogar aus dem Sandbunker!

Laura Davies, eine der besten Golferinnen der Welt, die sowohl die US Open als auch die British Open gewonnen hat, ist eine völlig instinktgeleitete und natürliche Spielerin. Ich glaube nicht, daß sie jemals eine Unterrichtsstunde genommen hat, und sie bekennt auch, daß sie die technische Seite ihres Schwungs nicht richtig versteht. Wenn sie Probleme mit dem Schwung bekommt, geht sie auf den Übungsplatz und spielt solange, bis ihr Schwung zurückgekehrt ist und die Bälle wieder gerade fliegen.

Diese Spieler und so manche andere hatten das Glück, schon als Kinder mit dem Golfspiel in Berührung zu kommen. Die meisten von uns brauchen dagegen als Erwachsene ein wenig Hilfe bei der Entwicklung der Fähigkeit, Intellekt und Unterbewußtsein zu integrieren.

Einige sehr berühmte Menschen haben diese unglaubliche Gabe mit ihrem Lebenswerk bewiesen. Ein herausragendes Beispiel, wozu ein Mensch in der Lage ist, wenn beide Gehirnhälften simultan genutzt werden, ist Leonardo da Vinci. Man kann wohl mit Recht behaupten, daß er in seiner Zeit der vollendete Meister auf den Gebieten Malerei, Bildhauerei, Physiologie, Meteorologie, Architektur, Mechanik, Anatomie, Physik, Geologie und Aeronautik war. Die an den europäischen Höfen gebräuchlichen Saiteninstrumenten waren ihm vertraut, spontan komponierte, spielte und sang er Balladen. Die wissenschaftlichen Skizzenbücher Leonardos sind gefüllt mit dreidimensional angelegten Zeichnungen und Darstellungen. Die Vorzeichnungen zu den Meisterwerken unter seinen Gemälden sehen aus wie Architekturskizzen.

Wenn wir uns also in bestimmten Bereichen als talentiert bezeichnen, in anderen hingegen nicht, sagen wir in Wirklichkeit nichts anderes, als daß wir gewisse Bereiche unseres Potentials erfolgreich gefördert haben, andere jedoch immer noch auf ihre Entdeckung warten.

Zu den aufregendsten Effekten der Anwendung der Kagami-Prinzipien im Golf zählt das bewußte Beteiligen des Unterbewußtseins.

Wenn Sie mit diesem Buch und den enthaltenen Übungen arbeiten, werden hoffentlich auch Sie herausfinden, wie man sich fühlt, wenn man *nichts ausprobiert*. Das friedliche, mühelose, wunderbare Gefühl eines Golfschwungs, der dem Einfluß des Unterbewußtseins entspringt, ist wirklich atemberaubend.

Sie haben es schon als Kind so gemacht, also können Sie es – mit ein wenig Hilfestellung – auch jetzt wieder tun. Sie müssen Ihren Intellekt nur ein wenig austricksen und mit ihm spielen, damit er aufhört, Ihnen Vorschriften zu machen.

Das Lerntempo

Manche Golfer erzählen mir, daß sie unsportlich sind und deshalb Probleme beim Golf haben. Ich frage sie dann, ob sie als Kind laufen und sprechen gelernt haben. Die meisten bejahen das!

Eine Sprache zu erlernen ist eine sehr vielschichtige Angelegenheit. Für ein Kind bedeutet das die Verknüpfung von Rhythmus, Mathematik, Musik, Physik, Linguistik, räumlichen Zusammenhängen, Gedächtnis, Kreativität und Logik. Das sind Aktivitäten, die mehrere Zonen des Gehirns beanspruchen. Wenn also jemand imstande ist, so etwas Vertracktes wie eine neue Sprache zu lernen, der kann auch einen Golfschwung erlernen. Das Problem verbirgt sich nicht bei angeborenen Talenten, sondern in der Art, wie man versucht, Golf zu lernen. Wenn wir uns im Reich des Intellekts wohler fühlen, dann liegt es auf der Hand, sich auch beim Golfspielen auf ihn zu verlassen.

Der Intellekt taugt jedoch fatalerweise nicht besonders zum Erlernen von Sportarten. Er bringt alle möglichen irrigen Hypothesen ins Spiel, er produziert Ängste, Vorschriften, Urteile und unnütze Feststellungen und Annahmen, die den natürlichen motorischen Lernprozeß blockieren.

Wenn ein unsportlicher Mensch anfängt, Golf zu spielen, und sich dabei ausschließlich auf den Intellekt

Zu den aufregendsten Effekten der Anwendung der Kagami-Prinzipien im Golf zählt das bewußte Beteiligen des Unterbewußtseins.

verläßt, wird er normalerweise sehr bald frustriert sein. Der Körper wird nur sehr widerwillig akzeptieren, was der Verstand von ihm fordert. Ein sehr sportlicher Mensch dagegen, der effektive Nervenachsen zwischen Muskeln und Gehirn aufgebaut hat, kann eine Bewegung denken, und Minuten später verwandelt sie sich in ein Bild oder Gefühl, das er in kürzester Zeit den Muskeln einprogrammieren kann. Der sportliche Typus kann ebenso Schwierigkeiten haben, wenn er zu viele Anweisungen gleichzeitig beachten oder ein bestimmtes Maß an Streß- oder Angstfaktoren ausgrenzen muß. So ist es mir auf der Professional Tour ergangen. Ich betrachtete mich als sportlich, doch unter Streß konnte ich meinen Intellekt nicht daran hindern, meinen Schwung zu stören.

Um aus diesem Buch den größtmöglichen Gewinn zu ziehen, ist es wichtig, sich Ziele für das eigene Golfspiel zu setzen. Ohne diese Information weiß Ihr Unterbewußtsein nicht, wohin Sie wollen, und kann Ihnen daher nicht helfen. Im nächsten Kapitel werde ich Sie Schritt für Schritt durch einen Prozeß lenken, der die verschwommene Vision Ihres Golfspiels in einen realisierbaren Aktionsplan einrahmt, mit dem Sie noch heute beginnen können.

I

4. Träume verwirklichen

Entscheidung und Verpflichtung

▼

Das Ziel als Instrument

▼

Stufe 1: Wie soll sich Ihr Golfspiel entwickeln?

▼

Stufe 2: Ein Jahresziel vor Augen

▼

Stufe 3: Verpflichten Sie sich

▼

Stufe 4: Bekräftigung des Jahresziels

▼

Stufe 5: Die Entwicklung eines Aktionsplans

Man kann nicht besser sein als die eigene Vision.

4. Träume verwirklichen

Haben Sie unerfüllte Wünsche, was Ihr Golfspiel betrifft, und können Sie diese einfach nicht verwirklichen? Haben Sie das Gefühl, daß mehr in Ihnen steckt, als Sie bis jetzt entdeckt haben? Fehlen Ihnen klar abgesteckte Ziele und eine gewisse Verpflichtung, sie zu erreichen?

Stellen Sie sich vor, wieviel Freude es machen würde, ein aufregendes, verlockendes Ziel vor Augen zu haben. Wie motiviert Sie wären! Sie müßten sich nicht mehr auf dem Übungsplatz quälen; denn die Freude auf Ihrer Reise zum Ziel, die Herausforderung der nächsthöheren Stufe würde Sie immer wieder mit Begeisterung dorthin treiben.

Die Zielsetzung ist begleitet von einer bewußten Entscheidung, die die innere Kraft unseres Handelns verändert. Es gibt so viele Dinge in unserem Leben, die wir uns *wünschen*, so viele Phantasien, wie gut wir spielen könnten, wenn wir *nur mehr Zeit* zum Üben hätten. Gibt es einen Unterschied zwischen dem *Wunsch*, besser Golf zu spielen, und der *Verpflichtung* dazu? Genau das nämlich unterscheidet durchschnittliche und herausragende Spieler! Vergessen Sie nicht, daß es hier nicht ausschließlich um Golf geht. Sie können dieses Kapitel auf alles anwenden, was Sie im Leben erreichen wollen.

Entscheidung und Verpflichtung

Eine Verpflichtung entsteht automatisch, wenn Ziele gut definiert, und die Gründe, sie zu erreichen, gut verankert sind.

Ein paar Jahre lang sprach ich immer davon, eines Tages ein Buch über die Kagami-Methode schreiben zu wollen. Es war ein Traum – ein Ziel ohne festen Zeitplan. Ein guter Freund, dem ich ewig dankbar sein werde, besprach dann mit mir alles, was mich davon abhielt, genau *jetzt* damit zu beginnen. Ich brachte viele Entschuldigungen, Ausreden und Ausflüchte vor, die allesamt einer genauen Prüfung nicht standhielten. Einige gute Argumente meines Freundes überzeugten mich schließlich, nicht länger zu zaudern. Ich mußte zugeben, daß genau jetzt der Zeitpunkt gekommen war, mein Golfbuch zu schreiben. Bei dem Gedanken befiel mich eine Mischung aus Furcht und Begeisterung.

Dann kam die wichtigste Frage: Wann werde ich anfangen? Obwohl ich weder einen Computer noch einen Verleger hatte, war mir völlig klar, daß die *Entscheidung* zum Schreiben der erste Schritt sein mußte – alle anderen Einzelheiten würden sich dann von selbst ergeben. Ohne die *Verpflichtung*, mit dem Schreiben zu beginnen, wäre gar nichts passiert. Folgerichtig hatte ich keine drei Monate, nachdem ich mich zum Schreiben entschlossen hatte, einen Computer, einen gegliederten Abriß meines Buches und einen Verleger. Es war unglaublich, wie mühelos sich eines zum anderen gefügt hatte. Das Buch wäre stets eine großartige Idee am Horizont meiner Vorstellung geblieben, wenn ich mich nicht entschlossen hätte, sofort zu beginnen, innerhalb eines genauen Zeitplans die Konzeption zu erstellen und einen Verleger zu finden.

Wenn Sie mit Ihrem Golfspiel nicht glücklich sind, dann verpflichten Sie sich, etwas zu ändern, und entwerfen Sie eine genaue *Vorstellung* von Ihrem zukünftigen Spiel. Wenn Sie wissen, daß mehr in Ihnen steckt, als Sie derzeit in Ihrem Spiel zeigen, dann entschließen Sie sich, zu tun, was nötig ist, um Ihr Talent zu wekken. Wenn Sie *wirklich* Golf spielen lernen wollen, sehen Sie sich als zukünftigen, vollendeten, glücklichen Golfer mit perfektem Schwung – setzen Sie sich ein Ziel.

Wie oft haben Sie schon Spielern zugehört, wie sie sich beklagten, sie seien frustriert von ihrem Spiel und würden so gerne besser spielen. Beim Nachhaken erfuhren Sie, daß sie bestenfalls einmal im Monat spielen. Zwischen Zielsetzung, Verpflichtung und Wunsch klaffen Lücken. Grund und Motivation, öfters Golf zu spielen, ist Ihnen offenbar nicht stichhaltig genug, denn sonst hätten Sie sich mehr Zeit genommen.

Christoph, einer meiner Schüler, der seit einigen Jahren nach der Kagami-Methode spielt, hat sich mit dem Zielesetzen beschäftigt. Im Training haben wir herausgefunden, daß es eine gewisse Wechselbeziehung zwischen seinem Golfspiel und der Art, wie er im Geschäftsleben vorging, gab. Viele Erkenntnisse, die er auf dem Golfplatz gewann, konnte er auf Beruf und Alltag übertragen. Er arbeitete und lebte wesentlich bewußter und konnte nötige Veränderungen vornehmen.

Bevor wir uns mit dem Zielesetzen befaßten, hatte sich Christoph nie für die Verbesserung des Handicaps oder die Teilnahme an Turnieren interessiert. Beim Golf ging es ihm offenbar in erster Linie um die Verbesserung von Einstellung und Konzentrationsfähigkeit. Seit einem Jahr spielte er mit Handicap 31, verriet mir aber, daß er sich nicht als „echten" Golfer sehe.

Im April vereinbarten wir als Jahresziel ein Handicap von 28. Ich kannte Christoph als vielbeschäftigten Mann und fragte ihn, ob er die Bereitschaft mitbringe, seinem Spiel genügend Zeit und Aufmerksamkeit zu widmen, um dieses Ziel zu erreichen. Wie viele Turniere würde er beispielsweise in dieser Saison spielen? Das Golfspiel nach den Kagami-Prinzipien, so erklärte er mir, habe ihm in vielen Lebensbereichen geholfen. Golf gewann dadurch eine wesentlich höhere Priorität. Das bestärke ihn wiederum darin, sich mehr Zeit zum Golfspielen zu nehmen – nicht nur um des Vergnügens willen, sondern wegen der damit verbundenen Lernerfahrungen.

In diesen Worten verbarg sich ein so großes Maß an Bereitschaft und Entschlossenheit, wie ich es bei Christoph zuvor nicht gekannt hatte. Sein Verhältnis zum Spiel veränderte sich schließlich grundlegend. Anfang Juni rief er mich an, um mir zu sagen, daß er in einem Turnier, seinem ersten Turnier in dieser Saison, 26 gespielt habe. Sein Handicap rutschte damit auf 27 und er war völlig überrascht von seinem Erfolg.

Ich war nicht überrascht, denn ich kenne die Kraft der Verpflichtung!

Echte Entscheidungen sind die Katalysatoren, die unsere Träume wahr werden lassen.

ANTHONY ROBBINS

Das Ziel als Instrument

Viele Menschen haben Probleme, sich selbst Ziele zu setzen, weil sie immer wieder feststellen mußten, daß sie sich selbst damit unter Druck setzen. Wenn man dann das Ziel nicht erreicht, empfindet man das als ein „Versagen". Einmal gesteckte Ziele zu erreichen ist nicht der ultimative Lebenssinn – sie sind nur Mittel zum Zweck.

Jedes Ziel, das wir uns setzen, soll uns helfen, als Mensch zu wachsen und uns zu öffnen. Es ist sinnlos, Lebensziele zu erreichen und gleichzeitig die Gesundheit zu ruinieren, Familie und Freunde zu opfern, um letztlich zu entdecken, daß man zu krank ist, um die Früchte der Mühen zu genießen oder niemanden zu haben, der sie mit einem teilt. Mit dieser Angst sabotieren Sie Ihre Weiterentwicklung. Attraktive, fordernde Ziele sind der Schlüssel – Ziele, die keine Belastung sind, sondern ein Gefühl der Bereicherung und Erfüllung auf dem Lebensweg vermitteln. Freilich ist das Ganze ein Balanceakt, der ein volles Bewußtsein Ihres mentalen, emotionalen und körperlichen Zustandes erfordert. Eines wird sicherlich im Verlauf der Übungen in diesem Buch geschehen: Sie werden sich selbst besser kennenlernen. Das wichtigste ist dabei, sich immer darüber im klaren zu sein, daß die Zielsetzung nur als Hilfsmittel gedacht ist, niemals, um Schmerz oder Streß zu verursachen. Denken Sie daran, daß Streß immer hausgemacht ist. Daseinsfreude und Lebensqualität sind in der Regel wichtiger als das Endresultat eines Vorhabens. Beim Golf kommt man ohnehin nie ans Ziel. Es wird immer ein neues potentielles Ziel geben. Und das gilt auch für erstklassige professionelle Golfer.

Daseinsfreude und Lebensqualität sind in der Regel wichtiger als das Endresultat eines Vorhabens.

Allerdings werden Sie niemals wieder blutiger Anfänger sein, wenn Sie ein Handicap erhalten. Die unschuldige Freude daran, endlich den richtigen Schwung gefunden zu haben, den ersten guten Schlag gemacht zu haben, dieses Vergnügen werden Sie nie wieder in derselben Weise empfinden. Begeisterung und Freude am Lernen können wir nur selten wirklich genießen, wir sind viel zu sehr mit dem gesteckten Ziel beschäftigt, dann mit dem nächsten Ziel und danach mit dem nächsten...

Zum Zielesetzen gehört auch, daß man das gesteckte Ziel aufrichtig verfolgt. Wenn es sich in ein „Muß" verwandelt, werden wir nicht die richtige Einstellung dazu finden. Krampf und Kampf ist die Folge. Ein „Muß"-Gefühl entsteht, wenn Sie glauben, man erwarte etwas von Ihnen, oder Sie müßten es aus irgendeinem anderen Grund erreichen. Jede Freude, jeder Begeisterungsfunken fehlt – und spätestens dann sollten Sie hellhörig werden.

Stufe 1: Wie soll sich Ihr Golfspiel entwickeln?

Der erste Schritt zur Verwirklichung Ihrer Träume: Schildern Sie am Anfang Ihres Kagami-Notizbuchs ganz frei und vorbehaltlos das Wunschbild, das Sie von sich selbst als Golfspieler haben. Lassen Sie die Zügel Ihrer Vorstellungskraft und Ihrer Einfälle schießen. Blockieren Sie sich nicht, indem Sie nur „Realistisches" zulassen. Vergessen Sie für einige Augenblicke, daß Sie eigentlich genau wissen müßten, wie Sie Ihre Träume verwirklichen werden.

Was wollen Sie im Golf erreichen, wenn ein Scheitern ausgeschlossen ist? Noch haben wir keinen Zeitpunkt festgelegt, Sie können also in die nahe oder fernere Zukunft hineinträumen. Sie könnten beispielsweise die Zukunft in Handicap-Einheiten einteilen. Aber vergessen Sie keinesfalls, andere, spannende Ziele einzubauen. Machen Sie Ihre Vision attraktiv, um sich von ihr tragen zu lassen.

Welcher Typ von Golfspieler sind Sie in Ihrer Zukunftsvision? Lieben Sie den Wettkampf, möchten Sie an möglichst vielen Turnieren teilnehmen? Sind Sie der lockere Golfspieler, der möglichst viel Spaß haben will, der verinnerlichte Golfer, der über das Spiel Geist und Verstand entwickelt und trainiert, oder der Wochenendgolfer, der sich auf ein Match mit Freunden freut, der nur Pars und Birdies mitzählt? In welchem Land würden Sie gerne spielen? Von welchen Golfplätzen träumen Sie? Würden Sie beispielsweise gerne an Pro-Ams in Hawaii oder Thailand teilnehmen? Schildern Sie Ihren Traumschwung: ruhig und kontrolliert, fließend und rhythmisch, kurz und kraftvoll oder dynamisch und stark?

Stufe 2: Ein Jahresziel vor Augen

Setzen Sie sich ein Ziel, das sich binnen Jahresfrist erreichen läßt, das als Wegmarke in Richtung Verwirklichung Ihrer maximalen Wunschvorstellung dienen soll. Malen Sie sich aus, wie Sie nach Ablauf eines Jahres spielen werden. Etwas sehr Motivierendes sollten Sie zusätzlich noch in Ihre Zielvorstellung einbauen: Golf-Ferien beispielsweise, in irgendeinem exotischen Land, den Kauf eines neuen Schlägersatzes – oder denken Sie an ein Turnier, an dem Sie zusammen mit Ihrem Lieblings-Pro teilnehmen. Schreiben Sie alles auf, was im kommenden Jahr geschehen muß, damit Sie Ihr Ziel erreichen.

Wenn Sie nun Ihre Zielvorstellung mit dem jetzigen Stand der Dinge vergleichen, dann haben Sie auch schon die Antworten. Zum Beispiel:

Wo sind die Schwachpunkte Ihres Spiels, die verbessert werden müssen?

Wie steht es mit Ihrer Konzentration auf dem Platz? Lassen Sie sich durch äußere Einflüsse stören, oder sind Sie selbst Ihr eigener Störfaktor?

Würden Sie besser spielen, wenn Sie sich einfachere Ziele setzten?

Sollten Sie Ihren Chip verbessern oder Ihre Technik ganz allgemein?

Ist mangelndes Selbstvertrauen ein negativer Faktor in Ihrem Spiel?

Setzen Sie sich selbst unter Druck und schwingen Sie zu kraftbetont? Haben Sie den Eindruck, Sie würden besser spielen, wenn Sie nicht unter Druck stünden?

Glauben Sie, daß Ihr Selbstbild als Golfspieler einer positiven Veränderung bedarf?

Wie bereiten Sie sich auf Ihren Schwung vor? Sinnvoll und angemessen?

Sollten Sie vielleicht beim Ansprechen des Balls mehr auf den richtigen Abstand achten? Überprüfen Sie das für die jeweiligen Schläger genau?

Schreiben Sie die einzelnen Entwicklungsstufen Ihres zukünftigen Spiels nieder. Achten Sie dabei auf positive Satzstrukturen. Schreiben Sie also nicht „Ich möchte meinen Hook loswerden“, sondern „70% meiner Abschläge mit dem Holz fliegen gerade und landen in der Mitte der Spielbahn“.

Stufe 3: Verpflichten Sie sich

Nehmen Sie sich zwei Minuten Zeit und schreiben Sie ein paar Sätze darüber, warum Sie sich unbedingt in die Pflicht nehmen wollen, diese Ziele innerhalb von einem Jahr zu erreichen.

Welchen Gewinn werden Sie daraus ziehen? Lassen Sie sich etwas einfallen.

Was geschieht, wenn Sie Ihr Ziel nicht erreichen?

Wie werden Sie sich, am Ziel angekommen, fühlen?

Sind Sie wirklich bedingungslos motiviert?

Wenn nicht, sollten Sie Ihr Ziel ändern oder sich wenigstens anhand besser gewählter Gründe anspornen. Das wichtigste ist immer das „Warum". Sind die Ausgangspunkte hierfür ausreichend begründet, kommt das „Wie" ganz von allein.

Stufe 4: Bekräftigung des Jahresziels

Denken Sie sich zwei kurze Sätze oder eine Zeichnung aus, die Ihr Ziel veranschaulichen. Damit beschriftete oder bemalte Karteikarten plazieren Sie gut sichtbar bei sich zu Hause oder im Büro – beispielsweise an Ihrem Badezimmerspiegel oder in Ihrem Auto. Sie werden so mindestens zweimal am Tag an Ihr Ziel erinnert.

Versetzen Sie sich jedesmal in die Zukunft, fühlen, sehen und hören Sie, was mit dem Erreichen des Ziels passiert. Die emotionale Intensität, mit der Sie Ihren Traum erleben – sehen, hören, fühlen – ist entscheidend für seine Verwirklichung.

Die emotionale Intensität, mit der Sie Ihren Traum erleben – sehen, hören, fühlen – ist entscheidend für seine Verwirklichung.

Das ist ein wesentliches Element im Prozeß der Zielsetzung. Eines, das die meisten von uns in der Vergangenheit stets ignoriert haben. Wir schreiben unsere Ziele auf ein Blatt Papier, legen es in eine Schublade und vergessen es. Unser Unterbewußtsein muß ständig mit der Information gefüttert werden, daß diese Vorstellung die einzige in Zukunft für uns existierende Realität ist. Dieses Phänomen hat auch einen Namen erhalten: das Gesetz der Vorherrschenden Mentalen Einprägung.

Das Unterbewußtsein akzeptiert als wahr, was man ihm oft genug erzählt, und nimmt seine Verwirklichung in Angriff.
(Institut für Sportpsychologie, Los Angeles)

Stufe 5: Die Entwicklung eines Aktionsplans

Listen Sie auf, was Sie im Lauf der nächsten vierzehn Tage tun könnten, um ihrem festgelegten Ziel näherzurücken. Es ist unwichtig, was Sie sich vornehmen, ob Kleinigkeiten oder größere Unternehmungen – wichtig ist nur, daß Sie *jetzt* anfangen. Machen Sie es sich zur Gewohnheit, sich beständig Ihrem Ziel zu nähern. Schreiben Sie alle vierzehn Tage eine neue Liste und kommen Sie so Ihrem Ziel schrittweise näher.

Wenn Sie dieses Kapitel nur überflogen haben, dann gehen Sie noch einmal zurück und machen Sie die Übungen *jetzt.* Das allein schon könnte Ihr Golfspiel tiefgreifend verändern!

Wenn Sie nun ein klares Bild der Richtung, die Ihr Spiel nehmen soll, vor Augen haben und den nötigen Enthusiasmus besitzen, dann sind Sie bereit für Teil II im Kagami-Prozeß. Dieser Abschnitt befaßt sich in erster Linie mit den praktischen Übungen, die Sie auf der Driving Range oder dem Golfplatz durchführen können. Grundinformationen zu Griff, Körperhaltung und Ansprechen des Balles sowie Schwungbewegung werden abgelöst von einer Beschreibung der Kagami-Übungen, die für Spieler aller Spielstärken geeignet sind.

II

Die Kagami-Übungen

5. Wichtige Grundlagen

Rechts- oder linkshändig?

▼

Der Schläger

▼

Der Griff

▼

Kennenlernen des Schlägerblatts

▼

Die Grundbewegung

▼

Die Grundstellung

▼

Das Tee

▼

Der Golfball

▼

Hello – Goodbye!

II

DIE KAGAMI-ÜBUNGEN

Glück ist, wenn sich gute Vorbereitung und Gelegenheit begegnen.

VINCENT LOMBARDI
FOOTBALL-COACH DER GREENBAY PACKERS

5. Wichtige Grundlagen

Mit Anfängern im Golf habe ich viel Erfahrung sammeln können und eine einfache Technik entwickelt, um ihnen zu helfen, die Grundbewegung des Golfschwungs dem Körper einzuprogrammieren, ohne sie mit allzuviel technischen Informationen zu belasten. Die einzigen Elemente des Spiels, die ich in herkömmlicher Weise lehre, sind der Schlägergriff und einige simple Informationen zur richtigen Ansprechposition.

Mit dieser Methode kann ich einem Anfänger nach einer halben Stunde einen mühelosen, technisch korrekten Schwung beibringen. Das heißt, ohne Ball! Die mentalen Hindernisse, die das Auftreten des Balls aufwirft, brauchen in der Regel zu ihrer Überwindung ein wenig mehr Zeit. Daran kann ich erkennen, wie simpel die Technik des Golfschwungs sein kann, wenn man die Furcht beseitigt, die mit dem Schlagen des Balls verbunden ist.

Für diejenigen unter Ihnen, die sich gerade erst dem faszinierenden Abenteuer Golf zuwenden, habe ich dieses Kapitel eingefügt, um Ihnen den Start zu erleichtern. Wenn Sie die hier beschriebenen Übungen sorgsam durchführen, brauchen Sie keine weiteren Informationen, um mit dem Golfspielen zu beginnen.

Rechts- oder linkshändig?

Wenn Sie normalerweise als Linkshänder leben, sollte Ihre erste Entscheidung der Frage gelten, in welcher Richtung Sie spielen wollen. Treffen Sie diese Entscheidung für sich allein, ohne Hilfe und Rat von außen. Vielleicht bereuen Sie sie später, und dann fällt ein Wechsel um so schwerer.

Leihen Sie sich einen rechtshändigen und einen linkshändigen Schläger und kehren Sie die Anweisungen, die ich in diesem Kapitel gebe, einfach um. Schwingen Sie einige Zeit mit beiden Schlägern, bis Sie ein Gefühl dafür gewinnen, daß sich eine Seite angenehmer anfühlt als die andere. Drängen Sie sich nicht zu einer Entscheidung. Es kann Ihnen nichts schaden, die Grundbewegung in beiden Richtungen zu erlernen.

Wenn Sie sich dann für eine Richtung entschieden haben, bleiben Sie dabei und blicken Sie nicht mehr zurück! Alle Anweisungen und Tips in diesem Buch sind für Rechtshänder gedacht. Das soll nur das Verständnis erleichtern. Wenn Sie Linkshänder sind, wenden Sie die Information einfach spiegelverkehrt an.

Der Schläger

Mit einem kurzen Eisen, etwa einem Achter oder Siebener, zu beginnen ist eine gute Idee. Setzen Sie den Schläger auf den Boden, und bringen Sie die Vorderkante des Schlägerblattes, d. h. die unterste Rille in rechtem Winkel zum Zielpunkt. Sie werden eine Linie vom Griff am Schläger abwärts bemerken, direkt auf dem Schaft. Das ist eine Ausrichtlinie für Schlägerblatt und linken Daumen.

Der Griff

Der Griff ist meiner Meinung nach das wichtigste Grundelement im Golfspiel. Wer einen guten Griff erlernt hat, dem fällt der Rest des Schwungs viel leichter. Mit dem falschen Griff wird es für jeden Golfer sehr viel schwerer.

Unorthodoxe Griffhaltungen sind möglich, auch bei manchen Topspielern, aber ich kann sie nicht empfehlen, wenn man das Golfspiel mühelos erlernen will. Aus der Sicht der Golfphysik möchte ich Ihnen den Grund nennen: Golf wird seitwärts gespielt. Man steht seitwärts zum Ziel und schwingt den Schläger quer zum Körper. Die meisten anderen Sportarten gehen von anderen Körperhaltungen aus. Die einzigen seitwärts ausgeübten Sportarten sind Golf, Hockey, Baseball und Cricket. Kaum überraschend, daß Spitzensportler dieser Sportarten oftmals auch gute Golfer sind.

Bei Rechtshändern sind rechter Arm und rechte Schulter in der Regel kräftiger entwickelt als auf der linken Körperseite. Bei Linkshändern ist es umgekehrt. Wenn man sich nun die Schultern der meisten Professionals betrachtet, wird man wahrscheinlich bemerken, daß die nichtdominierende Seite ebenso kräftig, wenn nicht athletischer entwickelt ist wie die dominierende Seite. Tausende von Golfschlägen haben diese Entwicklung unterstützt.

Als Rechtshänderin waren bei mir linke Hand und linke Schulter nicht sonderlich gut entwickelt. Ich spiele rechtshändig Golf, und heute ist meine linke Schulter genauso kräftig ausgebildet wie die rechte.

Als Anfänger besitzen Sie wahrscheinlich diese Ausgewogenheit noch nicht. Der richtige Griff kann Ihnen deshalb helfen, den Schwung balancierter auszuführen. Als Rechtshänder sollten Sie den Schläger mit kräftig zupackender linker Hand und schwächerer rechter Hand halten – im Gegensatz zu dem, was Ihr Intellekt Ihnen sagt. Zu Anfang fühlt sich der Griff daher manchmal merkwürdig an.

Es erfordert ein wenig Zeit und Konzentration, bis sich der Griff in eine automatische Muskelerinnerung verwandelt. Das kräftigere Zupacken der linken Hand wird es Ihnen ermöglichen, Ihre normalerweise schwächere linke Hand einzusetzen; der schwächere Griff der rechten Hand wird etwas von der Kraft nehmen, mit der sie normalerweise die stärkere rechte Hand, den Arm und die Schulter einsetzen würden.

Setzen Sie den Schläger im 90-Grad-Winkel zur Richtung, die der Ball nehmen soll, auf den Boden. Die Furche am Fuß des Schlägerblatts ist Ihr Fokalpunkt (Siehe Abb. oben).

Führen Sie den Schläger wie abgebildet über die Finger Ihrer linken Hand – im leichten Winkel, von der Wurzel des kleinen Fingers bis zur Mitte des Zeigefingers (Siehe Abb. Mitte).

Umfassen Sie den Schläger und legen Sie den linken Daumen direkt auf den Schläger, entlang der schon erwähnten Grifflinie (Siehe Abb. unten).

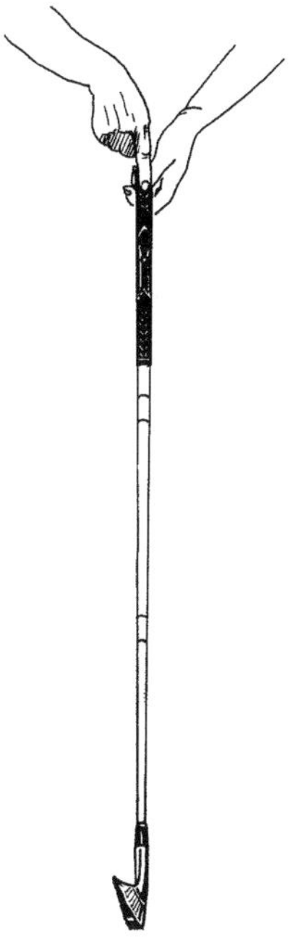

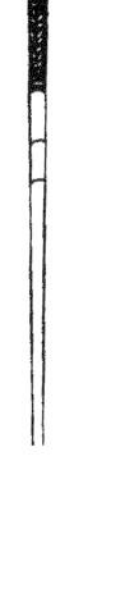

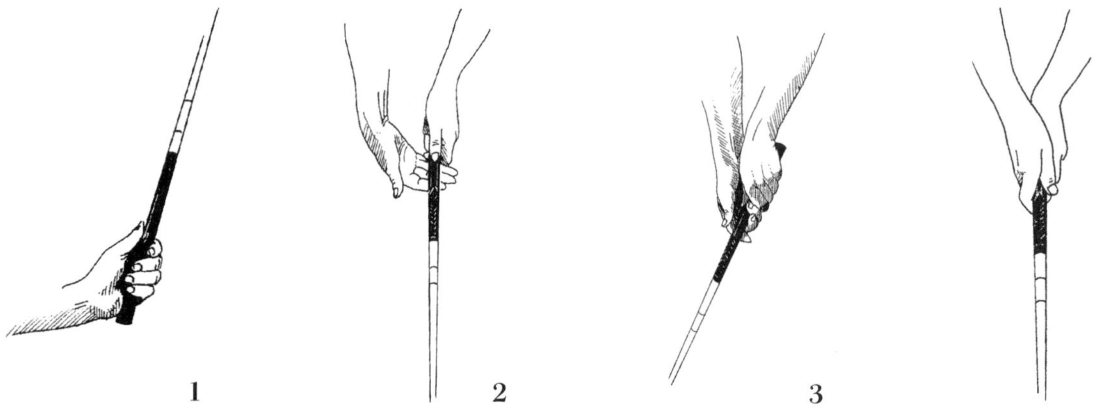

1 2 3 4

Achten Sie darauf, daß der Ballen Ihrer linken Hand auf dem Schläger ruht, so daß der Schläger zwischen Daumen, den ersten drei Fingern und dem Handballen balanciert. Wenn Sie den Schläger richtig halten, sollten Sie ihn mit der linken Hand in jede Richtung bewegen können, ohne daß er Ihnen entgleitet; die Handgelenke sollen dabei ganz flexibel sein. Sie sollten das Gefühl haben, als hielten Sie den Schläger mit den Fingern und hätten dennoch den Schlägerkopf gut unter Kontrolle. Der Griff der linken Hand sollte fest sein, wenn Sie rechtshändig spielen wollen (Siehe Abb. 1).

Lösen Sie den kleinen Finger der rechten Hand von den anderen, und legen Sie die restlichen drei Finger der rechten Hand unter den Griff, so daß der Schläger quer auf den *mittleren* Fingerknochen aufliegt – nicht nahe bei der Handfläche (Siehe Abb. 2).

Die Finger sollten eng beieinander sein, so daß der linke Daumen in der Handfläche der rechten Hand verschwindet, wenn Sie die Hand um den Schläger legen (Siehe Abb. 3).

Legen Sie den rechten Daumen auf der linken Seite des Schlägergriffs an, und klemmen Sie den Schläger zwischen die Seiten des Daumens und des Zeigefingers. Der kleine Finger der rechten Hand ruht auf der linken Hand, zwischen Zeige- und Mittelfinger (Siehe Abb. 4).

CHECKLISTE:

Balanciert der Schläger zwischen Kleinfinger und Ballen meiner linken Hand?

▼

Zeigt mein linker Daumen am Griff abwärts und wird von meiner rechten Hand bedeckt?

▼

Halte ich den Schläger in den geschlossenen Fingern oder in den Handflächen?

Zeigt mein rechter Daumen links am Schläger abwärts?

▼

Kann ich zwei Fingerknöchel meiner linken Hand sehen, wenn ich am Griff abwärtsschaue?

▼

Zeigt das V der rechten Hand, das sich zwischen Daumen und Zeigefinger bildet, auf meinen Kopf?

Setzen Sie den Schläger auf den Boden und vergewissern Sie sich, daß das Schlägerblatt noch in die gewählte Richtung zeigt. Sie sollten sich in guter Kontrolle mit der linken Hand und ohne jede Kontrolle mit der rechten Hand fühlen. Sorry, aber Sie haben richtig gelesen! Das kompensiert das Ungleichgewicht im Körper und läßt Sie gleichmäßig seitwärts schwingen. Bei einem Schlägergriff mit starkem rechtshändigem und schwächerem linkshändigem Griff, wie man es eigentlich erwarten würde, würden rechter Arm und rechte Schulter im Schwung zu sehr dominieren. Sie würden entweder einen starken Slice spielen oder den Ball gerade nach links schlagen.

Im Verlauf der nächsten Übungen werde ich oft den Griff zur Sprache bringen, weil sicherlich die Tendenz besteht, zur bequemeren Haltung zurückzukehren, wenn man nicht aufpaßt. Und das ist am Anfang jedesmal, wenn Sie den Schläger in die Hand nehmen. Vergessen Sie nicht: Wenn Sie von Anfang an einen guten Griff üben, wird das Golfspiel viel leichter. Während der ersten Wochen müssen Sie immer wieder Ihren Griff überprüfen, um sicherzugehen, daß er sich nicht verändert hat. Später werden Sie Ihre Hände korrekt an den Schläger legen, ohne erst darüber nachdenken zu müssen – der Griff hat sich in eine fest verankerte Muskelerinnerung verwandelt. Wenn Sie das Erlernen der Griffhaltung beschleunigen wollen, nehmen Sie einfach einen Golfschläger mit zum Arbeitsplatz und üben Sie die Griffhaltung, sooft es möglich ist. Anfangs werden Sie vielleicht merken, daß Sie den Schläger „erwürgen", weil der Griff eine ungewohnte Bewegung voraussetzt. Am besten gewöhnt man sich an den Schläger, wenn man ihn ganz leicht nimmt. Stellen Sie sich vor, Sie halten einen Vogel in der Hand, der zwar nicht wegfliegen, aber auch nicht erdrückt werden soll!

Kennenlernen des Schlägerblatts

Wenn Sie den richtigen Griff gefunden haben, wird es Zeit, Hände und Schläger miteinander bekanntzumachen. Das hilft Ihnen, sich mit ihm verbundener zu fühlen.

Schließen Sie Ihre Augen und bewegen Sie den Schläger durch die Luft, bewegen Sie ihn in alle Richtungen, auf, nieder, im Kreis – und achten Sie dabei ständig darauf, wie Hände und Schläger zusammenarbeiten. Fühlen Sie beide Hände als Einheit, oder besitzt eine Hand größere Kontrolle als die andere? In letzterem Fall müssen Sie Ihren Griff überprüfen, weil wir das synchrone Zusammenspiel beider Hände anstreben.

Wie schwer ist das Schlägerblatt? Ändert sich das Gewicht je nach Position des Schlägers in der Luft? Fragen Sie sich, immer noch mit geschlossenen Augen, wie schwer sich das Schlägerblatt anfühlt, wenn Sie es gerade in die Luft halten – auf einer Skala von 1 bis 5, wobei 5 sehr schwer, 1 sehr leicht ist?

Öffnen Sie nun Ihre Augen und stellen Sie sich die gleiche Frage. Hat sich die Wahrnehmung des Gewichts verändert? Haben Sie mit geschlossenen Augen ein besseres Gefühl für das Schlägerblatt? Ein blinder Mensch hat fast immer ein scharfes Gehör und einen hochentwickelten Tastsinn. Der Technik der geschlossenen Augen werden wir uns später noch oft bedienen, weil sie Ihnen den Zugang zu den übrigen Sinnen öffnet. Und Gesichtssinn und Bewegungssinn spielen bei der Kagami-Methode eine große Rolle.

Stellen Sie sich vor, Sie halten einen Vogel in der Hand, der zwar nicht wegfliegen, aber auch nicht erdrückt werden soll!

Die Grundbewegung

Um ein gutes Gefühl für die Bewegung des Golfschwungs zu bekommen, halten Sie den Schläger senkrecht zum Boden, beugen sich von der Hüfte etwas nach vorne, halten die Knie leicht gebeugt, Füße auseinander, den Rücken gerade. Fixieren Sie die Augen auf einen Punkt im Gras, und schwingen Sie den Schläger von einer Seite zur anderen, wie bei einer Schiffschaukel. Lassen Sie dabei die Arme frei schwingen, versuchen Sie nicht, sie zu lenken, überlassen Sie das Pendeln der Schwerkraft. Beobachten Sie dabei, wie sich Körper, Hüften, Beine und Schultern bewegen – schauen Sie einfach nur zu.

Schließen Sie einen Augenblick lang Ihre Augen, fühlen Sie die Bewegung Ihres Körpers, während Sie sich vorstellen, wie eine Schiffschaukel auf dem Jahrmarkt zu schwingen.

Das, liebe Leser, ist die Grundbewegung des Golfschwungs – nicht mehr und nicht weniger! Ziemlich einfach, nicht wahr? Nehmen Sie nun den Schläger mit dem erlernten Griff in die Hand, und schwingen Sie ihn mit der gleichen Körperbewegung, die Sie gerade ausführten. Natürlich fühlt sich das etwas anders an, weil Ihre Hände zuvor auseinander waren, doch wenn Sie das ignorieren, sollte sich die körperliche Bewegung identisch anfühlen. Achten Sie darauf, wie sich Hüften und Schultern bewegen. Streift das Schlägerblatt das Gras am tiefsten Punkt des Vorschwungs? Versuchen Sie nicht, das Gras zu streifen, achten Sie jetzt nur darauf, ob es passiert.

Die Grundstellung

Im Gleichgewicht, entspannt, bequem, voll Selbstvertrauen – mit diesen Worten ist die Position der idealen Grundstellung am besten beschrieben. Im Gegensatz zum Griff soll der Stand völlig natürlich sein, ohne jede Verkrampfung. Allzu viele Vorschriften will ich Ihnen nicht machen, weil sonst Ihr Intellekt so sehr damit beschäftigt ist, dem Körper zu sagen, was er zu tun hat, daß Sie den

mühelosen Golfschwung nicht erlernen können. Vergessen Sie nicht, wir wollen versuchen, zu lernen, wie Kinder lernen.

Probieren Sie unterschiedliche Abstände zwischen den Füßen und wählen Sie eine Distanz, die sich solide anfühlt, ohne die Hüftdrehung zu blockieren. Vielen Leuten hilft der Ratschlag, bei geradem Rücken das Gesäß ein wenig auszustrecken. Das hat mehrere Vorteile, unter anderem bewahrt es den Rücken vor Verletzungen. Ein gerader Rücken wird von der Drehbewegung des Golfschwungs weniger stark belastet.

Meiner Meinung nach müssen Ihre Arme beim Ansprechen des Balls nicht steif sein, sie sollten entspannt herabhängen. Die Zentrifugalkräfte werden Ihre Arme beim Durchschwung durch den Ball automatisch strecken.

Lassen Sie die Knie ein wenig abgebeugt, aber nicht so stark, daß Ihr Gesäß wieder nach innen wandert – seien Sie nicht schüchtern, raus damit!

Wenn Sie die Grundstellung gefunden haben, bemerken Sie irgendwo im Körper eine Spannung, wenn Sie über dem Ball stehen oder den Schläger wie eine Schiffschaukel schwingen? Wenn ja, dann achten Sie einfach auf diese Spannung und spielen ein wenig mit Ihrer Grundstellung, bis Sie eine entspanntere Position finden.

Mit Hilfe der beschriebenen Techniken kann ich den meisten Erwachsenen, ob sportlich oder nicht, einen toll aussehenden Grundschwung beibringen. Den Muskeln die Bewegung des Golfschwungs beizubringen ist wirklich nicht schwer. Die Herausforderung liegt vorwiegend auf mentalem Gebiet, und sie tritt ein, wenn ein Ball vor Ihnen liegt. Wir werden deshalb Schritt für Schritt vorgehen – in *Ihrem* Tempo – und im Jetzt bleiben, stets mit Hilfe von Wahrnehmungsübungen, die die Angst vor dem Ball auf ein Minimum reduzieren.

Das Tee

Stecken Sie ein Tee in den Boden, plazieren Sie das Schlägerblatt hinter das Tee, und wiederholen Sie den Schwung, den Sie geübt haben. Springt das Tee aus der Erde oder bleibt es, wo es ist?

Versuchen Sie *nicht*, das Tee zu treffen, bleiben Sie beim gleichen Gefühl, beim gleichen Schwung, und *erlauben* Sie dem Schlägerblatt, mühelos abwärts und durch das Tee zu schwingen. Üben Sie, bis Sie sich mit Schwung und Griff wohl fühlen. Nebenbei bemerkt: Wie sieht Ihr Griff aus, haben Sie ihn regelmäßig überprüft? Können Sie die zwei Fingerknöchel der linken Hand sehen? Zeigt das V der rechten Hand auf Ihren Kopf?

Bemerken Sie Veränderungen im Denken und im Schwung, wenn Sie durch das Tee schwingen, im Gegensatz zum Schwung ohne Objekt? Spannen sich die Muskeln, um das Tee zu treffen? Achten Sie jetzt nur darauf, was sich in Kopf und Körper abspielt, während Sie von der Schiffschaukel über den Schwung ohne Tee zum Schwung mit Tee fortschreiten. Machen Sie jeden weiteren Schritt nur, wenn Sie sich dazu bereit fühlen.

Der Golfball

Stecken Sie ein Tee in den Boden und gleich daneben ein Tee mit Golfball. Halten Sie die Tees anfangs recht hoch. Sie können sie später, wenn Sie mehr Vertrauen in Ihren Golfschwung gewonnen haben, entsprechend tiefer setzen.

Schwingen Sie nun durch das erste Tee, schauen Sie, was mit ihm geschieht, und schwingen Sie nun auf die gleiche Weise durch das Tee mit dem Golfball darauf. Auch jetzt achten Sie darauf, was mit dem Tee passiert.

Haben Sie einen Unterschied zwischen beiden Schwüngen bemerkt? Hat sich womöglich Ihre Muskelspannung beim zweiten Tee erhöht?... Erstaunlich, welche Wirkung ein kleiner, weißer Ball auf ansonsten vernünftige Menschen haben kann, nicht wahr?!

Führen Sie diese Übung durch, und machen Sie sich dabei die unterschiedlichen Gedankenprozesse mit und ohne Ball und Ihre körperliche Reaktion auf diese Prozesse bewußt.

Spannen sich etwa rechte Hand und rechten Arm kurz vor dem Balltreffen an? Warum denken Sie, daß Sie *mehr* tun müssen, wenn der Ball dazukommt – wie zum Beispiel *versuchen*, ihn zu treffen?

Es ist erstaunlich, daß, sobald der Ball auf unseren Schlag wartet, der Kopf damit beginnt, uns Anweisungen zu geben, z. B.: „Ich *muß* den Ball treffen", „Ich *muß* einen guten Schlag nach dem anderen abliefern." Im nächsten Kapitel werden wir uns damit eingehender befassen.

Der Verlust an Selbstvertrauen, den diese Vorschriften bewirken, kann uns unter Druck setzen. Wie in Teil I schon diskutiert: Was auch immer uns durch den Kopf geht, löst körperliche Veränderungen aus, Muskelspannungen etc. Diese inneren Vorschriften vertreiben die schöne, rhythmische Schiffschaukelbewegung, die den Golfball glatt getroffen hätte!

Prüfen Sie sich einmal: Wo finden sich bei Ihnen spezifische körperliche Streßzonen während des Golfschwungs? Welche Muskelgruppen spannen sich, wenn Sie unter Druck geraten?

Die Antwort fällt nicht schwer, wenn sie mit der Schiffschaukel beginnen und sich bis zum Schwung mit dem Ball vom Tee vorarbeiten. Lauschen Sie Ihrem Körper, nehmen Sie wahr, ob und wann sich Ihr Schwung ändert. Meine Schüler haben zahlreiche und unterschiedliche Antworten gefunden: Spannungen in den Beinen, an der Lendenwirbelsäule, im Bauch, in der linken Oberkörperseite, zu fester Griff, Schlagen mit steifen Armen, Hals und Schultern. Halten Sie Ihre Einsichten im Kagami-Notizbuch fest. Sie können Ihren Schwung dann besser verstehen. In der Regel haben wir nur eine oder zwei persönliche Streßzonen, und wenn wir sie identifizieren, ist die Lösung nicht mehr fern. Der Lösung, der Änderung der Spannungsniveaus kommen wir näher, wenn wir uns durch die Kagami-Übungen in den nächsten beiden Kapiteln durcharbeiten.

Anfänger bitten mich häufig um mehr technische Informationen. Wenn ein Anfänger meiner Erfahrung nach während des Schwungs zahlreiche Ratschläge im Kopf hat, dann blockiert er seine natürliche Lernfähigkeit. Wenn Kinder eine Sportart erlernen, geben sie sich selbst keine Anweisungen. Sie ahmen andere Menschen nach, empfinden ihren Körper und achten auf die Rückmeldungen – daher auch ihre rasche Auffassungsgabe. Wir können es ihnen gleichtun, wenn wir die richtigen Spiele spielen.

Ob Anfänger oder Professional: Das wichtigste Element im Golfspiel ist, zu lernen, wie man den Intellekt still und interessiert am Schwung teilnehmen läßt, damit er die natürliche Bewegung nicht störend beeinflussen kann. Wenn Ihnen das gelingt, sind Sie gegenüber den meisten anderen Golfspielern im Vorteil.

Hello – Goodbye!

Wenn sich Handgelenke und Arme während des Schwungs steif anfühlen und der Ball niedrig und nach links segelt, achten Sie auf die Position Ihrer Hände im Höhepunkt des Rückschwungs. Es könnte sein, daß Sie Ihre Hände während des Rückschwungs nicht drehen und folglich das Schlägerblatt beim Balltreffen einwärts gerichtet ist.

Anfängern bereitet es oftmals Probleme, zu fühlen, wo sich die Hände am Gipfel des Rückschwungs befinden. Wenn Sie Veränderungen mit dem Kopf bewirken wollen, lösen Sie oft Spannungen aus. Eine Freundin bei den Golfprofis hat mir eine einfache kleine Übung gezeigt, wie man das Problem wirksam in den Griff bekommt. Danke, Ruth!

Machen Sie einen Rückschwung, und stellen Sie sich dabei vor, ich stehe hinter Ihnen und möchte Ihnen die Hände schütteln. Nehmen Sie die linke Hand vom Schläger und schütteln Sie mir die Hände. Das ist das Gefühl, nach dem Sie suchen.

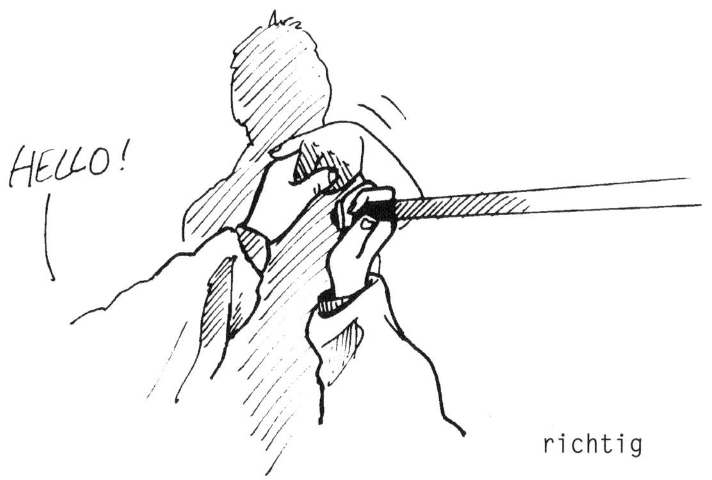

richtig

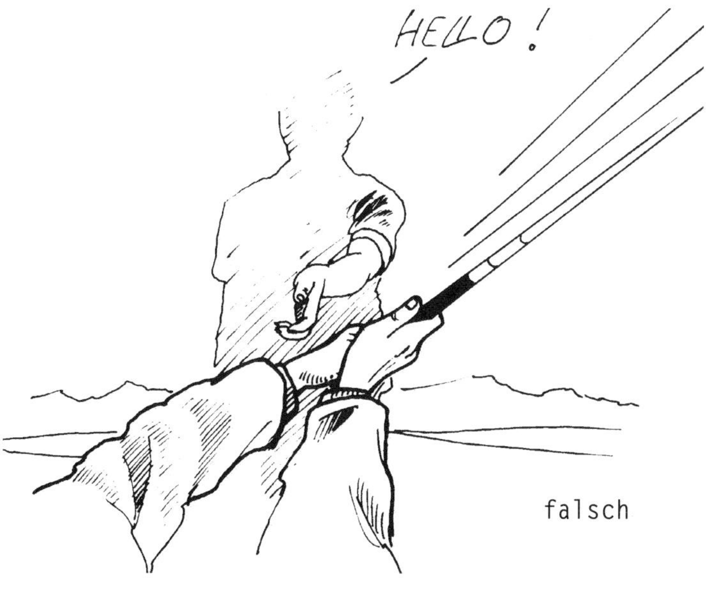

falsch

Wenn Sie die Hand zum Händeschütteln drehen müssen, befinden Sie sich möglicherweise in der falschen Position (siehe Abb. oben). Legen Sie Ihre Hand wieder an den Schläger und schwingen Sie durch. Tun Sie nun das gleiche auf der anderen Seite, schütteln Sie mir die Hände, dieses Mal mit der rechten Hand.

Stellen Sie sich nun vor, Sie sagen „Hello" und „Goodbye", während Sie die Hände schütteln, ohne den Schläger loszulassen, fühlen Sie jedoch die gleiche Position mit beiden Händen. Prüfen Sie Ihre Position am Gipfelpunkt des Rückschwungs nach etwa 10 Minuten mit dieser Übung. Anfangs müssen Sie diese Übung vielleicht regelmäßig machen, bis die Muskelerinnerung programmiert ist.

Wenn Sie mit Griff und Grundbewegung zufrieden sind, dann sind Sie bereit für das nächste Kapitel, in dem ich mich eingehender mit den Kagami-Wahrnehmungsspielen befassen werde. Beantworten Sie zuerst die folgenden Fragen, um sich zu vergewissern, daß Sie alle Elemente in diesem Kapitel durchgegangen sind.

Was geschieht mit dem Tee, nachdem ich den Ball geschlagen habe?

Fühlt sich mein Schwung mit Ball genauso an wie der Schwung ohne Ball?

Wenn nicht, welche körperlichen Veränderungen passieren im Schwung?

Fühlt sich meine Grundstellung angenehm an?

Prüfe ich regelmäßig meine Griffpunkte, um zu verhindern, daß ich den falschen Griff trainiere?

Ist mein Rücken gerade, das Gesäß ausgestreckt?

Hängen meine Arme entspannt von den Schultern?

Tue ich irgend etwas Besonderes während des Schwungs, um sicherzugehen, daß ich den Ball treffe?

Besteht ein Unterschied zwischen den Schlägen, nach denen ich das Tee noch sehe, und den übrigen, die das Tee verschwinden lassen?

Wo befinden sich die Streßzonen in meinem Körper?

II

6. Wahrnehmungsspiele

Fragen und Antworten

Was ist mit meinem Tee passiert?

Eins-Zwei-Drei

Wie fest soll ich den Schläger halten?

Die Gewichtsverlagerung beim Schwung

II

DIE KAGAMI-ÜBUNGEN

„Nicht die Spieler sind erfolgreich, die wissen, wo der Schläger sein sollte, sondern die, die wissen, wo er ist."

DAVID FEHERTY
SPIELER BEI DER EUROPEAN TOUR UND IM RYDER CUP

6. Wahrnehmungsspiele

Wahrnehmung ist das Tor zu jeder Form von Veränderung – genaugenommen ist unser Bewußtsein das wichtigste „Sinnesorgan", das wir besitzen. Ohne Bewußtsein könnten wir überhaupt nichts lernen. Es erfüllt jede Minute unseres Tages. Die Quantenphysik meint sogar, daß jedes mikroskopisch kleine Partikel eine eigene Intelligenz besitzt – ein ihm innewohnendes Bewußtsein. Meiner Erfahrung nach gibt es eine direkte Wechselbeziehung zwischen dem Grad an Bewußtheit eines Menschen und seiner Effizienz und Lernfähigkeit, dem Grad von Streß, Gesundheit und Glück.

Sie erinnern sich bestimmt noch an das zweite Kapitel. Sie achteten auf die Spannung in Ihren Muskeln und wie sie sich automatisch veränderte, weil Sie ein höheres Maß an Bewußtheit erlangten. Und genau darum geht es bei der Kagami-Methode: Wenn Sie auf einen Teil Ihres Schwungs oder Ihres Körpers achten, wird Ihr Unterbewußtsein aktiviert – die Veränderungen stellen sich auf ganz natürlichem Wege ein.

Fragen und Antworten

Die meisten Erwachsenen verlassen sich in erster Linie auf den Intellekt, weniger auf das Unterbewußtsein. Deshalb befaßt sich dieses Buch in erster Linie damit, diesen Teil des Gehirns weiterzuentwickeln, um ein harmonisches Gleichgewicht zu erreichen. Wenn Sie es so machen wie ich früher und Ihr Intellekt ständig interne Anweisungen gibt, wie Sie den Golfschläger schwingen sollen, dann ist das Frage-und-Antwort-Spiel eine der besten Möglichkeiten, um diesen Einmischungen entgegenzuwirken. Stellen Sie sich vor jedem Schlag eine Frage, die hinterher zu beantworten ist. Damit bringen Sie Ihren Intellekt zum Schweigen, er ist während des Schwungs beschäftigt und zufrieden; Ihr Unterbewußtsein kann tun, was es besser kann als der Intellekt – den Ball schlagen.

Das soll nicht heißen, daß wir den Intellekt beim Golfspiel aufs Abstellgleis schieben wollen – wir brauchen ihn für alle möglichen Entscheidungen vor und nach dem Schlag; nur *während* des Schwungs soll er schweigen. Wollen wir also ein Wahrnehmungsspiel machen, könnten wir es mit einer Frage verbinden, die der Intellekt nach dem Schlag beantworten muß. Der mentalen Beherrschung des Golfspiels rücken wir so ein Stück näher. In diesem Kapitel werden wir gemeinsam vier Kagami-Grundübungen durchgehen. Ich möchte, daß Sie dieses Buch auf den Übungsplatz mitnehmen und die Übungen durchführen, als ob ich persönlich neben Ihnen stehen und die Fragen stellen würde.

Denken Sie daran: Um die Antworten zu finden, müssen Sie nur auf das achten, was während des Schwungs tatsächlich vor sich geht. Sie brauchen überhaupt nichts über den Golfschwung zu wissen, um die Übungen des Kapitels zu machen. Je weniger technische Informationen, desto besser.

Durch die Kagami-Übungen kommen Sie während des Schwungs mit dem Unterbewußtsein, mit der rechten Gehirnhälfte in Kontakt. Der Intellekt ist kein guter Ratgeber in Sachen Golf, also werden wir ihn nicht fragen. Halten wir ihn statt dessen mit Spielen beschäftigt. So kann Ihr Unterbewußtsein auf ganz natürliche Weise den *für Sie* geeigneten Schwung finden.

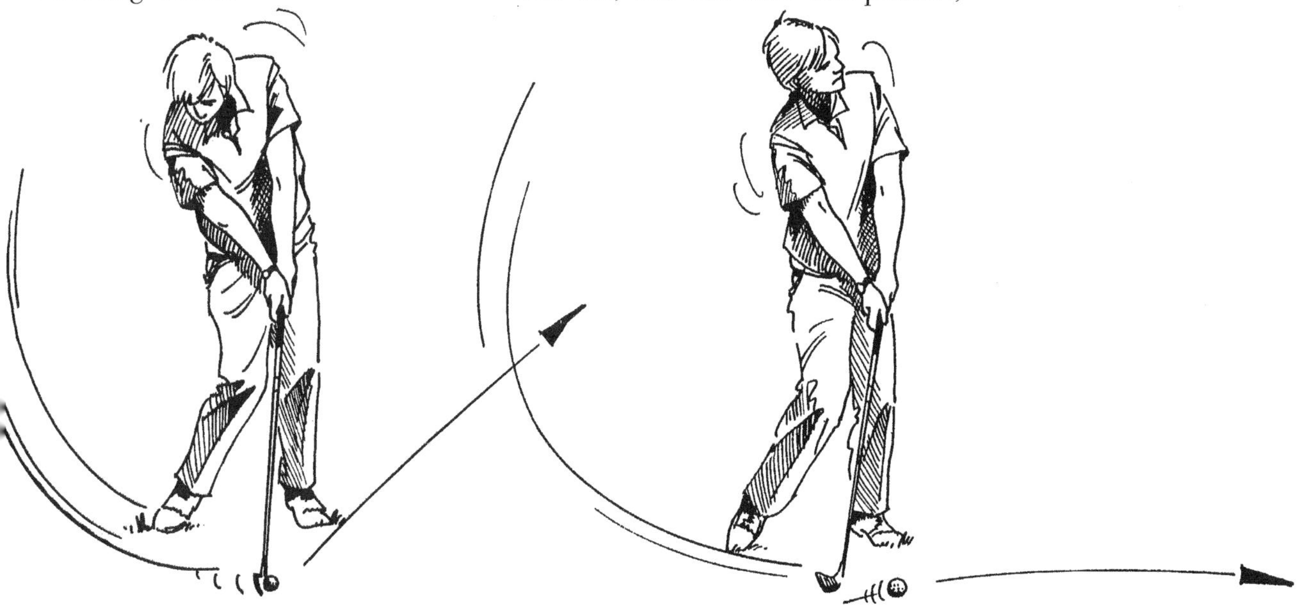

Als Unterstützung für diesen Prozeß stellen Sie sich bitte vor, daß Sie all Ihre üblichen technischen Gedanken über den Schwung aus Ihrem Kopf nehmen und in einen Kübel legen, der neben Ihnen steht. Sie können sie wieder an sich nehmen, wenn Sie den Übungsplatz verlassen; aber jetzt wollen wir erst einmal sehen, wie es sich anfühlt, den Schläger ohne diese Gedanken zu schwingen.

Der Körper kann komplexe Bewegungsabläufe wie den Golfschwung besser erlernen, wenn der Intellekt sich nicht einmischt. Mentale „Du-mußt"-Vorschriften stören den natürlichen Lernprozeß Ihres Unterbewußtseins und Ihres Körpers nur. Gehen wir jetzt auf die Driving Range und vergessen Sie bitte das Kagami-Notizbuch nicht.

Mentale „Du-mußt"-Vorschriften stören den natürlichen Lernprozeß Ihres Unterbewußtseins und Ihres Körpers nur.

Was ist mit meinem Tee passiert?

Diese erste Übung entspricht im wesentlichen der Übung aus dem fünften Kapitel. Ich gehe hier noch einmal näher darauf ein, weil sie für jeden Golfer von grundlegender Bedeutung ist.

Stecken Sie ein Tee in den Boden und schwingen Sie durch das Tee. Sehen Sie, was mit dem Tee passiert, nachdem Sie geschlagen haben? Wiederholen Sie das einige Male, setzen Sie dann einen Ball aufs Tee und stellen Sie sich wieder die Frage: „Habe ich gesehen, was mit dem Tee passiert ist, nachdem der Ball weg war? Ist es aus dem Boden gekommen oder steckengeblieben?"

Die meisten Golfer sehen das Tee die ersten paar Male nicht. Warum? Wenn es Ihnen auch so geht, worauf haben Sie geschaut? Beim Übungsschwung konnten Sie das Tee sehen;

warum nicht auch dann, wenn Sie den Ball aufgesetzt haben? Aha, Sie haben verfolgt, wo der Ball hingeflogen ist!

Es ist ganz verständlich, daß Sie Ihren Ball wiederfinden wollen, wenn Sie eine Partie spielen, aber schauen wir uns doch an, was körperlich abläuft, wenn Sie dem Ball zu früh nachsehen, das heißt, sogar noch bevor Sie ihn geschlagen haben!

Die Aufstellung vor dem Schwung hat auch den Sinn, später, wenn man beim Schwung den Ball trifft, genau die gleiche Position wiederzufinden. Machen Sie jetzt einen Übungsschwung und stoppen Sie in dem Moment, wo Sie den Ball berühren. Heben Sie nun den Kopf, als ob Sie die Flugbahn des Balls verfolgen würden. Was passiert mit dem Schläger? Er kommt vom Boden hoch, weil Sie nicht nur den Kopf gehoben, sondern auch Ihre Schultern hochgezogen haben. Sie haben beim Balltreffen die Distanz zwischen Ihrem Körper und dem Boden verändert. Ergebnis: Entweder wird der Ball getoppt, halb angeschlagen oder angeschnitten, oder Sie schlagen hinter den Ball beim Versuch, den Fehler zu korrigieren. Sie haben keine visuelle Beziehung mehr zum Ball. Ihr Unterbewußtsein muß raten, wo der Ball ist, und verursacht dabei scheinbare technische Schwungfehler.

Der „Versuch" ist eine Ausgleichsbewegung des Verstandes, der an Ihren Fähigkeiten zweifelt. Fast zwangsläufig führt er zu einer Anspannung überflüssiger Muskeln, eine der häufigsten Fehlerquellen im Sport.

TIMOTHY GALLWEY

Nehmen Sie sich etwas Zeit dafür, sich daran zu gewöhnen, nach dem Abschlag auf das Tee zu achten. Ich möchte nicht, daß daraus ein „Ich muß das Tee sehen" wird, sondern daß es Sie einfach interessiert, was damit passiert. Sie sollten den Vorgang weder analysieren noch sich dafür kritisieren, wenn Sie das Tee nicht sehen.

Bei meinen Kagami-Wahrnehmungsspielen geht es immer darum, als distanzierter Beobachter aufzutreten und in erster Linie Gesichts- und Tastsinn und unser Gehör zu nutzen. Wenn Sie nicht ganz sicher sind, was ich mit „distanzierter Beobachter" meine, dann achten Sie bitte einmal auf alle Geräusche, die Sie jetzt gerade hören. All die verschiedenen Geräusche. Sie haben nicht *versucht* zu hören, nicht wahr, sondern einfach ganz entspannt darauf geachtet.

Je mehr Sie die Haltung des distanzierten Beobachters üben, um so leichter wird es, und um so mehr werden Sie wahrnehmen. Wenn das, was mit dem Tee passiert, Sie mehr interessiert als der Flug des Balls, wird Ihnen diese Übung keine Schwierigkeiten machen.

Hilfreich könnte auch eine Erweiterung dieser Übung sein, die einer meiner Schüler entwickelt hat. Stecken Sie einige verschiedenfarbige Tees in die Tasche, und setzen Sie den Ball auf eines dieser Tees, ohne auf die Farbe zu achten. Dann können Sie mit Ihrem Intellekt ein gepflegtes Spielchen treiben – welche Farbe hat mein Tee!

Wenn Sie das Tee jedesmal sehen, setzen Sie den Ball nach und nach immer niedriger auf das Tee, bis Sie praktisch vom Gras abschlagen, aber immer noch auf das Tee achten können. Wenn Sie die Übung mit allen Schlägern absolut sicher beherrschen, nehmen Sie das Tee weg und achten während oder gleich nach dem Balltreffen auf Divot oder Gras. Die Frage ist: „Was sehe ich beim Aufprall – Schlägerblatt, Divot, Gras?" Richten Sie Ihr Interesse auf das, was *jetzt* geschieht – das Resultat kommt später...

Diese Übung hat die Wirkung, Sie ganz ins Jetzt zu versetzen – wie Sie wissen, das einzige, worauf wir Einfluß nehmen können: Sie steigert Ihre Bewußtheit für das JETZT! Wir Golfer wollen immer wissen, wo der Ball hingeflogen ist; bis zum Abschlag passiert das in der Zukunft – es hat noch nicht stattgefunden! Die Zukunft wird von der Gegenwart beeinflußt.

Wenn wir unsere Aufmerksamkeit auf die Gegenwart konzentrieren (den Schwung), haben wir maximalen Einfluß auf diesen Vorgang und damit auf das Ergebnis. Einer meiner Schüler hat diese Übung recht prägnant beschrieben: Es ist so, als ob man die ganze Driving Range auf das Stück Gras unter dem Ball reduziere.

Ich will damit aber nicht sagen, daß Sie Ihren Kopf während der ganzen Schwungbewegung unten behalten sollen. Das würde zu einer Spannung im Nackenbereich führen und Ihren Durchschwung blockieren. Es ist ein großer Unterschied, ob Sie sich sagen: „Ich *muß* meinen Kopf unten behalten", oder ob Sie sich eine Frage stellen wie: „Was passiert mit meinem Tee, wenn der Ball weg ist?" Ersteres ist eine „Ich-muß"-Anweisung, letzteres steigert die Aufmerksamkeit, so daß der Körper beim Aufprall ohne Muskelspannung auf ganz natürliche Weise in der richtigen Position ist. Ich haben den Eindruck, daß das Pendel bei vielen Golfern ins andere Extrem ausschlägt: Sie schauen schon vor dem Abschlag auf, um die Flugbahn des Balls zu verfolgen. Deshalb muß das Pendel manchmal zurückschwingen, um in den Anfangsphasen dieser Übung vielleicht etwas länger als wirklich notwendig auf das Tee zu achten. Bald wird sich die Übung auspendeln – mit anderen Worten, Sie werden genau auf das Balltreffen achten und zu einem freifließenden Durchschwung kommen.

Vielleicht sehen Sie anfangs nicht, wie Ihr Ball fliegt. Das ist okay. Es ist mir lieber, wenn Sie Geist und Muskeln auf die Beobachtung des Tee programmieren. Wenn Sie in diesem Wahrnehmungsspiel geübt sind, werden Sie feststellen, daß Sie auch Ihren Ball ohne Probleme sehen können.

In der Regel verläuft die Flugbahn des Balls gerader und besser, wenn Sie auf das Tee oder das Divot achten, und läßt Ihnen mehr Zeit, den Flug zu beobachten. Wenn Sie schon beim Abschlag oder womöglich noch früher auf den Ball achten, werden Sie ihn wahrscheinlich mit den Augen in die Büsche oder flach am Boden entlang folgen können!

So wie bei Heidi, die einen meiner dreitägigen Intensivkurse besuchte und bei Schlägen über Wasserhindernisse mental völlig blockiert war. Heidi hatte eine wirklich gute Schwungtechnik und schien viel Selbstvertrauen zu haben. Sie führte während der drei Tage gewissenhaft alle Übungen durch, Konzentration und Schwung verbesserten sich. Am letzten Nachmittag revidierten wir die Ziele, die sie sich gesteckt hatte, um zu sehen, was sie noch brauchte. Sie sah mich mit traurigem Gesicht an und sagte, daß sie bei Schlägen über Wasser immer noch blockiert sei.

Wir nahmen uns ein paar alte Golfbälle und marschierten zu einem kleinen See am Rande des Golfplatzes. Sie sollte die Bälle mit ihrem Eisen 7 zum gegenüberliegenden Ufer schlagen. Bevor ich den Übungsplatz verließ, bat ich meinen Assistenten, mit der Gruppe etwa 15 Minuten später zum See zu kommen.

Der Ball hatte nur eine Distanz von etwa 27 Metern zu überwinden – bei Heidis Fähigkeiten absolut kein Problem. Einen Ball nach dem anderen setzte sie ins Wasser, mit einem völlig veränderten Schwung als noch einige Augenblicke zuvor. Der Streß, dem sich Heidi aussetzte, zeigte sich deutlich in einer ruckartigen Aufwärtsbewegung von Kopf und Schultern, etwa 60 cm, bevor der Schläger den Ball traf. Nach Ihren Gedanken brauchte ich sie gar nicht erst zu fragen: „Schlag den Ball nicht ins Wasser!" und „Ist mein Ball ins Wasser geflogen?"

Wir Golfer wollen immer wissen, wo der Ball hingeflogen ist; bis zum Abschlag passiert das in der Zukunft – es hat noch nicht stattgefunden!

Ich setzte den Ball im Halb-Rough auf ein Tee und fragte sie, ob sie das Tee nach dem Abschlag noch sehe. Die Antwort war „Nein". Ich bat Heidi, sich ganz darauf zu konzen-

trieren, was nach dem Abschlag mit dem Tee passiert, und zu vergessen, wo der Ball hinfliegt.

Nach jedem Schlag fragte ich nach dem Tee. Ich achtete überhaupt nicht auf die Bälle, und nach fünfzehn Nachfragen war Heidi klar, daß ich nicht lockerlassen würde. Beim nächsten Schlag konzentrierte sie ihre ganze Aufmerksamkeit auf das Tee. Und was geschah wohl? Der Ball flog über das Wasser. Verdutzt sah sie den Ball über den See fliegen, obwohl sie nicht *versucht* hatte, ihn über das Wasser zu schlagen. Damit war ihr Verhaltensmuster durchbrochen.

Nun bat ich sie, jedesmal „Tee" zu sagen, wenn sie das Tee gesehen hatte. Jetzt flogen noch mehr Bälle ins Trockene. Ihr Selbstvertrauen wuchs mit jedem Schlag, bis sie nach einer Viertelstunde mit ihrem Eisen 7 alle Bälle über eine Wasserdistanz von etwa 70 m schlagen konnte. Die normale Schwungbewegung kehrte zurück, sie begann sich zu entspannen und Spaß an den Schlägen zu haben.

Es folgte die nächste Herausforderung: die anderen Gruppenmitglieder! Heidi sollte die nächsten Schläge über Wasserhindernisse machen, wenn andere dabei zusahen, um den Erfolg fest in ihrem Kopf zu verankern. Als die Gruppe kam, fühlte sie sich schon recht sicher und konnte den anderen zeigen, wie sie angstfrei das Wasserhindernis überwand. Die Schüler waren ziemlich überrascht, und fortan hatte Heidi keine Probleme mehr, Bälle über Wasser zu schlagen.

Die Gedanken, die mir durch den Kopf gehen, wirken sich auf die Physis aus. Bestimmte Muskeln spannen sich an, andere reagieren anders, als sie es beim Schwung normalerweise tun, und infolgedessen verändert sich die ganze Schwungtechnik.

Heidi die Fehler in der Schwungtechnik vor Augen zu führen wäre sinnlos gewesen. Sie brauchte eine wirkungsvolle Wahrnehmungsübung, um ihren Intellekt zu beschäftigen und störende Gedanken wie etwa „Oh Gott, Wasser!" zu vertreiben. Hätte sie *versucht*, ihre Technik durch Anweisungen zu ändern, wäre sie „im Kopf" geblieben, hätte keinen Kontakt zu ihrem Schwung aufgenommen und sich noch mehr unter Streß gesetzt. Heidis schöner, rhythmischer, technisch korrekter Golfschwung war immer in ihrem Körper; nur die Angst hatte ihn zugedeckt – die Angst, den Ball ins Wasser zu schlagen.

Golfer aller Leistungsstufen können von dieser einfachen Übung profitieren; ich habe sie schon Profis wie auch absoluten Anfängern nahegebracht. Es ist ein generelles Problem aller Golfer – die Sorge um das Ergebnis unseres Tuns – mit anderen Worten die Angst davor, daß der Ball nicht die gewünschte Richtung nimmt! Furcht oder Angst entfernen uns vom Bewußtsein des gegenwärtigen Moments und treiben uns zur Zielorientiertheit. Nehmen Sie dieses Buch mit auf den Übungsplatz und machen Sie diese letzte Übung – *jetzt*.

Checkliste für die Übung:

Habe ich das Tee nach dem Abschlag gesehen?

▼

Welche Farbe hat mein Tee?

▼

Was kann ich beim Balltreffen sehen?

▼

Wenn ich Tee oder Divot nicht sehen kann, worauf schaue ich dann im Augenblick des Balltreffens?

▼

Habe ich irgendwelche Gedanken im Kopf, die mich ablenken und verhindern, daß ich mich ganz auf diese Übung konzentriere?

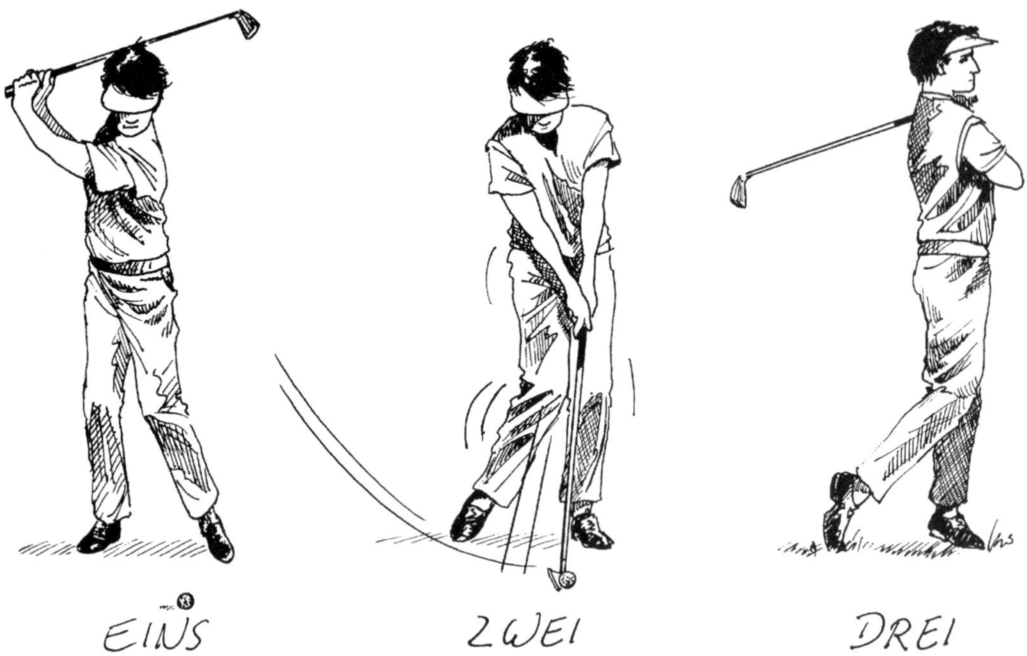

Eins-Zwei-Drei

Timothy Gallwey hat das *Inner Game* entwickelt und ist Autor dreier Bestseller über Tennis und Golf. Dieses Wahrnehmungsspiel hat sich eine seiner Übungen zum Vorbild genommen – eine hervorragende Übung, die ich seit 1984 bei meinem eigenen Spiel und in Kursen verwende. Sie hat mich noch nie im Stich gelassen. Ich möchte Timothy Gallwey dafür danken, daß er uns Golfern diese wundervolle Möglichkeit gezeigt hat, unseren Geist zur Ruhe zu bringen und unsere Technik ohne Mühe zu verbessern.

Die Übung besteht aus drei Schritten und jeder Schritt sollte „sitzen", bevor Sie zum nächsten übergehen. Sie können Ihren Ball auf ein Tee setzen oder das Tee tief ins Gras stecken, so daß Sie praktisch vom Gras weg spielen.

Stufe Eins: Sie haben nun schon gelernt, auf das Balltreffen zu achten. Die erste Stufe ist daher eine einfache Weiterentwicklung. Sagen Sie genau in dem Moment, wo der Schläger den Ball trifft, laut „Zwei". Diese Übung wird zu einem ganz neuen Spiel. Das Spiel geht so:

„Habe ich ‚Zwei' gesagt genau beim Aufprall, zu spät oder zu früh?" Stellen Sie sich diese Frage nach jedem Schlag. Um Sie beantworten zu können, müssen Sie wissen, wann genau das Balltreffen geschah. Also lautet die nächste Frage nach dem Schlag:

„Woher weiß ich, wann genau das Balltreffen geschah? Habe ich mein Tee oder das Divot gesehen, nachdem der Ball weg war?"

Bei dieser Übung, d. h., um diese Frage beantworten zu können, werden Sie wahrscheinlich eine gewisse Disziplin brauchen. Tun Sie so, als stünde ich neben Ihnen und würde Sie nach jedem Schlag fragen: „Haben Sie rechtzeitig ‚Zwei' gesagt? Haben Sie das Tee/Gras/Divot gesehen?"

Hören Sie bei dieser Übung auf Ihre Stimme. Haben Sie „Zwei" laut und mit etwas erstickter Stimme gesagt? Wenn ja, sagen Sie das Wort leise und atmen Sie dabei aus. Sie werden feststellen, daß Sie dann weniger Kraft einsetzen. Es ist unmöglich, den Ball kraftvoll zu schlagen und dabei leise „Zwei" zu sagen und auszuatmen. Wenn Sie das Gefühl haben, daß

Sie den Schläger zu langsam schwingen, sollten Sie vielleicht lauter „Zwei" sagen, beim Abschwung aber trotzdem ausatmen.

Stufe zwei: Im nächsten Schritt sagen Sie laut „Eins", wenn der Schläger beim Rückschwung den höchsten Punkt erreicht hat, also die Richtung ändert und zum Vorschwung übergeht.

Es ist unwichtig, wo dieser Punkt bei Ihrem Schwung ist, ob Sie einen langen oder kurzen Rückschwung haben; sagen Sie bei Ihrem ganz persönlichen Wendepunkt „Eins". Um herauszufinden, wo Sie „Eins" sagen sollen, müssen Sie das Schlägerblatt spüren. Die meisten Golfer sagen beim ersten Mal zu früh „Eins". Das liegt normalerweise daran, daß sie nicht ganz darauf konzentriert sind, wo sich das Schlägerblatt beim Rückschwung befindet, sondern mehr mit anderen Gedanken beschäftigt sind – zum Beispiel wieder mit dem Ball! Bitten Sie einen Freund, darauf zu achten, ob Sie die Worte rechtzeitig sagen. Sie wissen ja: Die richtige Bewegung beim Schlagen des Balls kommt automatisch, wenn Sie den Intellekt zum Schweigen bringen.

Nach meiner Erfahrung verbirgt sich einer der Hauptgründe dafür, daß Golfer diese Worte nicht rechtzeitig sagen können, darin, daß sie von anderen Gedanken abgelenkt sind und ihre ganze Aufmerksamkeit nicht darauf richten können, was sie *in diesem Augenblick* tun. Ein anderer Grund könnte sein, daß er sich zu sehr anstrengt. Wir machen hier eine Wahrnehmungsübung, wir üben keine körperliche Anstrengung.

Das „Anstrengen" bei Golfschwüngen ist Ihnen vermutlich nichts Neues. Lassen Sie es jetzt einmal für eine Weile bleiben und achten Sie darauf, wie es sich anfühlt, sich einfach *nur bewußt* zu sein, was mit dem Schlägerblatt im Schwung passiert. Sonst nichts. Wenn Sie diese Übung richtig machen wollen, müssen Sie Ihre ganze Aufmerksamkeit darauf konzentrieren; für irgendwelche anderen Gedanken sollte kein Platz mehr sein. Die Frage hier ist: „Habe ich im richtigen Moment ‚Eins' und ‚Zwei' gesagt?" und „Habe ich das Tee oder das Gras gesehen?"

Stufe Drei: Wenn die beiden ersten Übungsteile „sitzen", gehen Sie zum letzten Abschnitt über. Er besteht darin, „Drei" zu sagen, wenn Schläger und Arme sich nicht mehr bewegen – also ganz am Ende des Durchschwungs. Das hilft Ihnen, die konzentrierte Aufmerksamkeit während des ganzen Schwungs bis zum Schluß zu halten. Sie kommen damit weniger in Versuchung, sich zu schnell um die Flugbahn des Balls zu kümmern. Und es hilft Ihnen zu erkennen, wie es um Ihr Gleichgewicht nach der Schwungbewegung bestellt ist.

Jetzt kennen Sie die gesamte Übung. Anfangs wird sie Ihnen vielleicht schwerfallen, vor allem wenn Sie neben dem Schwung andere Gedanken im Kopf haben. Nehmen Sie sich Zeit, um alle Teile durchzugehen, und gehen Sie erst zur nächsten Stufe über, wenn die vorhergehende richtig verankert ist.

Diese hervorragende Übung hat zahlreiche Nutzeffekte. Der offenkundigste liegt in der Beschäftigung des Intellekts, die keine negativen Gedanken zuläßt. Schauen Sie doch mal, welche weiteren Sie noch entdecken können.

Eine meiner Schülerinnen beispielsweise hat bei der Eins-Tee-Drei-Übung etwas Interessantes entdeckt. Barbara hatte Probleme damit, „Eins" zu sagen, ihre Stimme klang dabei ziemlich gepreßt. Als wir der Sache nachgingen, stellte sich heraus, daß sie sich im Brust- und Halsbereich beengt fühlte, nicht nur beim Rückschwung, sondern auch beim Ansprechen. Als Barbara beim Ansprechen die Schultern öffnete, konnte sie den Schwung freier und mit weniger An-

Achten Sie darauf, wie es sich anfühlt, sich einfach nur bewußt zu sein, was mit dem Schlägerblatt im Schwung passiert.

spannung durchführen. Das Wort „Eins“ kam jetzt ganz befreit. Und es ist keineswegs erstaunlich, daß sich ihr ganzer Schwung verbesserte.

Wenn Sie merken, daß das Aussprechen von „Tee“ Sie anfangs davon ablenkt, auf das Balltreffen zu achten, dann lassen Sie es weg und sagen nur „Eins“ am höchsten Punkt des Rückschwungs und „Drei“, wenn der Durchschwung abgeschlossen ist. Dazwischen achten Sie auf das Balltreffen.

Machen Sie sich zu Ihren Erfahrungen mit dieser Übung ein paar Notizen in Ihr Kagami-Merkbuch.

Was ist mit Ihrem Schwung passiert; hat er sich überhaupt verändert?

Hat sich Ihr Rhythmus geändert?

Checkliste für die Übung:

Habe ich die drei Worte „Eins-Zwei-Drei“ im richtigen Moment gesagt?

▼

Habe ich das Balltreffen sehen können?

▼

Wie sage ich diese Worte? Würde es vielleicht helfen, wenn ich sie leiser oder lauter sage und dabei ausatme?

▼

Gehen mir beim Schwung irgendwelche anderen Gedanken durch den Kopf, oder bin ich ganz darauf konzentriert, diese Worte im richtigen Moment zu sagen?

Hatten Sie auf dem höchsten Punkt des Rückschwungs mehr Zeit?

Haben Sie eine Veränderung Ihrer Konzentration festgestellt, wenn Sie ganz bei der Übung waren? In welcher Weise hat sie sich verändert?

Ist Ihr Krafteinsatz beim Schwung jetzt anders?

Welche Art von Kraft ist es? Woher kommt sie?

Macht es einen Unterschied, ob Sie auf das Balltreffen achten oder nicht?

Wie fest soll ich den Schläger halten?

Diese Frage wird mir oft gestellt. Leider kann ich sie nicht beantworten. Ich könnte Ihnen sagen, wie fest ich den Schläger halte, aber das würde Ihnen wahrscheinlich nicht helfen, weil Sie ein ganz anderer Mensch sind. Sie haben einen anderen Schwung, einen anderen Stoffwechsel und sind andere Persönlichkeit als ich. Damit Sie Ihren eigenen, ganz persönlichen Schwung entwikkeln können, muß die Antwort aus Ihnen selbst kommen, aus dem Unterbewußtsein. „Und wie soll ich das machen?“ höre ich Sie fragen. Nun, das ist ganz einfach.

Sie konzentrieren Ihre Aufmerksamkeit stärker auf das, was Sie in *diesem Moment* tun, indem Sie sich eine Frage stellen. Bewerten Sie auf einer Skala von 1 bis 5, wie fest Sie den Schläger halten. Bei 1 halten Sie ihn so locker, daß Sie das Gefühl haben, er könnte wegfliegen; 5 bedeutet sehr fest. Dazwischen liegen die verschiedenen Abstufungen.

Damit Sie beide Extreme einmal erleben, schlagen Sie bitte ein paar Bälle mit sehr locker gehaltenem Schläger – entsprechend der 1 auf der Skala. Sie haben dann vielleicht das Gefühl, ihn überhaupt nicht mehr unter Kontrolle zu haben; das ist für den Moment in Ordnung. Schlagen Sie jetzt ein paar Bälle mit sehr fester Schlägerhaltung – entsprechend der 5 auf der Skala. Werten Sie keines von beiden als richtig oder falsch; Sie sollen sich nur bewußt werden, wie sich die beiden Extreme anfühlen.

Nun schlagen Sie ein paar Bälle mit Ihrer eigenen Schwungbewegung und halten dabei den Schläger, wie Sie es sonst auch tun würden. Stufen Sie nach jedem Schlag Ihre Schlägerhaltung entsprechend der Skala von 1 bis 5 ein. Seien Sie bei der Übung möglichst offen und verzichten Sie auf ein Urteil, welche Zahl Sie für richtig halten. Achten Sie einfach darauf, wie Sie den Ball schlagen, spüren Sie, wie fest Ihre Hände den Schläger umspannen, und geben Sie sich nach jedem Schlag eine Zahl dafür. Vielleicht stellen Sie nach einiger Zeit fest, daß sich die Antworten ändern. Dann hat Ihr Unterbewußtsein auf natürliche Weise regulierend eingegriffen, um den Händen die optimale Spannung zu geben.

Sie müssen sich nicht *anstrengen* und durch Einsatz Ihres Intellekts etwas verändern. Ein genaues Feedback vom Körper zum Gehirn ist alles, was nötig ist – mit einem Wort: Selbstwahrnehmung.

Viele Menschen machen den Fehler, daß sie nach zehn Schlägen beschließen, eine bestimmte Zahl sei richtig für sie. Sie schlagen den Ball gut, sehen, daß sie den Schläger zum Beispiel entsprechend der 1 halten und denken, das müßte genau richtig sein. Der Intellekt gewinnt dann wieder die Oberhand und sagt: „Okay, Joe, jetzt mußt du den Schläger nur noch so wie bei der 3 festhalten und dann schlägst du den Ball gut." Plötzlich spielen sie die Bälle schlecht und können sich den Grund nicht erklären.

Der springende Punkt: Sie spielen wieder aus dem Intellekt heraus, indem sie sich mit „Du-mußt"-Anweisungen bedrängen, statt beim Wahrnehmungsspiel zu bleiben, das ihnen geholfen und den Kontakt zum Unterbewußtsein ermöglicht hat.

CHECKLISTE FÜR DIE ÜBUNG:

Wie fest halte ich den Schläger, auf einer Skala von 1 bis 5, wobei 1 für „sehr locker" und 5 für „sehr fest" steht?

▼

Ist die Spannung in einer Hand größer als in der anderen, oder ist sie gleichmäßig?

Wenn sich meine Hände während des Schwungs anspannen, an welchem Punkt tun sie das?

▼

Wie fest halte ich den Schläger beim Übungsschwung, nach der Skala von 1 bis 5?

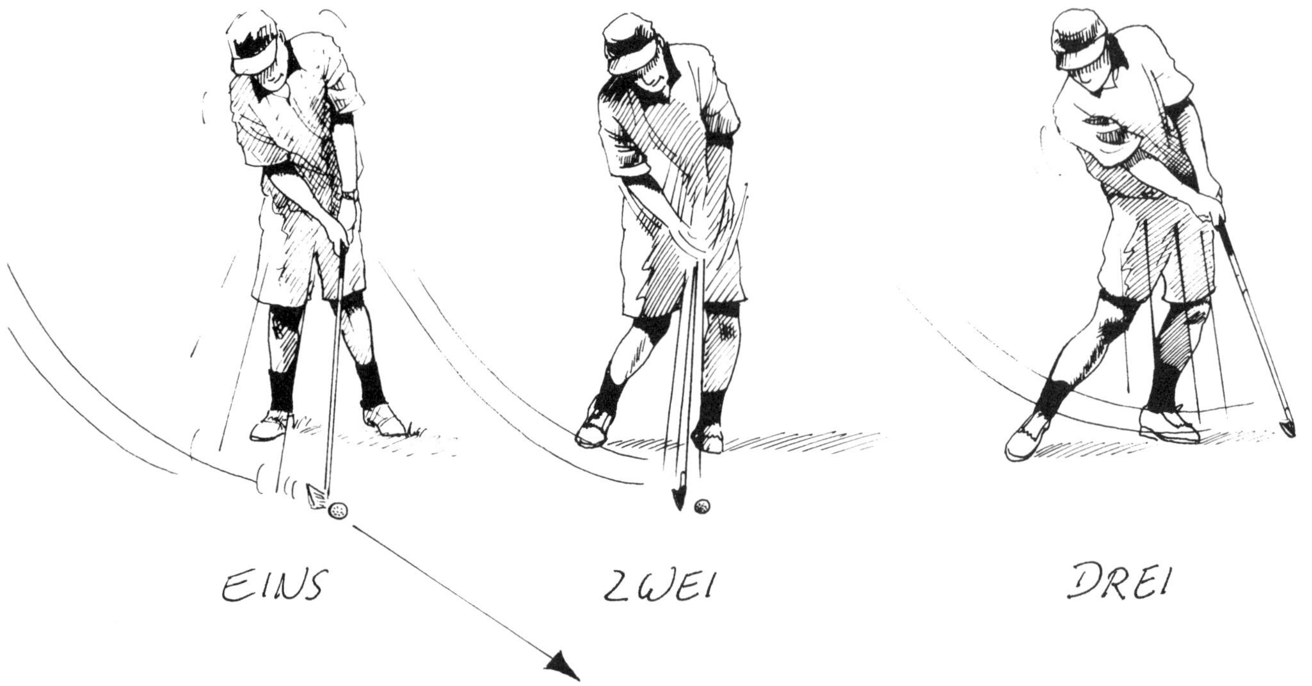

Die Gewichtsverlagerung beim Schwung

Hat sich in Ihrem „Muskelgedächtnis" ein Element verankert, das Ihrer Meinung nach den Schwung behindert, können Sie eine Wahrnehmungsübung ähnlich der oben beschriebenen entwickeln. Das Erlernen einer neuen Bewegung verlangt das volle *Bewußtsein dessen*, was Sie tun. Wenn Ihnen das gelingt, erfolgt eine Korrektur über das Unterbewußtsein oftmals von selbst.

Nehmen Sie mich nicht einfach beim Wort, sondern probieren Sie es selbst aus.

Wie das funktioniert, werde ich Ihnen anhand der Geschichte eines Schülers nahebringen. Peter hatte ein Handicap von 23, spielte bereits als Teenager Golf und hatte nun nach 30 Jahren Pause wieder damit begonnen. Sein natürliches Gefühl für diesen Sport hatte sich zweifellos in seiner Jugend entwickelt. Die Umstellung seines Spiels nach den Vorgaben des Lehrers machte ihm jedoch große Schwierigkeiten, obwohl er wußte, daß der Pro recht hatte. Peter kannte seine Schwungtechnik gut, vom Intellekt her – er wußte genau, was er falsch machte. Sein größter Schwachpunkt war, daß er während des Schwungs immer auf das rechte Bein kippte (er spielt rechtshändig).

Das Problem war, daß er nicht fühlen konnte, was er tat.

Er hatte sich auf einem Video gesehen und war darüber überrascht, wie er sein Gewicht *nach* dem Abschlag auf das linke Bein verlagerte. Er hatte schon alles versucht, aber es war ihm nicht gelungen, diese Programmierung seiner Muskeln zu ändern. Das Problem war, daß er nicht *fühlen* konnte, was er tat. Die Gewichtsverlagerung während des Schwungs war ihm nicht *bewußt*, deshalb bekam sein Unterbewußtsein kein Feedback.

Wir machten gemeinsam einige Wahrnehmungsübungen und bewerteten auf einer Skala von 0 bis 100%, wie sein Gewicht verteilt war. Auch er meinte, daß sein Gewicht beim Ansprechen zu gleichen Teilen auf beiden Beinen ruhte, also 50:50.

Dann sollte er mir nach jedem Schlag sagen, wieviel Gewicht auf dem höchsten Punkt des Rückschwungs auf dem rechten Bein und wieviel am Ende des Durchschwungs auf dem linken lastete. Anfangs konnte er mir keine Antwort geben. Ich fragte ihn, ob er denn während des Schwungs noch auf etwas anderes achten würde, und er meinte, ja, er denke dabei an seine Technik. Ich schlug ihm vor, auf diese Gedanken doch eine Zeitlang zu verzichten; vielleicht waren sie seinen Muskeln ja schon einprogrammiert, und er mußte sich nicht bei jedem Schwung daran erinnern. Ich wollte, daß er nur auf seine Gewichtsverteilung achtete – wie sie wirklich war.

Nach einigen Schwüngen konnte er mir sagen, daß beim Rückschwung nach seinem Gefühl 80% des Gewichts auf dem rechten Bein, beim Durchschwung 70% auf dem linken ruhten.

Als er sich bei diesem Wahrnehmungsspiel so richtig wohl fühlte und mir nach jedem Schlag eine Prozentzahl angeben konnte, gingen wir zum nächsten Schritt über. Wir stellten einen Plan auf, wie er sich selbst beim Balltreffen ein Feedback über die Gewichtsverteilung geben konnte. Lag sein Gewicht dann mehr auf dem rechten Bein als auf dem linken, war das eine *Eins*; war es an diesem Punkt gleichmäßig auf beide Beine verteilt, eine *Zwei*; lag das Gewicht beim Balltreffen mehr auf dem linken Bein, war es eine *Drei*.

Ich bat ihn, ganz normale Schwünge zu machen und mir nach jedem Schlag zu sagen, wie sein Gewicht verteilt war, also eins, zwei oder drei.

Anfangs hatte er Schwierigkeiten, es zu *fühlen*, und ich sagte ihm, er solle mir beim Übungsschwung sagen, wie sein Gewicht verteilt sei. Das klappte gut, und er erkannte dadurch, daß es auch mit dem Ball möglich sein würde.

Anfangs erzielte er Werte von 1, 1,5 und 2. Nach etwa sechs Schlägen traf er den Ball auf einmal sehr schlecht. Ich fragte ihn, ob er sich denn *bemühe*, sein Gewicht auf das linke Bein zu verlagern, worauf er antwortete: „Natürlich."

Ich sagte ihm, daß er das nicht tun, sondern einfach seinen normalen Schwung machen und auf das Geschehen achten solle. Ich wollte, daß er sich ganz unbefangen bewußt macht, was er wirklich tut, ohne Gedanken daran zu verlieren, was technisch korrekt ist oder nicht. Er hatte schon seit Jahren erfolglos versucht, die Programmierung seiner Muskeln intellektuell in den Griff zu bekommen; also war es an der Zeit, nach einem neuen Weg zu suchen – über das Unterbewußtsein.

Nach etwa zehn Schlägen kamen andere Antworten von Peter; die Dreier häuften sich. Auch die Resultate veränderten sich; die Schläge wurden gerader und länger, sein Kontakt zum Ball wurde besser. Es verblüffte ihn, daß sein Körper andere Schwünge durchführen konnte, ohne auf Anweisungen reagieren zu müssen. Er sagte, daß ihm das Ganze so mühelos erschien, als ob er eigentlich nichts tun würde.

Ich wollte, daß er sich ganz unbefangen bewußt macht, was er wirklich tut, ohne Gedanken daran zu verlieren, was technisch korrekt ist oder nicht.

Der Unterschied zwischen dieser Übung und all den anderen, die er ausprobiert hatte, lag darin, daß seine gesteigerte Bewußtheit diesesmal dem Unterbewußtsein ein genaues Feedback darüber gab, was sein Körper *wirklich* tat. Vorher hatte er dem Körper Vorschriften gemacht, ohne zu empfinden, was beim Schwung wirklich vor sich geht.

Sie können sich nach diesem Prinzip jeden Abschnitt des Schwungs oder Bewegungsablaufes bewußt machen.

Wenn Sie die bisher beschriebenen Übungen absolviert haben, dann konnten Sie sicherlich erfahren, wie Sie während des Schwungs eine Brücke zwischen Intellekt und Unterbewußtsein schlagen können. Vielleicht nur für einen einzigen Schlag, aber Sie haben wahrscheinlich erkannt, daß dieser Schlag eine besondere Qualität besaß, was die konzentrierte Aufmerksamkeit und den Schwung betraf. Jede unbefangene Wahrnehmung oder Visualisierung öffnet automatisch das Tor zum Unterbewußtsein. Sobald Sie die Resultate bewerten, wandern Sie wieder zu Ihrem Intellekt.

Vielleicht verstehen Sie es jetzt intellektuell besser, nachdem Sie die konkrete Erfahrung gemacht haben. Warum ist es so wichtig, beide Teile des Gehirns zu nutzen? Vom Standpunkt des Golfspielers ist die rechte Gehirnhälfte jener Teil des Kopfes, mit dem man eine Sportart auf natürliche Weise erlernt. Selbst unsportliche Menschen können mit dieser Methode das Golfspiel ohne Mühe erlernen.

Das Prinzip gilt nicht nur für das Golfspiel. Sie können auch jede andere Sportart schneller erlernen, wenn Sie sich Ihr Unterbewußtsein zunutze machen.

Bitte machen Sie die Übungen immer dann, wenn Sie ihnen im Buch begegnen. Sie werden die Kagami-Prinzipien um vieles besser verstehen, wenn Sie auf eigene Erfahrungen zurückgreifen können. Im nächsten Kapitel geht es um guten Rhythmus und Gleichgewicht im Schwung, auch wenn Sie unter Druck stehen. Dazu werden wir noch vier weitere Kagami-Übungen durchsprechen und Visualisierungen und Bewußtheitsspiele zu Hilfe nehmen.

Checkliste für die Übung:

Wieviel Prozent meines Gewichtes liegt bei dem höchsten Punkt des Rückschwungs auf dem rechten Bein und wieviel auf dem linken Bein am Ende des Vorschwungs?

Wie ist mein Gewicht beim Balltreffen verteilt, auf einer Skala von 1 bis 3? Bei 1 liegt das Gewicht beim Balltreffen mehr auf dem rechten Bein, bei 2 ist es gleichmäßig verteilt, bei 3 mehr auf dem linken Bein.

II

7. Rhythmus und Gleichgewicht im Schwung

Das Wasserrad

▼

Die blaue Donau

▼

Wieviel Kraft wende ich auf?

▼

Schwingen mit Yin und Yang

▼

Die Entdeckung der Yang-Kraft

II

Die Kagami-Übungen

„Ein perfekter Rhythmus erfordert die volle Aufmerksamkeit, das völlige Einssein mit dem Körper, ohne jegliche mentale Störung."

Timothy Gallwey

7. Rhythmus und Gleichgewicht im Schwung

Ein guter Rhythmus ist für den Golfschwung von entscheidender Bedeutung. Ohne ihn wird auch der technisch perfekte Schwung keine ausgezeichneten Resultate erbringen. Wer einen guten Rhythmus hat, kann im Schwung kleine technische Fehler machen – der Körper wird sie automatisch ausgleichen und dennoch einen vergleichsweise guten Schlag abliefern.

Rhythmus ist etwas, das man leichter erleben als definieren kann. Wir spüren es, wenn der Rhythmus beim Schwung stimmt oder wenn er holprig ist. Und da wir ihn fühlen, können wir ihn auch besser unter Kontrolle bekommen, aber nicht, indem wir uns Mühe geben. Wir würden doch nie auf die Idee kommen, uns zu *bemühen*, nach dem Takt der Musik zu tanzen. Es würde die fließenden Bewegungen völlig zunichte machen. Das gleiche gilt für den Golfschwung.

Für mich ist Kennzeichen eines ausgewogenen Schwungs, daß sich obere und untere Körperhälfte in Harmonie bewegen. Sobald eine der beiden Körperhälften aktiver ist als die andere, gerät der Schwung außer Takt – die Ursache vieler technischer Fehler.

Rhythmus und Balance scheinen sich gegenseitig zu beeinflussen; das eine läßt sich ohne das andere nur schwer verändern. Die erste Übung in diesem Kapitel wirkt sich sicher auf beides aus.

Das Wasserrad

Diese Übung ist wirklich einzigartig insofern, als sie die drei wichtigsten Sinne mit einbezieht, nämlich Sehen, Fühlen und Hören. Deshalb ist sie auch für die meisten Golfer geeignet.

Das visuelle Bild: Stellen Sie sich vor einen Spiegel, ohne Golfschläger, und stellen Sie sich vor, daß Sie ein großes hölzernes Wasserrad sind. Dieses Wasserrad ist kein gewöhnliches, weil sich die Fließrichtung des Wassers verändert. Die Mitte des Rades sind Kopf und Wirbelsäule, die Arme sind zwei seiner Speichen. Das Wasser strömt von der linken Seite auf Sie zu (bei Linkshändern ist es umgekehrt) und dreht Ihren ganzen Körper nach rechts. Dann ändert das Wasser seine Richtung und kommt von rechts auf Ihren Körper zu, dreht also Ihren ganzen Körper nach links.

Nehmen Sie einen Golfschläger in die Hand, und machen Sie dieselbe Bewegung. Jetzt ist der Schläger eine der Speichen, und das Schlägerblatt folgt dem äußeren Kranz des Wasserrades. Stellen Sie sich vor, das Wasser strömt von einem Punkt hinter Ihrer linken Hüfte auf Sie zu und dreht Hüfte und Schulter auf die rechte Seite; dann strömt es von einem Punkt hinter Ihrer rechten Hüfte auf Sie zu und dreht Hüfte und Schulter in Richtung auf das Ziel.

Denken Sie beim Rückschwung daran, daß das rechte Knie die ganze Zeit angewinkelt sein soll, damit Sie einen Punkt haben, um den Sie sich drehen können. Mit dieser Visualisierung sollten Sie jetzt die Vorstellung einer fließenden, mühelosen Bewegung haben.

Das Gefühl: Dieses Bild ruft das Gefühl hervor, daß *das Wasser Ihre Kraft ist.* Wasser ist sehr stark, also brauchen Sie nicht so viel Kraft in Ihren Oberkörper zu investieren. Das Wasser dreht Ihren Körper in eine andere Richtung, und diese Bewegung gibt dem Schlägerblatt die Geschwindigkeit beim Schwung.

Der Klang: Bei diesem letzten Übungselement sollen Sie laut „Wusch, wusch" sagen, wenn das Wasser an der einen und dann an der anderen Seite vorbeifließt.

Sie haben also jetzt ein visuelles Bild von Rad und Wasser, fühlen, wie das Wasser Ihren ganzen Körper dreht, und dazu kommt das Geräusch des Wassers. Die meisten meiner Schüler haben sehr viel Spaß an dieser Übung. Sie berichten oft, daß sie ihren Schwung als leicht und mühelos empfinden und daß sie ihre Körperbewegungen harmonischer erleben als vorher. Eine Schülerin hat aus dieser Übung ein eigenes Bild entwickelt – einen Bergbach, der hinter ihrer rechten Hüfte vorbeifließt und ihre Hüften durch den Ball dreht.

Besonders gut ist diese Übung für Menschen, die sehr viel Kraft in Armen und Schultern einsetzen und gar keine in Hüften und Beinen. Heinz, ein Golfer mit einem Handicap

von 19, war ein gutes Beispiel dafür. Der sehr kräftige Mann erzählte mir, daß er mit dem Golfspielen begonnen hatte, ohne eine Stunde Unterricht zu nehmen. Er hatte gedacht, beim Golf müsse man den Ball so hart wie möglich durch den Krafteinsatz von Armen und Schultern schlagen. Dagegen kämpfte er seitdem an, war aber mit seinem Schwung immer noch nicht zufrieden. Als Heinz zu meinem dreitägigen Kagami-Training kam, schlug er den Ball sehr hart und lang, oft auch gerade; manchmal ging er aber auch völlig daneben. Bei mißlungenen Bällen hatte er das Gefühl, daß er die Hüftdrehung beim Rückschwung nicht ganz beendete und beim Vorschwung mehr aus den Armen und Schultern heraus schlug. Er stimmte sich auf die mit dem Wasserrad verbundenen Gefühle ein und spürte, wie das Wasser seine Hüften ganz wegdrehte. Das wirkte sich sehr stark auf seinen Schwung aus, und er konnte danach beim Schwung die Hüften einsetzen, ohne daß es sich in eine „Du-mußt"-Anweisung verwandelte. Er kam daher gar nicht in Versuchung, die Bewegung zu übertreiben und eine Disharmonie zwischen der oberen und unteren Körperhälfte auszulösen. Genau das Gegenteil geschah, sein Schwung wurde harmonischer.

Als ich Heinz etwa zwei Monate später wieder traf, war sein Schwung wesentlich besser geworden; er sah in Armen und Schultern viel weniger angespannt aus und schlug den Ball sehr gut. Er erzählte mir, daß er ein paar Wochen zuvor an einem Turnier teilgenommen hatte, nach neun Löchern eins unter Par lag und mit Hilfe der Wasserrad-Übung exzellent Golf gespielt hatte. Dann wurde ihm bewußt, was vor sich ging, und das war etwas zuviel für sein momentanes Selbstbild als Golfer. Er brach auf der zweiten Neun ein, machte nicht mehr das, was vorher so gut funktioniert hatte, und ließ 20 Schläge fallen, um auf sein Handicap zu kommen! Trotzdem war es ein sehr positives Erlebnis für ihn, weil es ihn sein Potential hatte erahnen lassen. Für sein Gefühl kam ein Par-Spiel einfach zu plötzlich, und er mußte noch etwas darauf hinarbeiten. Ich glaube, daß Heinz bald auf ein niedrigeres Handicap kommen wird.

Notieren Sie die Antworten auf die folgenden Fragen in Ihrem Kagami-Notizbuch.

Wie beeinflußt diese Visualisierungsübung Ihren Schwung?

Was ist wichtiger für Sie: Das Bild vom Wasserrad, das Gefühl, wie das Wasser Ihren Körper dreht, oder das Geräusch des fließenden Wassers?

Sind Sie sich bewußt, wie sich jetzt durch den geänderten Krafteinsatz von oberer und unterer Körperhälfte die Harmonie Ihres Schwungs ändert?

CHECKLISTE FÜR DIE ÜBUNG:

Visualisieren Sie sich als großes, hölzernes Wasserrad.

▼

Spüren Sie, wie das Wasser von hinten durch Ihre linke Hüfte fließt und Sie beim Rückschwung wegdreht; dann ändert es die Richtung, fließt von hinten durch Ihre rechte Hüfte und dreht Sie durch den Ball.

Das Wasser ist Ihre Kraft, deshalb brauchen Sie beim Schwung keine zusätzliche Kraft einzusetzen. Fühlen Sie, wie die Kraft des Wassers Ihre Hüften und Beine dreht.

▼

Sagen Sie „Wusch, wusch", wenn Sie sich mit dem Wasser drehen.

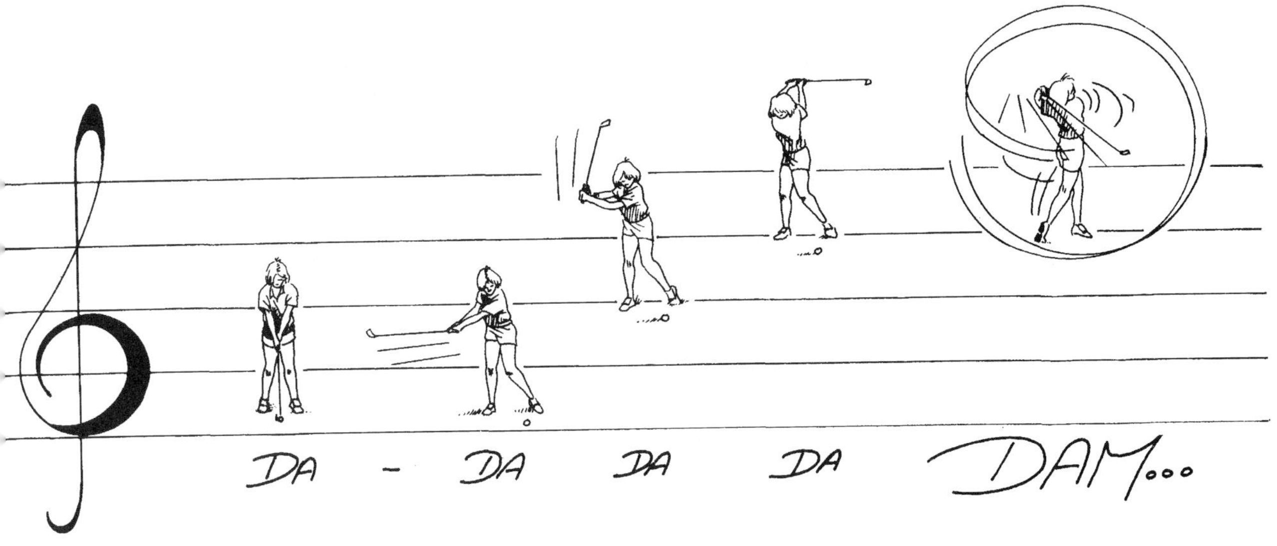

Die blaue Donau

Auch diese Übung eignet sich gut zur Verbesserung des Schwungrhythmus: Die beiden ersten Takte des Walzers „Die blaue Donau“ passen bei den meisten Golfspielern gut zum Tempo des Schwungs. Bei meinem Schwung muß ich jeweils die erste Note des Taktes summen, bevor ich den Schläger zurückführe, und die anderen drei Noten am Anfang des Walzers beim Rückschwung. Die lange Note summe ich beim Vorschwung. Achten Sie darauf, daß Sie die Melodie wirklich im Walzertakt und nicht als Quickstep summen.

Der springende Punkt ist hier, dem Schwung durch die Melodie einen harmonischen Rhythmus zu geben, und nicht etwa schneller zu summen, damit sie sich Ihrem Schwung anpaßt!

Mein erster Golflehrer wiederholte viele Male, daß der Golfschwung wie ein Tanz sei. Er hatte sogar einmal Tanzstunden genommen, um sein Golfspiel zu verbessern. Ob sie ihm geholfen haben, hat er mir nie verraten, doch ich bin seiner Meinung. Wenn ich beispielsweise nervös bin, wird mein Schwung mechanischer und holpriger. Gelingt es mir in solchen Streßsituationen, meinen Schwung flüssig und rhythmisch zu halten, verbessert sich meine Leistung.

Notieren Sie die Antworten auf die folgenden Fragen in Ihrem Kagami-Notizbuch.

Checkliste für die Übung:

Verändert sich mein Rhythmus, wenn ich den Walzer „Die blaue Donau“ summe?

Ändert sich das Tempo meines Schwungs, mit anderen Worten: das Tempo von Rück- und Vorschwung?

Wieviel Kraft wende ich auf?

Wenn Sie das Gefühl haben, daß untere und obere Körperhälfte beim Schwung nicht im Gleichgewicht sind, könnte der Grund darin zu suchen sein, daß Sie mehr Kraft als nötig in Armen und Schultern einsetzen oder mit Hüften und Beinen zu schnell durch den Ball drehen. Das optimale Gleichgewicht für Ihren ganz persönlichen Schwung und Ihre Physis kennen wir noch nicht, aber wir können es herausfinden.

Wir wollen bei dieser Übung davon ausgehen, daß Ihr Schwung auf die obere Körperhälfte – Arme, Schultern und Hände – und auf die untere Körperhälfte – Hüften und Beine – aufgeteilt ist. Gemeinsam macht das 100% des Krafteinsatzes im Schwung aus.

Was geschieht, wenn Sie den Oberkörper zu 100% einsetzen und die untere Körperhälfte überhaupt nichts tut? Schlagen Sie jetzt ein oder zwei Bälle auf diese Weise. Dann probieren Sie aus, wie es sich anfühlt, wenn Sie zu 100% die untere Körperhälfte einsetzen, Arme und Schultern also nicht zum Schwung beitragen. So bekommen Sie ein Gefühl für die beiden Extreme.

Machen Sie jetzt Ihren *eigenen* Schwung, ohne sich Vorschriften zu machen, und fragen Sie sich, wieviel Kraft Sie aus dem Oberkörper heraus einsetzen und wieviel mit der unteren Körperhälfte. Diese Frage sollten Sie nach jedem Schlag beantworten.

Wenn Sie feststellen, daß mehr Kraft aus dem Oberkörper kommt, als vielleicht optimal wäre, dann lautet die nächste Frage: „Mit welchem Teil meines Oberkörpers oder der unteren Körperhälfte setze ich am meisten Kraft ein? Mit rechtem Arm, rechter Schulter, linker Hand, rechter Hüfte oder mit den Beinen?“ Und weiter: „An welchem Punkt des Schwungs fühle ich, daß ich meine ganze Kraft einsetze?“

Bei dieser Übung ist es wieder sehr wichtig, als objektiver Beobachter zu beobachten, was Sie *tatsächlich* tun. Überlegen Sie bitte nicht, wie wohl die „richtige“ Antwort lauten könnte, sonst übernimmt der Intellekt wieder das Ruder und macht Ihnen wieder Vorschriften, was Sie seiner Meinung nach tun *sollen*. Wenn Sie sich einfach nur als objektiver Beobachter zusehen – sich dessen bewußt sind –, ist es für Sie leichter, das natürliche Lernen als Teil Ihres Geistes zu sehen. Eine bessere Lösung gibt es beim Golfschwung nicht.

Wenn Sie sich wieder Anweisungen geben wie: „Okay, Körper, jetzt weiß ich, wie es geht; du mußt zu 60% den Oberkörper und zu 40% die untere Hälfte einsetzen“, dann landen Sie wieder bei „Du-mußt“-Anweisungen.

Ein anschauliches Beispiel dafür stammt aus der Zeit, als ich Ski fahren lernte. Es war eine wundervolle Erfahrung für mich, weil ich ohne jede technische Information zum Hang marschierte. Ich habe sogar alle meine Freunde gebeten, mir nichts über Skifahren zu erzählen, weil ich mir beweisen wollte, daß ich mit meinen eigenen Kagami-Methoden einen Sport von Anfang an ohne jede technische Information erlernen kann – mit 37 Jahren.

Meine Ski-Erfahrungen würden ein ganzes Buch füllen, eine Episode vom zweiten Tag meines Skifahrerlebens soll hier jedoch genügen (Ein Jahr nach dem ersten Tag!). Nach einigen Stunden auf einem leichten Hang wagte ich mich auf einen steilen Hang mit kleinen Buckeln und ziemlich lockerem Pulverschnee. Ich hatte schnelle Fortschritte gemacht; doch dieser Hang überforderte meine inzwischen erlernten Fähigkeiten, und ich landete oft im Schnee.

Mein Freund Alan, ein guter Skifahrer, hatte den ganzen Tag meine Fortschritte mit großen Augen beobachtet und mir wie gewünscht keinerlei Ratschläge gegeben. Schließlich fand er, daß ich wirklich Hilfe brauchte; also fragte er mich, wo ich denn meiner Meinung nach den Schwung ansetzen sollte, wenn ich zu einem Buckel kam. Ich hatte absolut keine Idee, also sagte er mir, daß der Schwungansatz an den höchsten Punkt des Buckels gehört. Das konnte ich einsehen, also gab ich mir beim nächsten Mal entsprechende Anweisungen. Bis zu diesem Punkt war ich ganz in meinem Körper gewesen, es war für mich die einzige Möglichkeit, die neuen Herausforderungen, denen ich mich jede Sekunde stellte, zu bewältigen. Mein Kopf war völlig frei von Gedanken, ich hatte nur Gefühle und visuelle Bilder.

Dann fing ich an, mir „Du-mußt"-Anweisungen dazu zu geben, wo ich den Schwung bei Buckeln ansetzen sollte. Es muß sehr komisch ausgesehen haben, denn meine Fahrt wurde plötzlich zu einem wirren Durcheinander von fliegenden Armen und Beinen. Nichts klappte mehr.

Nach vier Stürzen auf zehn Metern hielt ich es für besser, wieder zu meinen eigenen Gedankenabläufen zurückzugehen – Bewußtheit für meinen Körper und Visualisierungen – und die Buckel sich selbst zu überlassen! Nach Sekunden konnte ich wieder Ski fahren – relativ gesehen natürlich!

Aus diesem Erlebnis habe ich sehr viel gelernt. Ich habe schon so oft beim Golf erlebt, was geschieht, wenn wir wieder darauf verfallen, uns Anweisungen zu geben, sowohl bei mir selbst als auch bei meinen Schülern. Ich kann diesen Punkt bei meinen Schülern oft genau erkennen, wenn ich einfach ihren Schwung beobachte und sehe, wie er sich verändert. Meistens ist es nach fünf bis zehn Schlägen soweit, daß der Kopf besserwisserisch eingreift und versucht, wieder das Ruder zu übernehmen. Wenn Sie darauf vorbereitet sind, können Sie auf entsprechende Anzeichen achten und sich wieder in die Haltung des objektiven Beobachters versetzen.

Bitte schreiben Sie die Antworten auf die folgenden Fragen in Ihr Kagami-Notizbuch.

CHECKLISTE FÜR DIE ÜBUNG:

Wie groß war mein Krafteinsatz zu Beginn dieser Übung im Oberkörper, wie groß in der unteren Körperhälfte, bei insgesamt 100%?

▼

Haben sich diese Werte nach einiger Zeit geändert?

Habe ich den Fehler gemacht, über das für mich „richtige" Gleichgewicht nachzudenken und meinem Körper Anweisungen zu geben?

▼

Wie lange habe ich gebraucht, bis ich nach jedem Schlag genau sagen konnte, wieviel Kraft ich eingesetzt habe?

Schwingen mit Yin und Yang

Das Prinzip von Yin und Yang spielt in der fernöstlichen Philosophie eine große Rolle. Es basiert auf der Vorstellung, daß alles in der Welt aus diesen beiden Kräften zusammengesetzt ist und in allen Lebewesen in unterschiedlichen Verhältnissen steht. Yin ist mehr die weibliche, empfangende Energie, Yang die eher männliche, aktive Energie. Die Yin-Energie ist leicht, sensitiv, intuitiv und kreativ, die Yang-Energie ist stark, aktiv und nach vorn gerichtet.

Zahlreiche Psychologen, darunter auch C. G. Jung, folgerten, daß alle Menschen sowohl Yin- wie Yang-Anteile haben. Sie leisteten wertvolle Arbeit, um Männern und Frauen die verlorengegangenen, verleugneten Teile des Selbst wieder zurückzuerobern.

Zur Verwirklichung eines Vorhabens sind zwei unterschiedliche Elemente nötig: Die Yin-Energie – die kreativen Ideen und intuitiven Entscheidungen, die innere Stimme, die uns hilft, einen Weg zu finden. Sind das geistige Produkt, die Zielvorstellung und der „Schlachtplan“ gereift, kommt die Yang-Energie zum Zug – sie ergreift geeignete Schritte und geht mit dem geistigen Produkt in die Welt hinaus.

Meiner Meinung nach sollte auch der Golfschwung diesen grundlegenden Naturgesetzen gehorchen. Herrscht ein Element vor, Yin *oder* Yang, wird er nicht zufriedenstellend und harmonisch ausfallen und dem eigenen Fortschritt vielleicht im Weg stehen.

Der häufigste Fehler beim Golfschwung ist der zu große Anteil an Yang-Energie. Wenn Sie Probleme mit dem Slice (Rechtskurve) oder Pull (Ball fliegt gerade nach links) haben, dann kann Ihnen diese Übung sehr viel helfen.

Peter soll uns als Beispiel dienen. Er kam mit einem recht ungewöhnlichen Problem zu mir: Sein Schwung sei ziemlich wirkungsvoll, und er könne auch unter Druck ein Handicap von 20 erreichen, doch sein Schwung gefalle ihm nicht. Er sagte, er setze zuviel Kraft aus Armen und Schultern ein, der Schwung sei nicht rhythmisch und ausgewogen, er mache ihm einfach keinen Spaß mehr.

Nach kurzer Zeit stellte ich fest, daß Peter beim Schwung nicht im Gleichgewicht war. Er ist ein sehr sensibler Mensch, hat offenbar im Alltagsleben zur Harmonie zwischen Yin und Yang gefunden. Sein Golfschwung entsprach jedoch überhaupt nicht seiner Persönlichkeit – er war ganz Yang-Energie, von Anfang bis Ende.

Ich erklärte Peter das Konzept von Yin und Yang und schilderte ihm meine Beobachtungen. Er war bereit, damit zu experimentieren, beim Rückschwung mehr von seiner Yin-Energie zu finden und die Yang-Energie beim Vorschwung fließen zu lassen. Ich fragte ihn, wie sich sein rechter Arm zu Beginn des Rückschwungs anfühle (er ist Rechtshänder), worauf er angab, während des Rückschwungs eine große Spannung zu empfinden. Dann empfahl ich ihm, beim Rückschwung feminine, weiche, sanfte, empfangende Yin-Energie in seinem rechten Arm fließen zu lassen. Als er den Rückschwung einmal so ausprobierte, war er am höchsten Punkt des Schwungs technisch gesehen in einer weit besseren Position, was er in seinem Bizepsmuskel fühlen konnte. Das Gefühl der Entspannung und Lockerheit im rechten Arm zog sich über die ganze rechte Seite hinweg und bewirkte einen mühelosen Vorschwung. Aus dieser Haltung heraus konnte Peter die Kraft seines Schwungs ohne technische Fehler beim Vorschwung freisetzen.

Diese Übung war für Peter genau richtig – das war die Ausgewogenheit, nach der er bei seinem Golfschwung gesucht hatte, auch wenn er es vorher nicht als das Prinzip von Yin und Yang erkannt hatte. Sein Bewegungsgefühl ließ ihn diese Übung schnell erlernen. Zwei Tage danach spielte er allein an einem Abend 18 Löcher und erreichte ein Handicap von 13. Einen Monat später kam er bei einem Turnier auf ein Handicap von 12.

Wenn auch Sie das Gefühl haben, daß zuviel Yang-Energie oder Kraft Ihr Problem ist, dann probieren Sie doch diese Übung aus, wenn Sie das nächste Mal auf der Driving Range sind.

Ich habe diese Übung vor drei Jahren entwickelt, um ein technisches Problem anzugehen, das ich mit meinem Schwung hatte. Ich holte beim Rückschwung zu sehr aus, und deshalb spannten sich meine Armmuskeln an. Dadurch nahm ich am höchsten Punkt des Rückschwungs oft eine Position ein, die den Vorschwung von außen nach innen schickte, mit einem Slice oder Pull als Folge. Ich erkannte die Ursache des Problems im ersten Teil meines Rückschwungs. Empfand ich meinen rechten Arm an diesem Punkt des Schwungs als sehr weich und feminin, veränderte sich der Vorschwung – ich traf den Ball nicht mehr quer. Nach regelmäßigem Üben stellte ich fest, daß mein Schwung wesentlich ausgewogener und müheloser kam als vorher. Ich schwang in mir selbst mit, statt ständig zu versuchen, die Kraft meiner Yang-Energie nicht nur beim Vorschwung, sondern auch beim Rückschwung einzusetzen.

Heute genieße ich meinen Golfschwung, er ist wie der Ausdruck dessen, was ich wirklich bin. Als ich die Yin-Energie bei meinem Schwung noch nicht berücksichtigte, entsprach er mir nicht so sehr.

Die Entdeckung der Yang-Kraft

Bei manchen Golfspielern kommt im Schwung nur die „passive" Yin-Energie zum Ausdruck. Auch das ist unausgewogen. Vielleicht haben sie Angst davor, ein Rasenstück herauszuschlagen, sich selbst zu verletzen, oder sie fühlen sich nicht stark genug, dem Schläger die nötige Geschwindigkeit zu geben. Vielleicht versuchen sie auch einfach, das Schlägerblatt beim Vorschwung unter Kontrolle zu halten und die Geschwindigkeit des Schlägerkopfes konsequent zu verlangsamen.

Wenn ich solchen Golfspielern das Konzept von Yin und Yang erkläre, begreifen sie, daß eine andere Art von Kraft nötig ist, um einen Golfschläger zu schwingen, als sie dachten. Yang-Energie kann jeder ausdrücken; dabei muß man nur die natürliche Kraft freisetzen, die beim Rückschwung entsteht. Man kann diese Bewegung auch mit dem Bogenschießen vergleichen. Die Kraft, die entsteht, wenn man den Pfeil zurückzieht, wird freigesetzt, wenn man den Bogen losläßt. Wollte ein Bogenschütze die Bewegung des Bogens kontrollieren, wäre sein Arm hinterher wahrscheinlich blau, und das Ergebnis nicht der Rede wert!

Nach regelmäßigem Üben stellte ich fest, daß mein Schwung wesentlich ausgewogener und müheloser kam als vorher.

Wenn Sie das Gefühl haben, daß es Ihrem Schwung an Yang-Energie fehlt oder daß Sie den Schläger beim Vorschwung zu sehr kontrollieren, dann könnte Ihnen die folgende Übung helfen.

Strecken Sie den Golfschläger mit geradem Arm horizontal zum Boden von sich weg. Jetzt schwingen Sie den Schläger, so schnell Sie können, um den Körper und nützen die Körperdrehung dazu aus, die Geschwindigkeit des Schlägers zu erhöhen.

Hände und Handgelenke sollen dabei so entspannt wie möglich sein, Sie sollen den Schläger nur fest genug halten, damit er Ihnen nicht wegfliegt. Das Schlägerblatt sollte so eine sehr große Geschwindigkeit bekommen. Jetzt halten Sie den Schläger etwa einen Meter über dem Boden und machen dieselbe Bewegung.

Zum Schluß setzen Sie den Schläger auf dem Boden auf und ziehen den Schwung mit derselben Bewegung durch, wie Sie es gewohnt sind.

Diese Übung vermittelt ein Gefühl dafür, wie schnell das Schlägerblatt sein kann, wenn Sie völlig loslassen. Sie werden natürlich Ihre eigene Balance finden müssen, nämlich die optimale Geschwindigkeit des Schlägerblatts, bei der Ihr Körper die Bewegung koordinieren kann. Vielleicht werden Sie nach dieser Übung auch feststellen, daß Sie beim Schlägerblatt mehr Geschwindigkeit einsetzen können, als Sie sich dachten, ohne deshalb an Genauigkeit einzubüßen.

Der nächste Schritt ist, einige Bälle zu schlagen und dabei die optimale Geschwindigkeit des Schlägerblatts herauszufinden. Beim Durchschwung sagen Sie laut „Wusch!" oder ein ähnliches Wort. Achten Sie darauf, dabei auszuatmen. Lassen Sie die Yang-Energie beim Durchschwung fließen. Eine körperliche Anstrengung ist dazu nicht notwendig; die Energie kommt aus der Bewegung des Körpers und der Zentrifugalkraft des Schlägers.

Den Grundstock zu dieser Übung hat mir Jackie Mercer beigebracht, eine ausgezeichnete Spielerin und Lehrerin aus Südafrika. Auf dem Höhepunkt ihrer Karriere schlug Jackie den Ball mit dem Driver über 250 Meter weit.

Vielleicht haben Sie bis jetzt alle Übungen mitgemacht und damit gute Ergebnisse erzielt, kämpfen aber immer noch mit einem speziellen technischen Schwungproblem und wissen nicht, welche Kagami-Übungen Ihnen Abhilfe schaffen könnte. Das nächste Kapitel wird Ihnen dabei helfen, Ihre besonderen „Probiermuskeln" zu finden und damit auch Ihre technischen Fehler zu erkennen, zu verstehen und zu korrigieren.

Notieren Sie die Antworten auf die folgenden Fragen in Ihrem Kagami-Notizbuch.

CHECKLISTE FÜR DIE ÜBUNG:

Wie fühlt sich mein rechter Arm an, wenn ich mit Yin-Energie schwinge?

▼

Beginnt der Rückschwung meines rechten Armes mit Yin-Energie anders?

▼

Stoppt der Schläger am höchsten Punkt des Rückschwungs an einer anderen Position als vorher?

▼

Wird Ihre Schlägerblattgeschwindigkeit bei der Yang-Übung schneller?

▼

Haben Sie das Gefühl, das Schlägerblatt bei der Yang-Übung weniger unter Kontrolle zu haben?

II

8. Wege zur besseren Schwungtechnik

Wie finde ich meine „Probiermuskeln“?

▼

Slice oder Pull

▼

Hook oder Push

▼

Getopte, Dünn- und Fettschläge

II

Die Kagami-Übungen

„Übung macht dauerhaft, nicht perfekt. Wenn man Perfektion will, muß man einen perfekten Schwung üben."

8. Wege zur besseren Schwungtechnik

Viele Golfspieler haben ihren Muskeln Schwünge einprogrammiert, die ihnen keine guten Dienste leisten. Tausende von Bällen haben sie mit einem technisch mangelhaften Schwung geschlagen, der den Ball nicht dorthin schickt, wo sie es wünschen. Wie man in der Computerwelt sagt: „Programmier' ich Mist, bekomm' ich Mist."

Zuallererst ist wichtig, daß Sie den Unterschied fühlen zwischen dem, was Sie tun, und dem, was der Golflehrer Ihnen als korrekt vermittelt.

Würden solche Spieler es mit intellektuellen „Du-mußt"-Anweisungen schaffen, ihre Technik zu ändern, würde eine Streßsituation sofort das gut eingespielte Muskelgedächtnis wecken und den Ball in die Büsche jagen.

Wir alle haben bestimmte Muskelgruppen, die sich anspannen, wenn wir unter Druck geraten – die „Probiermuskeln", wie ich sie nenne. In der Regel sind das jene Muskeln, die der Intellekt für schwierige Aufgaben geeignet hält oder die wir beruflich häufig einsetzen. Wenn wir sie über unser Gespür identifizieren können, wenn wir herausfinden, wo sie sich im Schwung aktivieren, dann können wir eine Kagami-Übung auswählen, um das Gleichgewicht wieder herzustellen. Wenn das Unterbewußtsein die Veränderung bewirkt, kann sich das neue Muskelprogramm auch unter Druck leichter behaupten. Sollten die alten Schwungfehler zurückkehren, gerade wenn Sie es am wenigsten erwarten, werden Sie sofort merken, was passiert ist, weil Sie durch die Übungen Ihre „Probiermuskeln" erfühlt haben.

Viele meiner Schüler fragen mich, wie sie später an ihrem Wohnort, zusammen mit ihrem Golflehrer, mit den Kagami-Prinzipien weiterarbeiten können. Die Informationen Ihres Lehrers könnten wertvolle Hinweise bergen, die Sie nicht automatisch selbst identifizieren können. Der springende Punkt ist hier, *wie* Sie mit der Information umgehen.

Zuallererst ist wichtig, daß Sie den Unterschied *fühlen* zwischen dem, was Sie tun, und dem, was der Golflehrer Ihnen als korrekt vermittelt. Wenn Sie sich auf der Basis der Information, die Sie erhalten, ein Wahrnehmungsspiel ausdenken, dann werden Sie fühlen können, was während des Schwungs *tatsächlich* geschieht. Auf diese Weise haben Sie Ihre Wahrnehmung geschärft und sowohl intellektuell als auch in direkter Erfahrung erfaßt, was Ihr Pro zu sagen hatte. Diese Einsicht wird Ihnen die nötigen Änderungen sehr erleichtern.

Zahlreiche Amateurlehrer sieht man auf dem Golfplatz, die darauf bestehen, Ihnen zu sagen, was an Ihrem Schwung faul ist. Sie mögen richtig liegen oder auch nicht! Wenn Sie solche Informationen mit Ihrer inneren Wahrnehmung prüfen, können Sie nützliche Information von destruktiver „Hilfe" unterscheiden lernen.

Woran Sie immer denken sollten: Keine zwei Menschen haben den gleichen Schwung! Und Sie arbeiten stets daran, Ihren ureigenen, persönlichen Schwung zu entwickeln. Deshalb ist der einzige Weg, um festzustellen, ob ein Ratschlag hilfreich für Sie sein kann, Ihr Unterbewußtsein zu befragen – mit anderen Worten: sich ein Kagami-Spiel auszudenken.

Wie finde ich meine „Probiermuskeln"?

Werfen wir zuerst einmal einen Blick auf Ihren Schwung, bevor wir ins Detail gehen und herausfinden, welche Muskelgruppen sich unter Streß einmischen und technische Schwungfehler verursachen. Denken Sie daran, daß dies eine Analyse ist. Selbst wenn Sie Ihre Fehler zu kennen glauben, sollten Sie Ihrem Kopf keine Lösungsvorschläge abkaufen, bevor Sie fühlen konnten, was bei Ihrem Schwung *tatsächlich* geschieht.

Nehmen Sie einen Schläger, bei dem Ihre „Probiermuskeln" am ehesten eingreifen, also wahrscheinlich ein Holz oder ein langes Eisen, und schlagen Sie ein paar Bälle. Achten Sie dabei genau darauf, wo Sie eine Spannung spüren. Machen Sie vor jedem Schlag einen Übungsschwung und schauen Sie, ob Sie irgendeinen Unterschied in der Muskelspannung zwischen Übungsschwung und Schwung mit Ball feststellen können. Bleiben Sie „am Ball", auch wenn Sie diese Frage nicht gleich beantworten können. Manchmal wacht die Wahrnehmung erst nach einigen Schlägen so weit auf, daß Sie empfinden können, was die Muskeln im Schwung anstellen.

Als „Probiermuskeln" haben wir in meinen Kursen beispielsweise identifiziert: rechte Schulter, rechter Arm oder Hand, Nackenmuskeln, Muskeln im Kreuzbereich, die Rükkenmuskeln auf der Seite direkt unter dem Arm, vor allem auf der linken Seite, die rechte Hüfte, die linke Schulter, linker Arm oder Hand, das linke Bein und der linke Fuß! Eine beachtliche Liste, die zeigt, wie verschieden wir alle sind, wenn es um den Golfschwung geht.

Selbst wenn Sie Ihre Fehler zu kennen glauben, sollten Sie Ihrem Kopf keine Lösungsvorschläge abkaufen, bevor Sie fühlen konnten, was bei Ihrem Schwung tatsächlich geschieht.

Wenn Sie herausgefunden haben, wo Ihre „Probiermuskeln" sitzen, erhebt sich die Frage, was mit dem Körper und damit auch mit dem Schwung passiert, wenn diese Muskelgruppe aktiviert wird.

Spannen sich zum Beispiel beim Vorschwung die Muskeln im Kreuzbereich an, hat das zur Folge, daß sich der Oberkörper nach hinten und vom Ball wegbewegt. Spannt sich der linke Arm beim Durchschwung an, wird der Schläger zum Körper hingezogen; ein Slice oder Pull ist die Folge, oder der Ball wird mit der Schlägerspitze getroffen. Ist das linke Bein beim Rückschwung angespannt, können die Hüften keine volle Drehung ausführen.

Wir wollen uns jetzt einige der häufigsten Fehler beim Golfschwung ansehen und neue Wege finden, um diese uneffektiven Muskelprogrammierungen zu ändern. Nehmen Sie sich die Fragen der Reihe nach vor, und machen Sie die vorgeschlagenen Übungen dazu, wenn Sie das Gefühl haben, daß sie Ihnen helfen könnten. Vertrauen Sie darauf, daß Sie die Antworten selbst finden werden. Und denken Sie daran, daß Ihre Wahrnehmung, selbst wenn Sie nicht auf alles eine Antwort finden, mit der Zeit sehr viel schärfer werden wird und damit auch Ihr Verständnis für die Physik des Golfspiels.

Schwungbahn von außen nach innen

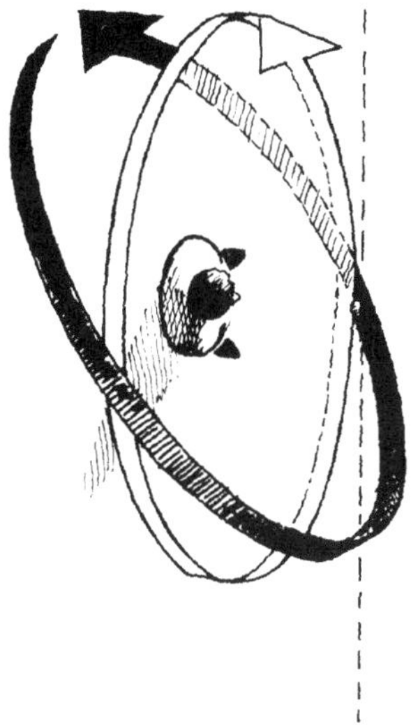

Schlägerblatt geschlossen: ein Pull

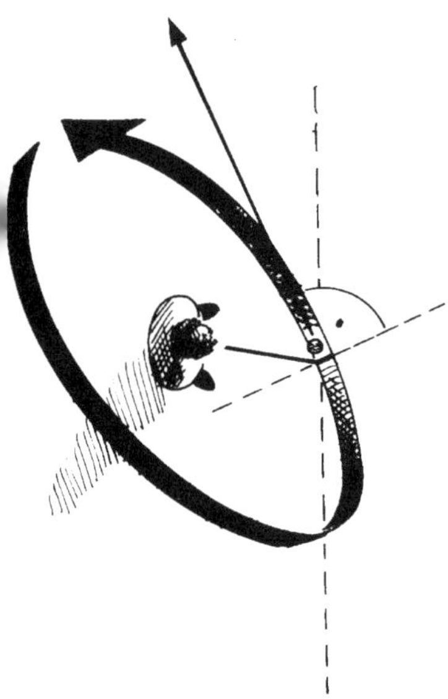

Schlägerblatt offen: ein Slice

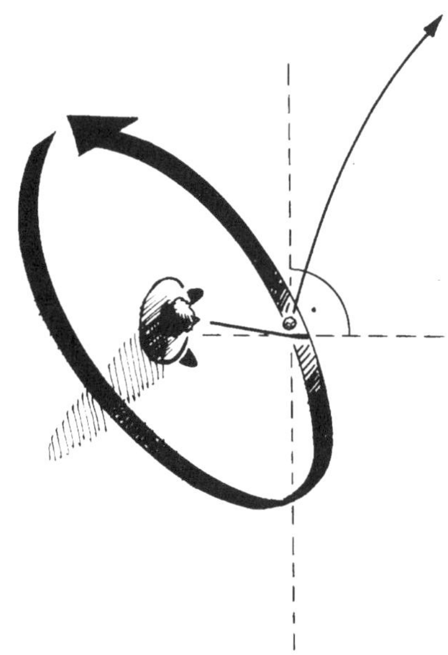

Slice oder Pull

Zu diesen beiden Schlägen kommt es, wenn die Schwungbahn beim Vorschwung von außen nach innen geht. Ist das Schlägerblatt in Relation zur Schwungbahn offen, wird daraus ein Streifschlag mit gebogener Flugbahn nach rechts – ein *Slice*. Steht das Schlägerblatt im rechten Winkel zur Schwungbahn, jedoch links vom Ziel, wird der Ball gerade nach links fliegen – ein *Pull*.

Um herauszufinden, welche Muskelgruppen für diese Schwungbahn von außen nach innen verantwortlich sind, sollten Sie sich beim Schlagen der Bälle einige Fragen stellen.

Frage: Wie bewege ich den Schläger zu Beginn des Rückschwungs? Ziehe ich den Schläger mit den Armen hoch, oder setzt der Schläger durch die Körperdrehung zum Rückschwung an?

Antwort: Wenn Sie selbst oder Ihr Lehrer feststellen, daß Sie den Schläger zu Beginn des Rückschwungs mit den Armen hochziehen, spannen sich am höchsten Punkt des Schwungs die Armmuskeln an, vor allem im rechten Arm. Den Muskeln bleibt nur eine Möglichkeit, diese Spannung abzubauen, nämlich beim Vorschwung aktiv zu werden und eine Schwungbahn von außen nach innen zu verursachen.

Gegenmittel: Stellen Sie sich vor, linke Schulter, linke Hüfte und Trizeps des linken Arms seien fest miteinander verbunden, etwa mit einer Schnur oder mit Klebstoff. Wenn sich Hüften und Schultern auf den ersten paar Zentimetern des Rückschwungs vom Ball wegdrehen, funktioniert Ihr ganzer Körper wie eine harmonische Einheit. Dann müssen die Arme und Hände den Schläger beim Rückschwung nicht hochziehen. Das ist der vielgerühmte „One-piece-takeaway".

Wenn Sie diese Übung mit geschlossenen Augen machen und sich so wegdrehen, daß das Schlägerblatt nicht mehr als etwa 60 cm vom Ball entfernt ist, werden Sie sehen, daß Sie den Schläger nicht mehr mit dem rechten Arm zurückziehen müssen, wenn die Drehbewegung des Körpers beginnt.

Frage: Wie groß ist die Spannung in meinem rechten Arm und in der rechten Schulter am höchsten Punkt des Rückschwungs, auf einer Skala von 1 bis 5, wenn 1 für „keine Spannung" und 5 für „maximale Spannung" steht?

Antwort: Wenn Sie feststellen, daß Ihr rechter Arm und die Schulter angespannt sind, sollten Sie nachempfinden, an welchem Punkt des Rückschwungs die Spannung einsetzt. Vielleicht hat Ihr Lehrer festgestellt, daß Ihr rechter Ellenbogen auf dem höchsten Punkt des Rückschwungs zu weit nach außen geht. Prüfen Sie das selbst mit dem oben beschriebenen Wahrnehmungsspiel nach.

Gegenmittel: Sie können entweder bei der Übung bleiben, die Spannung in Arm und Schulter auf der Skala von 1 bis 5 zu bewerten, oder den im letzten Kapitel erläuterten Yin-Rückschwung ausprobieren. Wenn Sie bei der Bewertungsübung bleiben, sollten Sie bewußt einige Schwünge ohne jede Spannung in der rechten Schulter machen und dann einige mit maximaler Spannung (5), um Ihr Gespür für diese Muskeln zu verbessern. Wenn Sie dann wissen, wie sich diese beiden Extreme anfühlen, machen Sie Ihren eigenen Schwung, ohne zu versuchen, die Muskeln zu beeinflussen, und bewerten Sie die Spannung mit einer Zahl zwischen 1 und 5.

Wenn Sie bemerken, daß rechter Arm und Schulter am Ende des Rückschwunges in Spannung kommen, dann neigt die rechte Körperhälfte dazu, den Vorschwung einzuleiten.

Maximale Spannung: Nummer 5

Keine Spannung: Nummer 1

Ergebnis: Die Schwungbahn geht von außen nach innen.

richtig

falsch

Frage: Welche Bewegung folgt dem höchsten Punkt des Rückschwungs? Gehe ich zuerst mit den Armen und Schultern zurück oder mit den Hüften und Beinen?

Antwort: Wenn Sie feststellen, daß Sie beim Vorschwung zuerst Arme und Schultern bewegen, dann könnte auch das zu einer Schwungbahn von außen nach innen führen. Prüfen Sie das selbst nach. Stellen Sie sich seitlich vor einen Spiegel, und bewegen Sie am höchsten Punkt des Rückschwungs zuerst Arme und Schultern. Vergleichen Sie diese Schwungbahn mit der, die sich ergibt, wenn Sie zuerst Hüften und Beine bewegen.

Gegenmittel: Die Wasserrad-Übung eignet sich hier besonders gut, vor allem, wenn Sie sich vorstellen, daß das Wasser von hinten kommt und die Hüften sowohl beim Rück- wie beim Vorschwung dreht. Und denken Sie daran: Das Wasser ist Ihre Kraft.

Wenn Sie nur mit den längeren Schlägern Probleme haben, sollten Sie prüfen, wie weit Sie den Ball schlagen wollen und Kapitel 10 über die Zielsetzungen lesen. Das könnte bei der Ursache für den technischen Fehler eine wichtige Rolle spielen. Eine weitere gute Übung ist hier „Wieviel Kraft setze ich in der oberen und unteren Körperhälfte ein?“ (Kapitel 7, Übung 3).

Hook oder Push

Ein *Hook* (Flugbahn nach links gebogen) wird im allgemeinen durch eine extreme Schwungbahn von innen nach außen verursacht – im Verhältnis zur Schwungbahn schließt sich das Schlägerblatt beim Balltreffen. Bei einem *Push* (Flugbahn gerade nach rechts) war ebenfalls eine Schwungbahn von innen nach außen verantwortlich, jedoch stand das Schlägerblatt beim Aufprall im rechten Winkel zur Schwungbahn, d. h. offen in Bezug auf das Ziel.

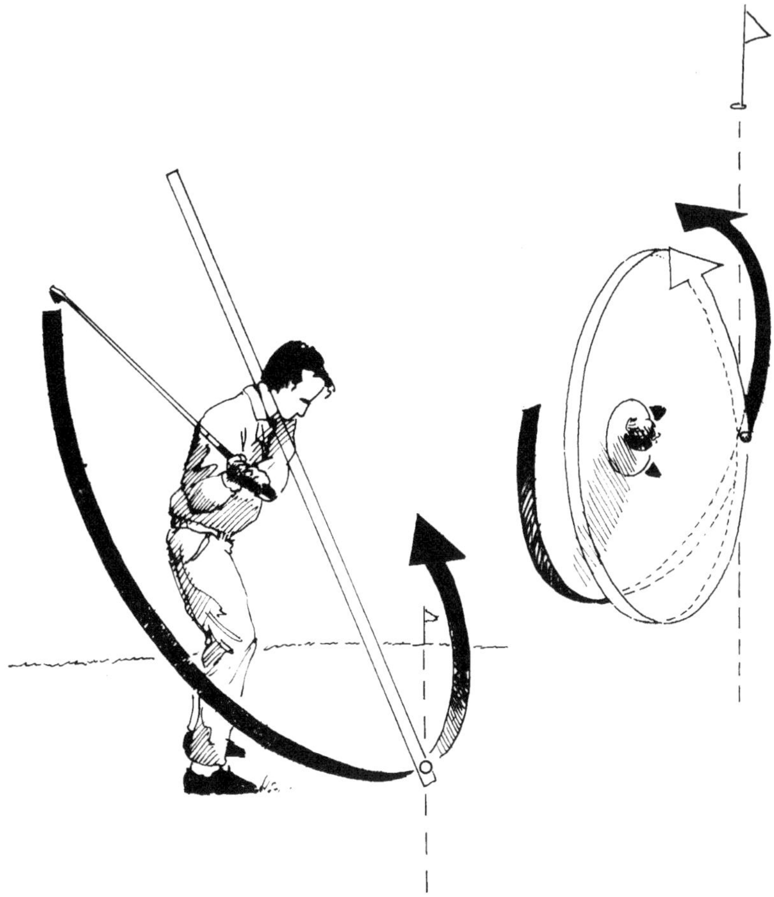

Schwungbahn von innen nach außen

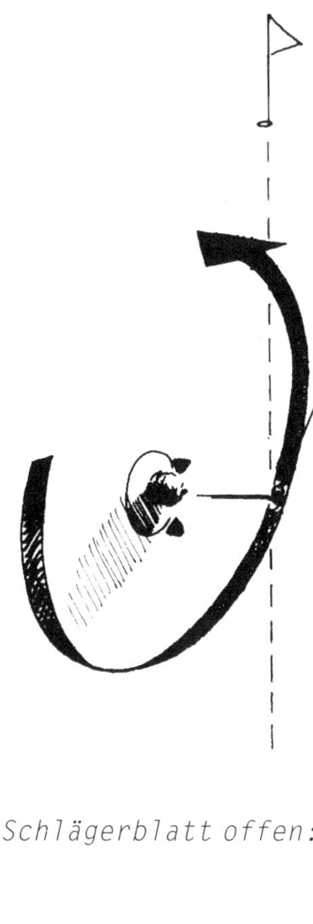

Schlägerblatt offen: ein Push

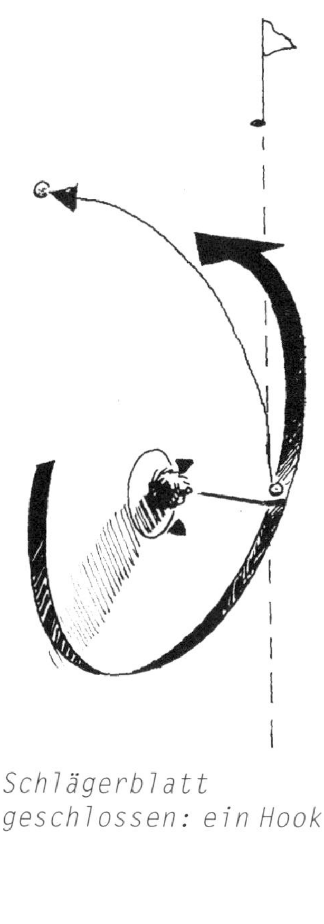

Schlägerblatt geschlossen: ein Hook

Gewicht auf
den Fersen

Gewicht in
Mittellage

Gewicht auf
den Ballen

Frage: Worauf ruht mein Gewicht beim Ansprechen: auf den Fersen, in der Mitte der Füße, oder auf den Zehen?

Antwort: Liegt Ihr Gewicht beim Ansprechen auf den Fersen, wird Ihr Körper den Schläger flacher schwingen – in der Regel verlegt das die Schwungbahn von innen nach außen.

Gegenmittel: Da Sie die Gewichtsverlagerung beim Ansprechen ändern können, können Sie diese Information problemlos in Ihre Setup-Routine einbauen, vorausgesetzt, Sie denken während des Schwungs nicht mehr daran. Achten Sie also einfach darauf, wo Ihr Schwerpunkt während der Grundstellung liegt, und verlagern Sie ihn vor dem Schwung mehr zur Mitte der Füße hin, wenn Sie das Gefühl haben, daß mehr Gewicht auf den Fersen liegt. Dabei werden Sie vielleicht feststellen, daß Sie sich aus der Hüfte heraus etwas mehr nach vorne neigen. Das macht die Schwungbahn steiler.

Frage: Wie ist Ihre Ausrichtung auf das Ziel? Lesen Sie den Schluß des nächsten Kapitels über das Ausrichten und prüfen Sie dann, ob das Schlägerblatt auf das Ziel ausgerichtet ist und der Körper parallel zum Ziel steht.

Antwort: Wenn Sie so stehen, daß der Schläger rechts am Ziel vorbei ausgerichtet ist, dann könnte Ihr Unterbewußtsein hier um einen Ausgleich bemüht sein. In dem Versuch, den geschlossenen Stand zu korrigieren, zieht es den Schläger um Ihren Körper herum und löst einen Hook aus, oder einen Schlag mit der Schlägerspitze.

Gegenmittel: Korrigieren Sie Ihre Stellung, nachdem Sie den Abschnitt über das Ausrichten gelesen haben, und schlagen Sie mit dem richtigen Ansprechen mindestens 20 Bälle, damit Ihr Unterbewußtsein Zeit hat, sich mit den Veränderungen vertraut zu machen.

Frage: Versuche ich die Flugbahn des Balles mit den Händen zu steuern? Geben Sie sich eine Bewertung von 1 bis 5, wobei 1 für „keine Steuerung“ und 5 für „absolute Steuerung“ steht. Damit Sie ein Gefühl für beide Extreme bekommen, sollten Sie einige Bälle ganz ohne Kontrolle und einige mit absoluter Kontrolle schlagen. Anschließend bewerten Sie, wie stark Sie steuern.

Antwort: Eine übermäßige Kontrolle des Schlägers führt in diesem Fall oft zu einem Push, weil die Hände den Schläger beim Balltreffen nicht locker genug lassen.

Gegenmittel: Versuchen Sie nicht, die Kontrolle zu lockern, indem Sie sich Anweisungen geben. Damit werden Sie wahrscheinlich nur eine Überkompensation auslösen und den Schwung schließlich zu wenig kontrollieren.

Überlassen Sie jede Veränderung des Schwungs der natürlichen Lernfähigkeit Ihres Geistes. Er weiß genau, wieviel Kontrolle Ihr ganz persönlicher Schwung braucht, und kann viel besser etwas verändern als Ihr Intellekt. Wenn Sie bei dem Wahrnehmungsspiel bleiben, den Grad an Kontrolle mit einer Zahl zwischen eins und fünf zu bewerten, dann werden Sie vielleicht feststellen, daß Sie mit der Zeit auf andere Zahlen kommen. Nehmen Sie mich nicht einfach beim Wort, sondern probieren Sie es selbst aus! Machen Sie zwischen den Schlägen die in Kapitel 7 beschriebene Entdeckung der Yang-Kraft. Das ist eine gute Möglichkeit, Ihrem Intellekt und Unterbewußtsein eine Erfahrung davon zu vermitteln, wie sich Schwünge ohne bewußte Steuerung anfühlen.

Frage: Wo liegt mein Gewicht beim Balltreffen – auf dem rechten Fuß, in der Mitte, oder auf dem linken Fuß? Erinnern Sie sich an die Übung in Kapitel 6: „Die Gewichtsverlagerung beim Schwung".

Antwort: Ursache für einen Hook kann sein, daß das Gewicht beim Vorschwung nicht vom rechten auf den linken Fuß verlagert wird.

Gegenmittel: Lesen Sie noch einmal Kapitel 6 und machen Sie die Wahrnehmungsspiele. Eine hilfreiche und amüsante Übung ist es, gleichzeitig zu schwingen und zu gehen. Setzen Sie im Abstand von etwa 15 cm der Reihe nach fünf Bälle auf Tees entlang der Driving Range, und gehen und schwingen Sie nacheinander durch jeden Ball, ohne stehenzubleiben und zu schauen, wo die Bälle hinfliegen. Achten Sie darauf, daß Sie beim Gehen jeden Fuß hochnehmen, beim Rückschwung den linken und beim Vorschwung den rechten.

Sie werden überrascht sein, wie leicht es ist, die Bälle gut zu schlagen – ohne irgendwelche Schwung-Gedanken im Kopf!

Versuchen Sie nicht, die Kontrolle zu lockern, indem Sie sich Anweisungen geben.

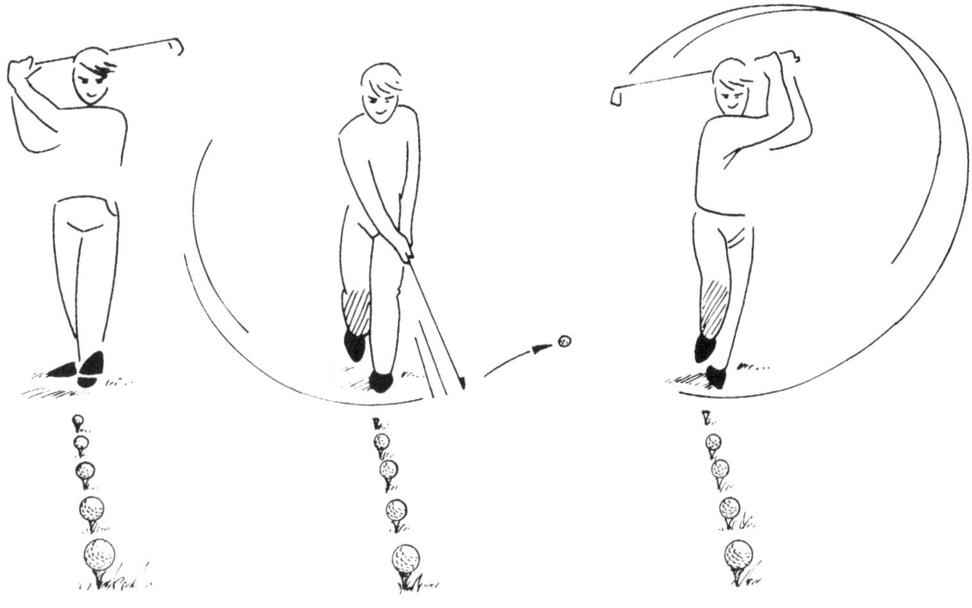

Schwingen und Schreiten

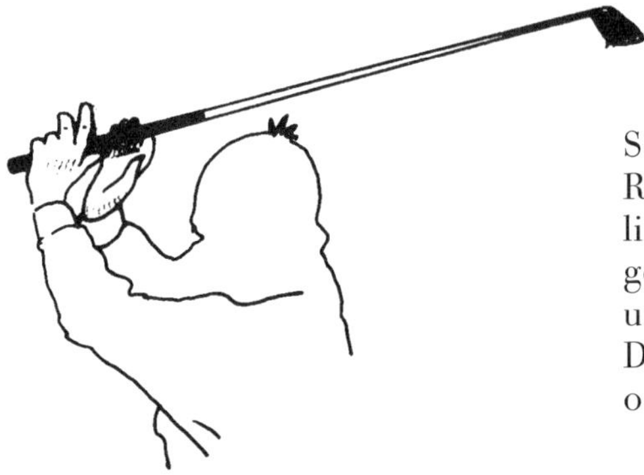

Linker Daumen: Nummer 3

Rechte Hand: Nummer 1

Frage: Wo ist das Gewicht meines Schlägerblatts am höchsten Punkt des Rückschwungs? Wird es auf meinem linken Daumen ausbalanciert, oder liegt es in der Handfläche meiner rechten Hand?

Antwort: Liegt das Gewicht des Schlägerblatts am höchsten Punkt des Rückschwungs nicht ganz auf dem linken Daumen, dann wird der Schläger wahrscheinlich links vorbeizielen und die Schwungbahn flach halten. Das führt entweder zu einem Hook oder einem Push.

Gegenmittel: Machen Sie mit geschlossenen Augen einen Rückschwung, und lassen Sie den Schläger auf dem linken Daumen balancieren, wenn Sie am höchsten Punkt innehalten. Achten Sie darauf, wie mühelos der Schläger in dieser Position zwischen Daumen und den letzten drei Fingern der linken Hand balanciert. Nehmen Sie Ihre rechte Hand und den Zeigefinger der linken Hand vom Schläger weg, damit Sie sich dieses subtilen Gleichgewichts zwischen Schlägerblatt und Hand noch bewußter werden.

Machen Sie jetzt einen Rückschwung und lassen Sie den Schläger am höchsten Punkt des Schwungs in die rechte Hand fallen; spüren Sie nach, wie sich das anfühlt. Der Schläger wird sich in dieser Position vielleicht schwerer und nicht so gut ausbalanciert anfühlen.

Wenn Sie ein Gefühl für den Unterschied zwischen diesen beiden Positionen haben, gehen Sie wieder zu Ihrem eigenen Schwung und machen Sie ein Wahrnehmungsspiel. Liegt der Schläger in Ihrer rechten Hand, geben Sie sich eine 1; liegt er auf Ihrem linken Daumen, eine 3; dazwischen ist es eine 2.

Bitte *versuchen* Sie nicht, es richtig hinzubekommen. Ich weiß, es ist schwer, weil Sie jetzt vom Intellekt her verstehen, was Sie erreichen wollen; aber es ist sehr wichtig, wenn Sie sich mit Hilfe der Kagami-Technik weiter verbessern wollen.

Wenn Sie sich mentale Vorschriften machen, wird es viel länger dauern, Ihrem Körper die neue Bewegung einzuprogrammieren, und in dieser Zeit könnte sich Ihr Durchschwung verschlechtern und andere Probleme verursachen. Vertrauen Sie auf Ihr Unterbewußtsein und überlassen Sie ihm die nötigen Veränderungen. Geben Sie sich einfach nach jedem Schlag ein neutrales Feedback über die jeweilige Position Ihres Schlägers.

Ein weiterer Punkt kann sich in anderer Hinsicht negativ auf Ihren Schwung auswirken – der Griff. Wenn Sie nicht sicher sind, ob Sie den Schläger richtig halten, gehen Sie bitte noch einmal zu Kapitel 5 zurück und überprüfen Sie den Griff.

Getopte, Dünn- und Fett-Schläge

Zu den größten Herausforderungen für Anfänger und Spieler mit hohem Handicap zählt der stets gleiche Abstand zwischen Körper und Boden, um das Schlägerblatt am richtigen Punkt an den Ball zu bringen.

Wenn Sie feststellen, daß Sie den Ball ständig toppen (d. h. den Ball an der oberen Hälfte treffen), halb treffen (Dünn-Schlag) oder mit dem Schläger vor dem Ball den Boden aufwühlen (Fett-Schlag), dann müssen Sie etwas dagegen tun. Vielleicht hat Ihr Lehrer festgestellt, daß Sie den Kopf beim Schwung auf- und abbewegen oder daß Sie den Körper beim Balltreffen vom Ball wegbewegen. Um dieses Problem besser zu verstehen, lesen Sie bitte zuerst das Kapitel 16 „Die Körpersprache des Golfspiels" und darin den Abschnitt „Der Kontakt mit dem Boden".

Zuerst aber wollen wir uns genau anschauen, was bei Ihnen passiert.

Frage: Könnte ich das Tee oder das Divot sehen, wenn der Ball fliegt, oder bin ich zu neugierig?

Antwort: Diesen Punkt sollten Sie immer als erstes überprüfen, wenn Sie den richtigen Abstand zum Boden nicht einhalten können.

Gegenmittel: Bitte noch einmal Kapitel 6 lesen und machen Sie die Übungen.

Frage: Ich schaue beim Balltreffen auf den Ball, und trotzdem toppe ich den Ball oder schlage ihn halb? Ich achte darauf, was mein Oberkörper macht, wenn ich den Ball treffe. Vielleicht spannen sich meine Rükkenmuskeln etwas an, und mein Oberkörper lehnt sich dadurch beim Aufprall zurück und vom Boden weg?

Antwort: So drückt sich z. B. Angst in der Körpersprache aus. Es ist ein sehr häufiges Problem bei Golfern aller Leistungsstufen.

Gegenmittel: Die Übung in Kapitel 16 ist bestens geeignet, um diesem Problem abzuhelfen.

Ich bin in diesem Kapitel nicht auf jede technische Schwierigkeit im Golfschwung eingegangen, hoffe aber trotzdem, daß Sie jetzt eine deutlichere Vorstellung von der Physik des Golfschwungs haben und davon, welche Kagami-Übungen Ihnen helfen, wenn Sie beim Golf auf die unvermeidlichen technischen Probleme stoßen.

Wenn Sie die „Ich-muß"-Anweisungen stets durch Wahrnehmungsübungen oder Visualisierungen ersetzen, werden Sie das Muskelgedächtnis beim Schwung sehr viel müheloser und wirksamer neu programmieren können.

Bitte notieren Sie in Ihrem Kagami-Notizbuch:

welche „Probiermuskeln" Sie bei sich festgestellt haben,

was mit Ihrem Schwung passiert, wenn Sie sich anspannen,

welche Übungen Ihnen am meisten dabei geholfen haben, Ihre Muskeln neu zu programmieren.

Bis jetzt haben wir uns in Teil II mit der Praxis der Kagami-Übungen beschäftigt. Jede Übung verfolgt ein bestimmtes Ziel; das Grundprinzip ist jedoch bei allen gleich – den Geist zu beruhigen oder den Intellekt zu beschäftigen, damit Ihr Unterbewußtsein den Golfschwung übernehmen kann.

Wahrscheinlich haben Sie jetzt schon am eigenen Leib erfahren, daß Sie ganz „im Kopf" bleiben, wenn Sie sich sagen: „Ich muß", „Ich werde" oder „Ich will" beim Schwung dies oder das tun und damit den natürlichen Lernvorgang behindern. In erster Linie ist es das Werk der linken Gehirnhälfte. Wenn Sie sich eine Frage stellen, wie etwa „Wieviel Kraft setze ich ein auf einer Skala von 1 bis 5", wenn Sie das Wasserrad visualisieren oder spüren, wie das Wasser Ihre Hüften dreht, dann sind Sie völlig in die Schwungbewegung vertieft und in Kontakt mit Ihrem Unterbewußtsein bzw. der rechten Gehirnhälfte. Das ist die bestmögliche Voraussetzung, um Ihren eigenen, natürlichen, mühelosen Schwung zu finden.

Bislang ist es in diesem Buch in erster Linie darum gegangen, wie wir den Intellekt *während* des Schwungs kontrollieren können. Und was ist, wenn wir ihn *vor* und *nach* dem Schwung brauchen, um Entscheidungen zu treffen, Situationen einzuschätzen und uns ein Feedback zu geben? Würden wir unseren Intellekt beim Golfspielen ignorieren, dann wählen wir wahrscheinlich den falschen Schläger oder richten uns nicht richtig aus. Außerdem würden wir keine Informationen über die Flugbahn des Balls bekommen.

Im nächsten Kapitel beschäftigen wir uns deshalb mit der Entwicklung einer erfolgreichen mentalen Vorbereitung. Sie soll uns dabei helfen, bei einer Golfrunde zum rechten Zeitpunkt die rechte und linke Gehirnhälfte zu nutzen.

II

9. Mentale Abläufe auf dem Golfplatz

Ansprechen des Balles

▼

Die Ausrichtung auf das Ziel

▼

Das Kreisdiagramm

▼

Wie Sie üben sollten

II

Die Kagami-Übungen

„Ein Hellseher arbeitet mit zwei mentalen Dimensionen und mit beiden Gehirnhälften – mit der linken Hemisphäre, die sich mit objektiven Dingen befaßt und der rechten, die sich mit subjektiven Dingen befaßt."

José Silva

9. Mentale Abläufe auf dem Golfplatz

Ich hielt es früher für nebensächlich, was man vor dem Schlag macht, solange der Intellekt während des Schwungs stillhält. Selbst wenn ein Schüler den Schläger falsch hält und sich völlig falsch ausgerichtet hat: Wenn er während des Schwungs Kontakt zu seinem Unterbewußtsein fand, würde der Körper die technischen Fehler automatisch korrigieren und den Schwung beim Aufprall wieder richtig ausrichten – so meine Überzeugung.

Und es trifft tatsächlich zu – bis zu einem gewissen Grad.

Ich habe in den vergangenen sieben Jahren sowohl in meinen Kursen als auch bei meinem eigenen Spiel beobachtet, daß das Unterbewußtsein nicht immer alles vollständig korrigiert. In Streßsituationen bricht das System leicht zusammen. Manche Golfer, vor allem die „Künstler" unter ihnen, können sehr ausgefallene Schwünge gut korrigieren. Sie wollen von mir nichts über eine Setup-Routine hören, weil es ihren Schwung zu sehr stören würde.

Heute kann ich auch feststellen, daß solche Menschen sehr, sehr selten sind. Die überwiegende Mehrheit der Golfspieler kann ein schlechtes Ansprechen oder einen schlechten Griff nicht so leicht beim Schwung ausgleichen.

Ich habe deshalb eine mentale Prozedur für den Ablauf des gesamten Golfschlags ausgearbeitet. Sie beginnt, wenn Sie auf dem Fairway zu Ihrem Ball kommen, und endet, wenn der Schläger in die Tasche zurückwandert.

Diese mentale Routine erleichtert Ihrem Unterbewußtsein die Arbeit, weil es nach dem Setup weniger Korrekturen vornehmen muß – sie ist auch ein sehr gutes Integrationstraining für Erwachsene, um das Zusammenspiel zwischen den intellektuellen und unterbewußten Elementen im Golf zu verbessern.

Im Alltag brauchen wir alle Teile unseres Gehirns. Dominiert bei einer Runde Golf nur der intellektuelle Teil des Gehirns, dann ist das Spiel kein Spiegel unseres Lebens mehr. Wie wir in Teil I gesehen haben, haben Kinder einen viel leichteren Zugang zu allen Teilen des Gehirns, was ihnen beim Lernen enorme Vorteile bringt.

Wenn wir uns beibringen können, *bewußt* zwischen Intellekt und Unterbewußtsein zu wechseln, dann muß das ein wunderbares Training für die Entwicklung unserer geistigen

Fähigkeiten sein, das uns auch in anderen Lebensbereichen sehr zugute kommt.

Es ist kein Zufall, daß Baron Marcel Bic, einer der erfolgreichsten intuitiven Entscheidungsträger unserer Zeit, jeden Tag mindestens neun Löcher spielt, wenn das Wetter mitspielt, und im Alter von 76 Jahren noch den Bic-Konzern in Paris leitet. Er sagt, Golfspielen helfe ihm, die richtige mentale Verfassung für wichtige Entscheidungen zu finden.

Ansprechen des Balles

Bei der Vorbereitung zum Schlag brauchen wir vor allem unsere intellektuellen Fähigkeiten – zur Schlaganalyse, zur richtigen Schlägerwahl und geeignetem Wahrnehmungsspiel, zur Ausrichtung und zur Griffkorrektur, wenn diese nicht schon automatisch richtig ist.

All das ist vor allem die Aufgabe der linken Gehirnhälfte. Beim Schwung können wir wesentlich effektiver sein, wenn wir Zugang zu unserem Unterbewußtsein haben. Nach dem Schwung brauchen wir wieder den Intellekt, um das Geschehene zu analysieren und uns ein Feedback zu geben.

Sie werden beim Studium der Profi-Turnierspieler feststellen, daß sie alle bei jedem Schlag eine bestimmte Routine durchführen, von der Minute an, wo sie den Golfschläger aus der Tasche nehmen. Jeder Spieler hat seine ganz persönliche Setup-Routine. Eine „maßgeschneiderte" Fertigkeit finden Sie, wenn Sie eine neue Routine für sich selbst suchen.

Folgende Fragen sollten Sie sich stellen: Wo ist der beste Platz für meinen Übungsschwung? Hinter dem Ball vom gleichen Ort aus, von dem ich den Schlag visualisiert habe, oder nahe am Ball, nachdem ich mich ausgerichtet habe? Sie können unterschiedliche Abläufe ausprobieren, bis Sie einen finden, der Ihnen zusagt.

Inzwischen möchte ich Ihnen erläutern, wie meine Setup-Routine vor jedem Schlag aussieht, weil es auch für Sie hilfreich sein könnte. Sie hat offenbar zwei verschiedene Effekte. Erstens hilft sie mir, mich mental auf den Schlag vorzubereiten. Zweitens habe ich das Gefühl – weil ich dafür meistens gleich lange brauche –, daß ich meinem Unterbewußtsein damit melde, wann es aktiv werden muß. Wird meine Konzentration bei der Setup-Routine gestört, muß ich meistens von vorne anfangen. Es ist eine Abfolge von gedanklichen Vorgängen und körperlichen Handlungen, die mir helfen, mich bewußt in die richtige mentale Verfassung zu bringen. Ohne diese Setup-Routine wäre es, glaube ich, eher eine Sache des Zufalls, ob ich beim Schwung die richtige mentale Verfassung habe. Erzielte Ergebnisse stehen in direkter Beziehung zur mentalen Verfassung – Sie können sich daher vorstellen, daß die Setup-Routine für Golfer aller Leistungsstufen von großer Bedeutung ist.

Wenn wir uns beibringen können, bewußt zwischen Intellekt und Unterbewußtsein zu wechseln, dann muß das ein wunderbares Training für die Entwicklung unserer geistigen Fähigkeiten sein.

In acht Schritten zum Ansprechen des Balles

Erster Schritt: Ziel

Ich beurteile die Situation, wenn ich auf meinen Ball zugehe, oder während meine Mitspieler am Abschlag stehen. Ich entscheide mich bei dem nächsten Loch oder Schlag für eine bestimmte Strategie. Wie weit will ich den Ball schlagen? Was ist mein Ziel? Ich entscheide bewußt über Entfernung, Richtung und Größe meines Ziels. Mit Größe meine ich, daß ich auf die Fahne ziele, auf einen 10-m-Radius um die Fahne oder auf das Grün. Wenn ich einen Ball nicht auf das Grün schlage, suche ich mir ein Ziel; das kann ein weiter entfernter Baum oder ein Haus sein, wenn sie auf meiner Ziellinie liegen. Mehr über Zielsetzungen erfahren Sie in Kapitel 10, „Mit dem Ziel vor Augen".

Zweiter Schritt: Schlägerwahl

Ich wähle einen meiner Zielvorstellung entsprechenden Schläger und spüre in mir nach, ob ich mich mit dem Ziel und dem Schläger, den ich ausgewählt habe, gut fühle. Bei der geringsten Unsicherheit, ob ich diesen Schlag gut spielen kann, mache ich mir das Ziel leichter oder wechsle den Schläger. Das einzige Mal, wo ich das nicht tue, ist, wenn ich für mich allein spiele und meine mentalen Fähigkeiten bei einem wirklich schwierigen Schlag fordern will. Zugleich muß ich jedoch bereit sein, den Ball zu verlieren!

Dritter Schritt:

Ich stehe hinter dem Ball und schaue auf mein Ziel. Ich visualisiere die Flugbahn des Balles und den Landepunkt. Das hilft mir, mein Unterbewußtsein auf das erwünschte Ziel zu programmieren.

Vierter Schritt:

Ich entscheide beim Übungsschwung, welches Wahrnehmungsspiel ich für diesen Schlag wähle. Ich stehe immer noch hinter dem Ball.

Fünfter Schritt: Probeschwung

Ich mache meinen Probeschwung hinter dem Ball, so daß ich nachher einen Punkt finden kann, der 30 cm vor dem Ball in einer direkten Linie zum Ziel liegt.

Diese Stelle ist mein Zielpunkt, wenn ich meinen Schläger ausrichte. Die Orientierung kann ein Kleeblatt oder eine braune Fläche auf dem Gras sein.

Sechster Schritt: Grundstellung, Griff und Schlägerblatt

Ich schaue auf die von mir gewählte Stelle, richte mein Schlägerblatt darauf aus und stehe mit geschlossenen Füßen direkt hinter dem Schlägerschaft. Dann muß ich nur noch meine Füße öffnen, so daß sie, zusammen mit meinem Körper, *parallel* zu meinem Ziel stehen. Auf das *Ausrichten* gehe ich am Ende des Kapitels noch näher ein.

Siebter Schritt: Der Schwung

Jetzt bin ich zuversichtlich. Ich bin auf meinen Schlag sowohl körperlich wie mental gut vorbereitet. Ich schaue noch ein letztes Mal zu meinem Zielpunkt, ziehe meine Aufmerksamkeit wieder davon ab und richte sie auf Ball und Körper, stimme mich auf ein bestimmtes Körpergefühl ein, das ich beim Schwung gerne haben möchte, befreie mich durch Ausatmen von allen Spannungen in meinem Körper, und beginne den Schwung.

Achter Schritt: Feedback

Nach dem Schlag gebe ich mir ein neutrales Feedback. Wenn der Ball das gewählte Ziel erreicht hat, genieße ich das Gefühl und notiere mir gedanklich, welches Wahrnehmungsspiel ich gemacht habe.

Hat der Ball eine andere Richtung genommen, prüfe ich die Ursache, den Störfaktor. Bin ich mir nicht sicher, welche mentale Störung es war, suche ich nach einer körperlichen Veränderung beim Schwung. Wenn ich den Störfaktor erkenne, ob mentaler oder körperlicher Natur, kann ich mich beim nächsten Schlag entsprechend verhalten. Wenn nicht, ist es auch egal.

Für diese Setup-Routine brauche ich nur ungefähr 30 Sekunden, vom Zeitpunkt an gerechnet, wo ich vor dem Ball stehe, bis zum Abschlag. Wenn ich mit dem Golfplatz nicht vertraut bin und die Entfernungen überprüfen muß, dauert es vielleicht etwas länger, aber nicht viel.

Das ist eine sehr konsequente Art des Golfspiels, und es bedarf einiger

Übung, bis sich diese Routine soweit einspielt, daß sie fließend und mühelos wird. Aber es lohnt sich. Eine gute Routine zu erarbeiten und sie bei jedem Schlag durchzuführen könnte Ihren Score ganz erheblich verbessern.

Achten Sie bei der nächsten Partie auf dem Übungsplatz auf Ihre Setup-Routine, und ändern Sie entweder etwas daran oder entwerfen Sie eine eigene. Sie muß nicht mit meiner identisch sein, solange sie auf Sie zugeschnitten ist und Sie damit Erfolg haben.

Die Ausrichtung auf das Ziel

Vielen meiner Schüler bereitet das korrekte Ausrichten echte Probleme; deshalb möchte ich dieses wichtige Element im Setup gesondert behandeln. Wenn Sie die Professionals bei einem Turnier auf dem Übungsplatz beobachten, werden Sie feststellen, daß zumindest bei einem von ihnen zwei Schläger auf dem Boden liegen, wenn er Bälle schlägt; einer neben den Füßen und einer neben dem Ball. Sie trainieren damit das Ausrichten.

Was geschieht, wenn wir nicht korrekt ausgerichtet sind? Das Unterbewußtsein wird zu korrigieren versuchen. Sind Ihr Körper und der Schläger direkt auf das Ziel ausgerichtet, werden Sie den Ball entweder genau dorthin schlagen, oder Ihr Unterbewußtsein wird überkompensieren und den Ball nach links verziehen. Manchmal wird es auch genau um die richtige Distanz kompensieren, manchmal zuviel, so daß der Ball zu weit nach links geht. Das heißt, daß Sie den Ball entweder gerade nach rechts schlagen (Push), auf Ihr Ziel zu, ihn gerade nach links schlagen (Pull) oder mit einem Hook nach links verziehen.

Wenn Sie zu weit links vom Ziel ausgerichtet sind, wird Ihr Unterbewußtsein zu korrigieren versuchen, indem es eine von außen nach innen gerichteten Schwungbahn einleitet (Kommt Ihnen das bekannt vor?). Viele Menschen mit Slice überziehen noch, indem sie sich noch weiter nach links ausrichten, um den Slice einzukalkulieren. Resultat ist ein noch stärkerer Slice! Eine Ausrichtung zu weit nach links hat entweder einen Slice zur Folge, einen Slice, der links beginnt und auf der Linie endet, einen gerade nach links gezogenen Pull oder einen mit der Schlägerspitze getroffenen Ball, wenn er gerade nach rechts fliegt.

Was geschieht, wenn wir nicht korrekt ausgerichtet sind? Das Unterbewußtsein wird zu korrigieren versuchen.

Gehen wir doch am besten auf den Übungsplatz, und lassen Sie sich helfen, die korrekte Ausrichtung zu finden.

Erster Schritt: Suchen Sie Ihr Ziel und wandern Sie mit den Augen entlang der Ziellinie bis auf wenige Zentimeter vor dem Ball zurück. Suchen Sie sich eine Stelle auf dem Gras, die *genau* auf der Linie zu Ihrem Ziel und nicht mehr als 40 cm vor dem Ball liegt. Als anfängliche Hilfestellung setzen Sie dort ein Tee. Das ist die Richtung für Ihr Schlägerblatt. Es ist ganz wichtig, daß Sie mit dem Ausrichten beim *Schlägerblatt* beginnen, und nicht beim Körper. Warum, werden Sie bald sehen.

Zweiter Schritt: Placieren Sie das Schlägerblatt hinter dem Ball, wobei die *Grund*richtung des Schlägerblatts genau auf Ihr Ziel oder das Tee gerichtet ist.

Dritter Schritt: Dabei stehen Sie mit geschlossenen Füßen hinter dem Schlägerschaft. Der Schlägerschaft sollte vom Schlägerblatt aus gerade nach oben zeigen, nicht nach links oder rechts.

Vierter Schritt: Wenn Sie es nicht schon gemacht haben, nehmen Sie jetzt die richtige Griffhaltung ein. Überprüfen Sie anschließend, ob das Schlägerblatt immer noch korrekt ausgerichtet ist.

Fünfter Schritt: Stecken Sie ein Tee zwischen Ihre geschlossenen Füße, und ziehen Sie im Geist eine Linie zwischen dem Ball und den beiden Tees. Diese Linien sollten einen Winkel von 90° ergeben. Das heißt, daß Ihr Ball in der Mitte Ihrer geschlossenen Füße ausgerichtet ist. Wenn Sie wollen, daß der Ball in der Mitte Ihrer Füße bleibt, müssen Sie lediglich mit linkem und rechtem Fuß einen gleich großen Schritt machen und haben so die richtige Ballposition. Soll der Ball auf Ihre linke Ferse ausgerichtet sein, rücken Sie den linken Fuß nur ein wenig seitwärts, und machen Sie mit dem rechten Fuß einen größeren Schritt.

Sechster Schritt: Und jetzt zur Ausrichtung des Körpers. Legen Sie den Schläger, den Sie gerade in Händen halten, vor Ihren Zehen auf den Boden. Treten Sie zurück und legen Sie einen zweiten Schläger zum Schlägerblatt hin in eine Linie mit Ball und Tee. Gehen Sie einen Schritt zurück und prüfen Sie, ob die beiden Schläger parallel zueinander liegen. Wenn ja, dann zeigt der Schläger bei Ihren Füßen *links* am Ziel vorbei; richtig?

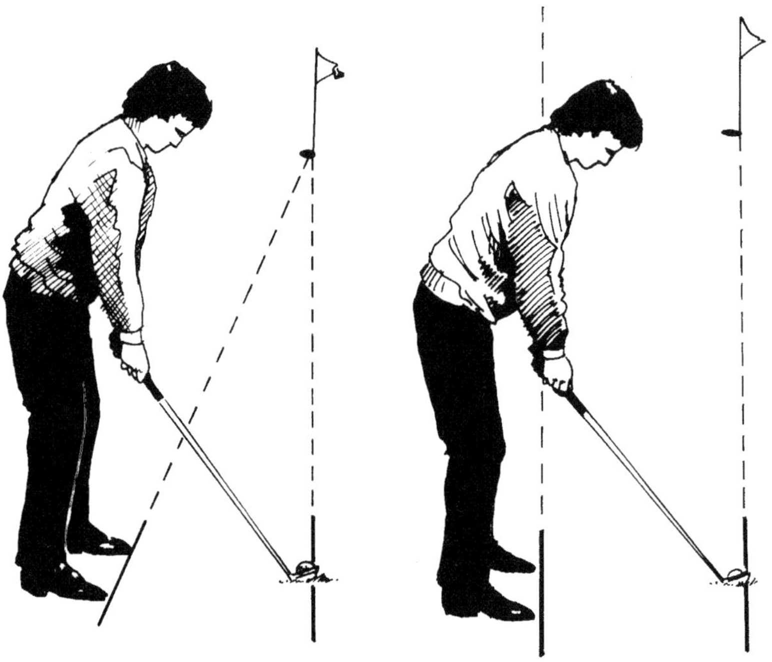

Wenn nicht, prüfen Sie mit Hilfe eines Spiegels, ob Ihr Schlägerschaft im rechten Winkel ausgerichtet ist und Sie direkt hinter dem Schaft stehen.

Viele Golfer versuchen sich auszurichten, indem sie einen Schläger quer über Schultern oder Hüften halten und den Körper zum Ziel hin ausrichten. Nach den physikalischen Gesetzen ist das völlig falsch. Wenn Sie es auch so machen, dann möchte ich Ihnen zeigen, warum das nicht funktioniert. Stellen Sie sich vor einen Ball und richten Sie den Körper auf das Ziel aus, indem Sie wie gewohnt einen Schläger quer über Schultern oder Hüften legen. Wenn Sie mit Ihrer Ausrichtung zufrieden sind, legen Sie den Schläger vor den Füßen auf den Boden. Nun nehmen Sie einen zweiten Schläger und legen ihn in eine Linie mit dem Ball und der Markierung oder dem Tee vor Ihrem Ball in Richtung Ziel. Wohin zielen jetzt beide Schläger? Ich kann mir vorstellen, daß sie nicht mehr parallel zueinander liegen, sondern zum gleichen Zielpunkt hin konvergieren.

Das bedeutet, daß Sie nicht genug Platz haben, um den Schläger seitlich parallel zum Körper zu schwingen, Sie behindern sich selbst, und Ihr Unterbewußtsein wird versuchen, das zu korrigieren.

Tatsächlich weist Ihr Körper links am Ziel vorbei, wenn Sie korrekt ausgerichtet sind, und läßt Platz, um durch das Ziel zu schwingen. Da das nur sehr schwer einzuschätzen ist, wenn Sie sich einen Schläger quer über den Körper legen, würde ich Ihnen empfehlen, diese Prozedur zu vergessen und sich wie beschrieben mit Hilfe des Schlägerblatts auszurichten. Wenn Sie zuerst das Schlägerblatt auf das Ziel ausrichten und sich dann ganz natürlich hinter den Schaft stellen, werden Sie viel leichter zur korrekten Position des Körpers finden.

Es wäre vielleicht gut, wenn Sie Ihre Ausrichtung sowohl auf der Driving Range wie auf dem Golfplatz regelmäßig überprüfen. Geht ein Schlag daneben, sollten Sie Ihren Stand prüfen, indem Sie einen Schläger vor Ihren Füßen auf den Boden legen. Auf diese Weise werden Sie oft eine Antwort darauf finden, warum die Schläge nicht so gut gelungen sind.

Einer der Gründe für meinen Übungsschwung hinter dem Ball: Wenn ich meinen Orientierungspunkt auf dem Gras gefunden habe, gehe ich direkt auf meinen Ball zu und setze das Schlägerblatt in diese Richtung an. Mache ich den Übungsschwung, nachdem ich den Orientierungspunkt gefunden habe, werde ich ihn wahrscheinlich wieder verlieren, wenn ich zum Ausrichten des Schlägerblatts komme. Da wir auf dem Golfplatz keine Tees als Hilfsmittel benützen dürfen, sollten Sie auf der Driving Range mit und ohne Tee üben, damit dieser Ablauf auch ohne Tee „sitzt".

Wenn Sie, nach etwas Üben, zu einer flüssigen und leichten Setup-Routine kommen, kann Ihnen das auf dem Golfplatz nur Vorteile bringen. Viele meiner Schüler klagen über die Unbeständigkeit ihres Spiels. Einer der Gründe dafür ist das Fehlen einer Setup-Routine, mit der sie sich auf jeden Schlag effektiv vorbereiten können.

Und nun noch ein letzter wichtiger Punkt zur Entwicklung einer mentalen Vorbereitung. Dieses Kapitel besprach in erster Linie das intellektuelle Vorgehen vor dem Schlag. Wenn Sie sich daran halten, werden Sie innere Ruhe gewinnen – das Ergebnis einer guten Vorbereitung. Sie haben Ihr Bestes getan, um sich sowohl mental wie physisch auf den Schlag vorzubereiten. Und jetzt *vergessen Sie es* bitte!

Wenn Sie sich während des Schwungs weiter Gedanken über Ihre Vorbereitung machen, sabotieren Sie damit den Schlag. Sie haben Ihr Bestes getan; schalten Sie Ihren Intellekt jetzt ab, und konzentrieren Sie sich auf Wahrnehmungsspiele, visuelle Bilder, Gefühle – alles, was mit der rechten Gehirnhälfte zu tun hat und während des Schwungs für Sie tätig wird. Wenn Sie das tun, trainieren Sie die bewußte Umstellung vom Intellekt zum Unterbewußtsein und aktivieren für jede Aufgabe die geeigneten Teile des Gehirns. Einer meiner Schüler verriet mir eine kleine Übung, um dies zu üben. Hier ist sie.

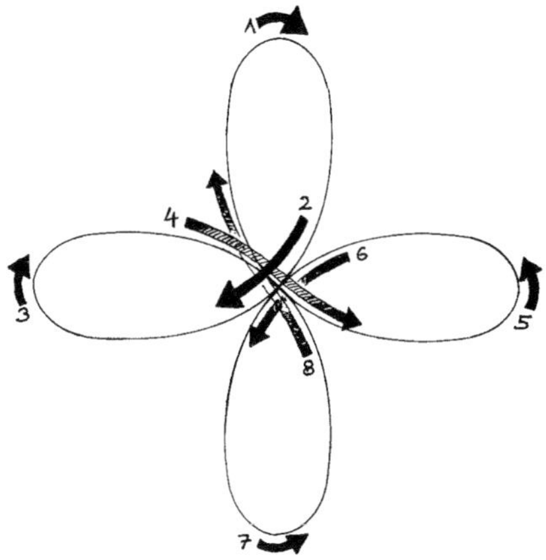

Das Kreisdiagramm

Nehmen Sie Ihr Kagami-Merkbuch zur Hand und zeichnen Sie das hier abgebildete Diagramm nach. Durch das Verbinden der Zahlen lernen Sie die richtige Reihenfolge – was sehr wichtig ist. Lassen Sie sich Zeit dabei, so daß Sie am Schluß die Kreise in einem Zug und mit einem fließenden Strich zeichnen können, ohne nachzudenken. Wenn Sie das eine Zeitlang machen, werden Sie feststellen, wie Sie innerlich ruhig werden.

Wenn Sie Ihr Golfspiel mit der Kagami-Methode verbessern und eine fließendere Verbindung zwischen Intellekt und Unterbewußtsein entwickeln wollen, sollten Sie jeden Tag ein paar Minuten lang diese Kreise zeichnen.

Viele meiner Schüler klagen über die Unbeständigkeit ihres Spiels. Einer der Gründe dafür ist das Fehlen einer Setup-Routine, mit der sie sich auf jeden Schlag effektiv vorbereiten können.

Wie Sie üben sollten

Warum schlagen wir Bälle auf der Driving Range? Doch sicher deshalb, damit unsere wahren Fähigkeiten auf dem Golfplatz zum Vorschein kommen.

Das Traurige dabei ist, daß so viele Golfer nicht wissen, wie sie aus den Übungsstunden das Beste machen können. Sie machen auf der Driving Range ganz andere Dinge als auf dem Golfplatz. Entweder schlagen sie ausgezeichnete Bälle auf der Driving Range, und auf dem Golfplatz scheint nichts mehr zu klappen, oder sie zeigen schlechte Schläge beim Üben und spielen auf dem Platz gut. Oder sie spielen sowohl auf der Driving Range wie auf dem Golfplatz schlecht!

Wenn Sie für sich geeignete mentale Routinen und Bewegungsabläufe entwickeln wollen, dann müssen Sie auf Driving Range und Golfplatz in genau gleicher Weise trainieren.

Das bedeutet, weniger Bälle zu schlagen und sich vor jedem Schlag mehr Zeit für ein neues Ziel oder einen neuen Schläger zu nehmen und Ihre mentale Schlagvorbereitung durchzugehen – *bei jedem einzelnen Ball.* Während alle anderen in zehn Minuten hundert Bälle schlagen, brauchen Sie vielleicht zehn Minuten konzentrierter Aufmerksamkeit für zwanzig Bälle. Dann wissen Sie, daß Sie es richtig machen.

Besser, zwanzig Bälle geschlagen, dabei die richtige Art von Konzentration trainiert und den Muskel bei jedem Schlag die richtigen Abläufe einprogrammiert, als hundert Bälle zu schlagen und davon nur zwanzig mit der richtigen Konzentration und dem richtigen Schwung. Sonst haben Sie sich nämlich zusätzlich achtzig schlechte Schläge ohne die nötige Konzentration einprogrammiert.

Trainieren Sie so, wie Sie auf dem Platz spielen wollen, und Sie werden Ihre Übungsstunden wirklich gut nutzen. Wenn Sie ohne die nötige Konzentration stundenlang Bälle „dreschen“ und schlechte Ergebnisse erzielen, wäre es besser, Sie gingen gar nicht auf die Driving Range. Denken Sie daran: Übung macht dauerhaft, nicht perfekt.

Ein weiteres sehr wichtiges Element wirkt mitentscheidend, wie stark sich unser Kopf beim Schwung „einmischt“: Welche Ziele haben Sie sich auf dem Golfplatz gesteckt? Ich habe es schon öfters angesprochen. Im nächsten Kapitel werden wir darüber sprechen, wie wir uns für jedes Spiel, jedes Loch und jeden Schlag Ziele setzen können, die *für* und nicht *gegen* uns arbeiten.

Checkliste für die Übung:

Entwickeln Sie eine gute Setup-Routine, indem Sie im Training versuchen, ohne Mühe vom Intellekt zum Unterbewußtsein umzuschalten.

▼

Je mehr Sie jeden einzelnen Teil der Routine in der Praxis üben, desto müheloser fällt Sie Ihnen.

Richten Sie Ihren Schlägerkopf oder Ihren Körper auf das Ziel aus?

▼

Wo machen Sie Ihren Übungsschwung?

▼

Haben Sie Ihre Setup-Routine während des Schwunges vergessen?

II

10. Mit dem Ziel vor Augen

Der Ball im Eimer

▼

Die Zielsetzung

▼

Zu hoch gesteckte Ziele

▼

Zu niedrig gesteckte Ziele

▼

Wie man die Zielsetzung verändert

II

Die Kagami-Übungen

„Hohe Erwartungen und zu hoch gesteckte Ziele sind beim Golf Hauptursachen für Mißerfolge und Frustration."

10. Mit dem Ziel vor Augen

In Kapitel 4, „Träume verwirklichen", haben wir uns Ziele für das Golfspiel gesteckt und sie durch Setzen einer Frist der Verwirklichung nähergebracht. Dann haben wir einen Plan für all die Dinge ausgearbeitet, die wir im kommenden Jahr tun müssen, um das gesteckte Ziel zu erreichen. Im letzten Schritt haben wir vier Dinge aufgeschrieben, die wir in den nächsten zwei Wochen tun können, um dem Ziel näherzurücken.

Dann sind wir sofort aktiv geworden. Wir haben uns eine unbeschränkte Zielvorstellung geschaffen und sie dann in leicht ausführbare, „mundgerechte" Stückchen zerteilt, die wir sofort angehen können. Das Aktivwerden verringert den Streß, der sich oft einstellt, wenn man sich langfristige und scheinbar unerreichbare Ziele setzt. Die vier Handlungsschritte können wir mühelos jetzt gleich anpacken, sie sind weder schwierig, noch verursachen sie Streß. Wir haben das Bild der Zukunft in die Gegenwart übertragen.

Dasselbe Prinzip läßt sich auf jede Partie Golf, auf jeden Schlag anwenden. Wenn Sie ein langfristiges Ziel im Auge haben, werden Sie entweder Angst empfinden oder aufgeben wollen. Es ist wichtig, für jede Runde ein Ziel zu haben, für jedes Loch und für jeden Schlag, und wichtig, daß Sie ausreichend motiviert sind, Ihnen die Aufgabe aber nicht zu schwierig erscheint, so daß Sie Angst bekommen. Sich Ziele zu setzen, die *für* Sie arbeiten, ist elementar, wenn Sie Ihr Golfspiel verbessern wollen.

Sie haben drei Möglichkeiten, sich Ziele zu setzen:
a) ein zu niedrig gestecktes Ziel,
b) ein realistisches Ziel,
c) ein zu hoch gestecktes Ziel.

Wenn Sie Ihr Ziel zu hoch stekken, werden Sie wahrscheinlich Angst erleben, Angst vor dem Mißerfolg, Verlust des Selbstvertrauens, Frustration und schließlich tatsächlichen Mißerfolg.

Wenn Sie Ihr Ziel zu niedrig ansetzen oder es nicht klar definieren, wird das einen Mangel an Motivation und konzentrierter Aufmerksamkeit zur Folge haben und damit zu schlechten Schlägen führen.

Bei realistischen Zielen wird das Spiel interessant, es macht Spaß, man freut sich an der Herausforderung.

Denken Sie daran, daß alles nur Denkbare zum Ziel für Ihr Golfspiel werden kann: Von der Freude an jedem einzelnen Schlag bis zum Entschluß, ein professioneller Turnierspieler zu werden.

Lassen Sie uns jetzt ein Spiel machen, das Ihnen dabei helfen könnte, sich beim Golf geeignete Ziele zu setzen.

Der Ball im Eimer

Holen Sie sich einen Kübel und nehmen Sie, wenn möglich, einen Partner zum Spiel mit. Wenn Sie gerade keinen Partner finden können, können Sie das Spiel auch allein machen. Wenn Sie einen Partner haben, dann hat er die Aufgabe, Ihre Körpersprache zu beobachten und Ihnen nach dem Spiel ein Feedback zu geben über Ihren Gesichtsausdruck, Ihre Körperbewegungen, usw. Danach vertauschen Sie die Rollen und machen für ihn dasselbe.

Ihr Partner sollte auf der anderen Seite des Eimers stehen, damit er Sie gut sehen kann.

Zuerst stehen Sie direkt vor dem Eimer und fangen an, einen Ball nach dem anderen hineinzuwerfen.

Achten Sie darauf, wie Sie sich in dieser Position fühlen, wie Sie den Ball werfen. Nach etwa zwanzig Würfen gehen Sie zehn große Schritte zurück, so daß Sie ungefähr zehn Meter davon entfernt sind, und werfen Sie dann weitere zwanzig Bälle in den Eimer – oder zielen zumindest darauf! Achten Sie auch hier wieder darauf, wie Sie sich mit diesem Ziel fühlen, ob Ihre Haltung anders ist, ob Sie anders ausholen als vorher.

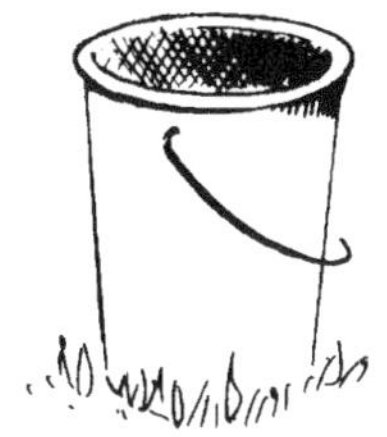

Und jetzt finden Sie Ihre ganz persönliche Distanz zu dem Eimer heraus, bei der Sie *sicher* sein können, alle Bälle in den Eimer bekommen. Werfen Sie aus dieser Position weitere zehn Bälle, und achten Sie dabei wieder auf Ihre Haltung und auf Ihre Gefühle bei diesem Ziel. Wie ist Ihre Armbewegung in dieser Haltung im Vergleich zu vorher? Haben Sie Ihr Ziel erreicht, alle zehn Bälle in den Eimer zu werfen? Wenn nicht, müssen Sie vielleicht Ihre Zielvorstellung überprüfen und näher herangehen? Wenn Sie Ihr Ziel erreicht haben, könnten Sie noch einen Schritt zurückgehen, wenn Sie möchten. Werfen Sie aus dieser Position wieder zehn Bälle in den Eimer und überprüfen Sie Ihren Erfolg, bis Sie die ideale Position gefunden haben, von der aus Sie zehn von zehn Bällen in den Eimer werfen können.

Tauschen Sie jetzt die Plätze, bevor Sie irgendein Wort mit Ihrem Partner wechseln können, und beobachten Sie seine Körpersprache und seinen Gesichtsausdruck.

STOPP! Bitte machen Sie diese Übung, bevor Sie weiterlesen.

Ist Ihnen bewußt, daß Sie sich für jedes Spiel, jedes Loch und jeden Schlag ein Ziel setzen?

Wenn Sie beide diese Übung gemacht haben, sollten Sie dem anderen rückmelden, was Sie beobachtet haben. Stellen Sie sich dann folgende Fragen, und schreiben Sie die Antworten in Ihr Kagami-Merkbuch:

1. Wie habe ich mich gefühlt, als ich ganz nah am Eimer stand?
2. Wie habe ich mich gefühlt, als ich zehn Meter vom Eimer entfernt stand?
3. Wie habe ich mich gefühlt, als ich mir meinen eigenen Abstand zum Eimer gewählt habe?
4. Habe ich es geschafft, aus der ersten von mir gewählten Position alle zehn Bälle in den Eimer zu werfen, oder mußte ich näher herangehen?
5. Stand ich bei der dritten, selbstgewählten Position immer noch unter einem gewissen Druck, oder war es langweilig für mich? Mit anderen Worten, war die von mir gewählte Distanz zu groß, zu klein oder gerade richtig, um mein Ziel zu erreichen?
6. Was hat mir mein Partner während dieser Übung zu meiner Körpersprache erzählt?
7. Was habe ich durch die Beobachtung meines Partners über mich selbst gelernt?
8. Was sagt mir diese Übung darüber, wie ich meine Ziele setze?

Wir machen diese Übung in der Regel in unserem Golftrainingsprogramm, und das Interessante daran ist, daß etwa 70% der Teilnehmer bei der dritten, bei der selbstgewählten Position zu weit vom Eimer entfernt stehen. Rund 10% stehen anfangs zu nah daran und gehen langsam zurück, weil sie ihr Ziel erreicht haben, und etwa 20% wählen gleich beim ersten Mal die richtige Position.

Fragen wir nach, dann stellt sich heraus, daß viele der Teilnehmer, die zu weit entfernt standen, einen gewissen Druck empfanden. Das machte es ihnen wesentlich schwerer, den Eimer zu treffen. Alle sind sich darin einig, daß die Distanz von zehn Metern einfach zu groß ist, manche geben auf und sagen, es sei unmöglich, andere nehmen es als Herausforderung, aber die meisten erwarten nicht, den Eimer zu treffen. Sie selbst haben sicher auch bemerkt, wie langweilig es wird, wenn Sie sehr nahe am Eimer stehen.

Diese einfache Übung kann als Spiegel für die Art und Weise dienen, wie Sie sich im Leben und im Golf Ziele setzen.

Wie oft setzen Sie sich auf dem Golfplatz eher hemmende Ziele, oder, um bei dem Bild vom Kübel zu bleiben, wie oft stehen Sie zu weit weg oder zu nahe am Eimer?

Die Zielsetzung

Viele Golfspieler merken auf dem Platz nicht, daß sie sich Ziele setzen; der Vorgang läuft zumeist so automatisch ab, daß sie nicht wissen, ob das gesteckte Ziel ihrem Spiel förderlich ist oder nicht. Ist *Ihnen* bewußt, daß Sie sich für jedes Spiel, jedes Loch und jeden Schlag ein Ziel setzen?

Erster Schritt: Nehmen Sie bitte zur nächsten Partie Golf das Kagami-Notizbuch mit, und schreiben Sie jedes Mal das gesteckte Ziel auf, wenn es Ihnen bewußt wird.

Planen Sie das Spiel auf der Fahrt zum Golfclub? Vielleicht haben Sie ein Spiel mit Freunden organisiert, die gerne wetten, und Sie überlegen, mit welcher Punktezahl man wohl gewinnen wird? Wenn Sie am ersten Abschlag stehen, entwerfen Sie dann eine Strategie für das Loch oder nur für den Schlag? Wenn ja, wie sieht diese Strategie aus? Wollen Sie das Loch mit Par spielen, oder eins über Par, oder wären Sie beim ersten Loch auch mit zwei über Par zufrieden?

Machen Sie sich bei jedem Tee, an dem Sie warten, kurze, aber genaue Notizen darüber, welche Ziele Sie für das letzte Loch und für jeden gespielten Schlag hatten. Wollten Sie mit dem Ball ganz nah an die Fahne oder auf eine Stelle auf dem Grün herankommen? Haben Sie den Schlag vorher vielleicht nicht gut durchdacht oder Ihr Ziel nicht erreicht, weil Sie den falschen Schläger gewählt haben?

Wenn Sie Ihre Notizen nach der Runde noch einmal durchgehen, wird Sie das Gesamtbild vielleicht überraschen. Diese Übung wird Ihnen helfen, sich der Ziele, die Sie sich auf dem Golfplatz setzen, bewußter zu werden.

Zweiter Schritt: Der nächste Schritt wird jetzt leichter, weil Ihre Wahrnehmung nun schärfer ist. Machen Sie diese Übung auch bei der nächsten Partie Golf, die Sie spielen; aber dieses Mal notieren Sie, ob Ihr Ziel bei jedem Schlag und jedem Loch für Ihr Gefühl zu hoch oder zu niedrig gesteckt oder genau richtig war. Woran erkennen Sie, ob Ihre Zielsetzung richtig war? Es gibt Zeichen dafür, auf die man achten kann.

Zu hoch gesteckte Ziele

Meiner Meinung nach verlieren wir die Konzentration, wenn wir uns zu hohe Ziele stecken: Sie lösen Selbstzweifel und Angst aus. Die meisten verlassen dann ihre „Wohlfühlzone" – den Bereich, wo sie sich sicher und zuversichtlich fühlen. Setzen wir uns ein Ziel, das uns erreichbar scheint, das interessant ist und eine Herausforderung darstellt, dann bleiben wir innerhalb dieser Zone, haben Erfolgserlebnisse und stärken unser Selbstvertrauen.

Selbst wenn wir auch nur den leisesten Zweifel daran haben, ob wir unser Ziel erreichen, wird die Konzentration dadurch beeinträchtigt, und wir kommen nicht in die richtige mentale Verfassung, um unser Bestes zu geben.

Dieses Jahr befragte ich meine Schüler nach ihren Zielen, wenn sie am Abschlag eines Par-5- oder Par-4-Lochs stehen. 95% von ihnen antworteten: „Ich möchte den Ball so weit wie möglich schlagen!" Was meinen Sie, sorgt das nicht für die eine oder andere Verspannung im Körper…?

Wir fragen uns oft, warum der Driver der am schwersten zu spielende Schläger ist – vielleicht hat es weniger mit seiner Länge oder dem Loft zu tun und mehr damit, was wir von uns selbst erwarten, wenn wir den Driver aus der Golftasche ziehen.

Meiner Meinung nach verlieren wir die Konzentration, wenn wir uns zu hohe Ziele stecken: Sie lösen Selbstzweifel und Angst aus.

Überlegen Sie einmal kurz. Glauben Sie, daß Ihnen die Drives besser gelängen, wenn Sie sich vor jedem Abschlag ein realistisches Ziel setzen würden? Nicht die Distanz, die einen perfekten Schlag nötig macht, sondern die durchschnittliche Distanz Ihrer Drives. Oder, noch besser, Sie denken überhaupt nicht an die Distanz, sondern konzentrieren sich jedesmal darauf, von innen heraus zu schwingen, und, sagen wir, nur 50% Ihrer Kraft einzusetzen.

Wenn Ihr Ziel Spannung oder Angst auslöst – machen Sie es sich leichter.

Wolfgang, ein Management-Trainer, der kürzlich an einem dreitägigen Kagami-Golftraining teilnahm, war ein gutes Beispiel für einen Menschen mit zu hoch angesetzten Zielen. Er hatte damals ein Handicap von 20, und zwei seiner Ziele für das dreitägige Training waren, jeden Drive vom Tee aus direkt den Fairway entlang zu schlagen und bei 90% seiner Schläge auf das Grün zu kommen.

Auf dem Platz war Wolfgangs Übungsschwung völlig anders als sonst. Er fand es auf dem Platz recht schwierig, sich auf die Wahrnehmungsspiele zu konzentrieren, die wir auf der Driving Range geübt hatten. Wir sprachen darüber, warum es ihm so schwerfiel, und er merkte, daß er den Flug des Balles zu steuern versuchte, weil er nicht genug Vertrauen besaß, dem Ball die gewünschte Richtung zu geben. Das veränderte seinen Schwung enorm: Er spannte beim Vorschwung den rechten Arm und die Schulter an und verlagerte beim Schwung nie sein Gewicht, sondern schlug den Ball vom hinteren Fuß aus.

Wolfgangs Problem war, nicht fühlen zu können, daß sich der Schwung verändert hatte. Sobald er den Golfplatz betrat, schaltete er von der auf der Driving Range geübten „Wahrnehmungsmethode" auf die „Du-mußt"-Methode um. Er erkannte, daß er sich so viele Gedanken über die vorher gesteckten Ziele machte, daß er nicht davon ablassen konnte, das Ergebnis zu kontrollieren; das warf ihn vollständig aus seinem Körper heraus.

Wenn Sie Kontrolle ausüben wollen, läßt ihre Wahrnehmung nach, und wenn Ihre Wahrnehmung nachläßt, verlieren Sie die Kontrolle!

Am nächsten Tag spielten Wolfgang und ich eine gemeinsame Runde, und ich fragte ihn vor jedem Schlag nach seinen Absichten. Dann schlug ich ihm vor, es sich leichter zu machen. Ob Drive, Chip, Putt oder Schlag auf die Spielbahn – er steckte sich jedesmal ein leichteres Ziel. Statt zum Beispiel den Ball mit einem Eisen 5 bis zur Fahne schlagen zu wollen, genügte ihm als Ziel das Grün. Wolfgang bekam sofort mehr Selbstvertrauen, und das befreite ihn von seinen Zweifeln und der Angst, die er vorher auf dem Platz gehabt hatte.

Er konnte sich jetzt viel besser auf die Wahrnehmungsspiele konzentrieren, die er gelernt hatte. Sein rechter Arm und die Schulter entspannten sich, die Gewichtsverlagerung wurde langsam automatisch, und er konnte den Übungsschwung mit dem Ball wiederholen. Mit dem Erreichen seiner Ziele wurde er beständiger und bekam mehr Selbstvertrauen. Er hatte das Muster von Ursache und Wirkung durchbrochen. Als wir in der Gruppe besprachen, was auf dem Platz passiert war, erzählte uns Wolfgang von seiner Einsicht: Das gleiche Muster, nämlich das Setzen zu hoher Ziele und die innere Abhängigkeit vom Ergebnis, habe auch seine Arbeit als Management-Trainer beeinträchtigt.

Wenn Sie Kontrolle ausüben wollen, läßt ihre Wahrnehmung nach, und wenn Ihre Wahrnehmung nachläßt, verlieren Sie die Kontrolle!

Eine der Widersprüchlichkeiten des Golfspiels – und oftmals des ganzen Lebens…

Sehen wir uns ein Beispiel für zu hoch gesteckte Ziele an:

Tom hat ein Handicap von 20 und soll ein *rechtschwingendes* Par-4-Dogleg von 420 Metern Länge spielen – eines der schwierigsten Löcher auf dem Platz, denn der Drive muß lang genug sein und auf die Mitte des Fairway kommen, damit der Spieler eine Chance hat, mit dem zweiten Schlag das Grün zu zu erreichen. Ein Bach quert die Spielbahn vor dem baumgesäumten Grün. An einem guten Tag stehen Toms Chancen, den Drive weit und gerade genug zu schlagen, etwa 50:50; aber heute herrscht Gegenwind, und er hat bis jetzt nicht allzu gut gespielt. Trotzdem ist er der Meinung, daß ein langer Drive nötig ist: Mit aller Kraft drischt er auf den Ball.

Der Ball landet mit einem Slice in den Bäumen neben der Spielbahn. Tom ärgert sich sehr darüber und macht noch einen Schlag, ohne sich gedanklich zu sammeln. Auch der zweite Schlag gelingt nicht gut, ist aber auf der linken Seite des Fairway gelandet und noch im Spiel; allerdings ist die Entfernung zu groß, um mit dem nächsten Schlag auf das Grün zu kommen.

Jetzt ist Tom bei seinem vierten Schlag, und er muß kurz vor dem Wasser aufkommen, weil sein zweiter

Tee-Abschlag zu weit vom Grün entfernt ist und der Ball nicht über den Bach kommen würde. Er braucht schließlich für das Loch insgesamt acht Schläge.

Hätte Tom besser gespürt, wieviel Angst ihm das gesteckte Ziel beim ersten Tee-Abschlag machte, dann hätte er eine Chance gehabt, es zu revidieren, und das Loch statt dessen als leichtes Par-5 gespielt. Sein erster Abschlag wäre höchstwahrscheinlich auf dem Fairway gelandet, der zweite Schlag kurz vor dem Wasser, und der dritte auf dem Grün zu einem Par-5, das das Selbstvertrauen stärkt. Er hätte vielleicht sogar mit einem Putt zu einem Par-4 einlochen können.

Tom spielt nicht ohne Vorgabe, er hat ein Handicap von 20; warum also versuchen, bei einem schwierigen Par-4 auf Par zu kommen? Sein Ziel war viel zu hoch gesteckt, und das führte dazu, daß er bei diesem Loch vier Schläge fallen ließ.

Damit will ich nicht sagen, daß Sie beim Golf nicht Spaß haben und ein Risiko eingehen sollen, wenn Sie es wünschen. Das gehört zu den Herausforderungen beim Golf und ist eine Möglichkeit, ein besseres Leistungsniveau zu erreichen. Solange Sie sich bewußt sind, daß Sie ein Risiko eingehen und sich bewußt dafür entscheiden, ist das ganz in Ordnung. Hätte sich Tom, als er am Abschlag stand, gesagt: „Dieses Loch ist heute schwer zu spielen, und ich bin nicht besonders gut in Form; ich sollte es wirklich als Par-5 spielen. Aber zum Teufel, ich werde mir jetzt einen Spaß machen und sehen, ob ich nicht zwei Superschläge hinzaubern kann. Ich werde einen alten Ball nehmen und mir keine Gedanken darüber machen, wo er landet". Dann wäre er mental ganz anders an die Situation herangegangen. Landet der Drive dann wirklich in den Bäumen, dann tut das seinem Selbstvertrauen keinen Abbruch, weil er sich bewußt für das Risiko entschieden hat.

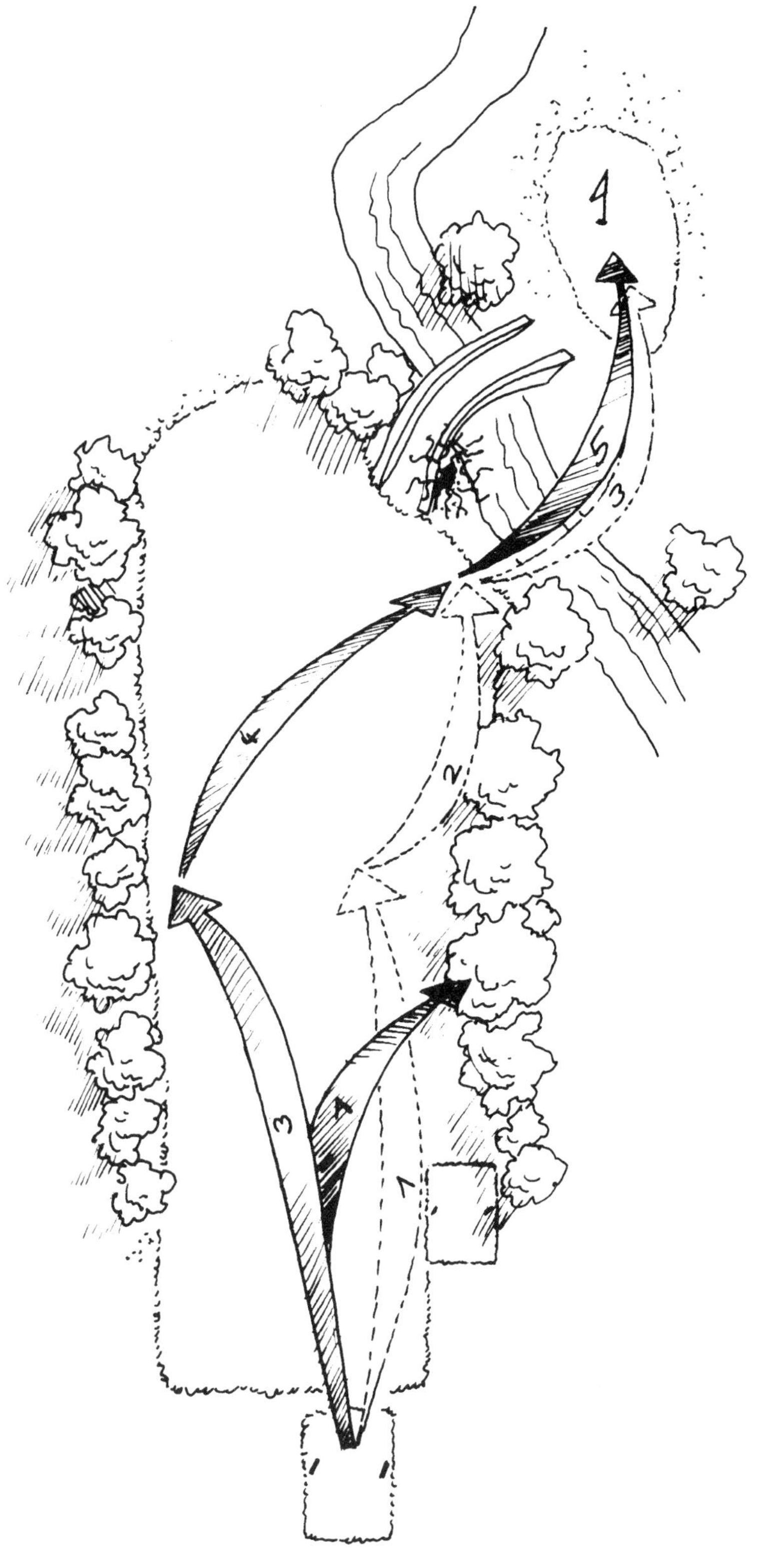

Zwei Möglichkeiten, das Loch zu spielen.

Zu niedrig gesteckte Ziele

Und jetzt wollen wir uns anschauen, was passiert, wenn Sie Ihr Ziel zu niedrig stecken oder es nicht klar definieren. Wissen Sie noch, wie Sie sich gefühlt haben, als Sie sehr nah am Eimer standen und Bälle hineinwarfen? Ich denke, daß es zu Gleichgültigkeit und Konzentrationsverlust geführt hätte, wenn Sie zu lange in dieser Position geblieben wären.

Dasselbe geschieht auf dem Golfplatz, wenn Sie Ihre Ziele zu niedrig ansetzen oder sie nicht klar definieren. Das Spiel wird Sie wahrscheinlich sehr schnell langweilen, vielleicht haben Sie das Gefühl, überhaupt nicht besser zu werden, oder Sie fragen sich, warum Sie überhaupt Golf spielen.

Manche Leute setzen sich zu niedrige Ziele oder gar keine, um sich beim Sport nicht unter Druck zu setzen. Sie meinen, daß sie im Berufsleben schließlich genug unter Druck stehen. Warum sich also auch beim Golf das antun? Andere pflegen die Einstellung, daß ihnen am Ergebnis nichts liegt. Meiner Erfahrung nach ist der Grund dafür oft in Versagensangst, Angst vor Erfolg oder einem unzulänglichen Selbstbild zu suchen.

Schauen wir jetzt Tom noch einmal am Par-4-Loch zu.

Tom schlendert über den Golfplatz, ohne auf irgend etwas besonders zu achten. Er spielt allein, weil er beim Golf nicht mit anderen im Wettbewerb stehen will. Er erfreut sich an der Landschaft und dem schönen Wetter, aber das reicht ihm eigentlich nicht. Insgeheim möchte er gern gut spielen, würde es aber nie zugeben, weil er sich beim Spiel nicht unter Druck setzen will; deshalb ist er ziemlich frustriert. Tom hat keine Ahnung, wie sein Score ist, er weiß nicht einmal, wie viele Bälle er bis jetzt verloren hat. Er hat nur so ein Gefühl, daß er schlecht spielt. Er kommt zum Par-4-Dogleg-Loch und zieht seinen Driver heraus, ohne auf die Form des Lochs zu achten oder darauf, wo das Grün ist. Er richtet sich zu weit rechts aus, weil er sich nicht um seine Setup-Routine kümmert, und schlägt einen passablen Drive, der aber zu nahe bei den Bäumen auf der rechten Seite landet, so daß er mit seinem zweiten Schlag nicht auf das Grün kommen kann. Für den zweiten Schlag muß er den Ball kurz vor das Wasser legen.

Jetzt ärgert er sich, daß er einen guten Ball in die falsche Richtung geschlagen hat. Also beschließt er, auf Nummer sicher zu spielen, und bringt den Ball mit dem dritten Schlag über das Wasser auf den Fairway, rechts vom Grün, statt auf das Grün zu gehen. Das Grün ist nur 140 m weit weg, was für ihn unter normalen Umständen kein Problem gewesen wäre. Aber sein Urteilsvermögen ist jetzt beeinträchtigt durch seine schlechte mentale Verfassung.

Als vierten Schlag hat er einen Pitch über eine Distanz von 20 m vor sich, und er nimmt dafür den falschen Schläger, spielt also einen halbherzigen Chip-and-run-Schlag, der im Gras vor dem Grün landet. Er braucht drei Putts, weil er sich nicht die Mühe machen kann, sich für seinen ersten Putt auszurichten, und schließt am Ende mit einer Acht ab. Er ist unglücklich und unzufrieden mit seinem Spiel, tut aber immer noch so, als wäre ihm der Score egal. Wenn Tom nicht zu einem Gleichgewicht zwischen konzentrierter Aufmerksamkeit und sorgloser Unbekümmertheit findet, wird er die Golfschläger bald an den Nagel hängen.

Wie man die Zielsetzung verändert

Ich kenne einen sehr einfachen Weg, um dafür zu sorgen, daß meine Ziele für mich arbeiten – geschärfte Wahrnehmung! Ich lausche, wie Körper und Geist auf die Ziele reagieren, die ich mir gesteckt habe.

Zu hoch gesteckte Ziele: Wenn ich in meinem Kopf eine leise Stimme höre, die Zweifel äußert wie: „Bist du sicher, daß du den Ball mit diesem Schläger hoch genug schlagen kannst, damit er über die Bäume geht?" oder: „Dieses Wasserhindernis scheint ziemlich breit; hast du dich vergewissert, wie weit der Ball fliegen muß, damit er ans andere Ufer kommt?", dann überprüfe ich die Situation noch einmal oder sehe zu, daß ich mehr Informationen bekomme, sofern das möglich ist.

Manchmal ignoriere ich die „leisen Stimmen", spüre aber, wie mein Körper sich etwas anspannt oder sich das Bild des anvisierten Ziels verwischt. Oder – noch subtiler – ich stelle fest, daß ich mir für den Schlag mehr Zeit nehme als sonst, daß ich mir noch etwas mehr Mühe gebe.

Das sind allesamt Zeichen dafür, daß ich mir ein zu hohes Ziel gesteckt habe. Um Muskelreaktionen auszulösen, genügen winzige Kleinigkeiten. Wenn ich diese Anzeichen wahrnehme, breche ich sofort ab, prüfe mein Ziel und überlege, ob ich den richtigen Schläger gewählt habe. Ich kann für diesen Schlag einen anderen Schläger wählen, um ihn leichter zu machen, oder mir ein anderes, nicht so hohes Ziel setzen.

Wenn Sie eine stärkere Medizin für Ihre unerreichbaren Ziele brauchen, könnten Sie eine Zeitlang das andere Extrem ausprobieren. Gehen Sie auf den Golfplatz, vorzugsweise allein, und spielen Sie einfach zum *Spaß* – ohne Score! Machen Sie die Wahrnehmungsspiele, die Sie in diesem Kapitel gelernt haben, damit Sie bei der konzentrierten Aufmerksamkeit bleiben, aber vergessen Sie das Ergebnis – gönnen Sie sich eine Pause!

Sobald Ihnen die innere Unabhängigkeit vom Score in Fleisch und Blut übergegangen ist, können Sie langsam mit kleinen, leicht erreichbaren Zielen beginnen. Und mit dem Selbstvertrauen, das die besseren Ergebnisse bringen, können Sie sich in kleinen Schritten wieder realistische Ziele setzen.

Zu niedrig gesteckte Ziele: Wenn ich merke, daß ich mir für einen Schlag kein Ziel gesetzt oder es nur schlecht durchdacht habe, dann liegt das im allgemeinen daran, daß ich entweder aus purer Frustration aufgegeben oder das Interesse verloren habe, meist, weil ich mir für das Spiel insgesamt kein Ziel gesetzt habe.

Wenn ich aus Frustration aufgegeben habe, mache ich mir klar, daß schon so manches Turnier von einem Spieler gewonnen wurde, der zwar ein paar Löcher schlecht gespielt, aber letztlich aufgeholt hat. Dann setze ich mir realistische Ziele und konzentriere mich auf jeden einzelnen Schlag. Ich nutze solche Situationen, um meine mentale Disziplin zu trainieren.

Habe ich das Interesse verloren, setze ich mir ein Ziel für das Spiel. Ich suche mir jemand, mit dem ich ein Match spielen kann, oder mache ein Strokeplay gegen den Platz.

Wenn Sie Probleme damit haben, sich beim Golfspielen zu motivieren, sollten Sie sich ein paar nette Leute suchen, mit denen Sie Matches spielen können. Nehmen Sie es nicht zu ernst, und spielen Sie nicht um große Geldsummen, sondern geben Sie sich nur einen gewissen Grund, um sich auf das Spiel zu konzentrieren.

Vielleicht wollen Sie einfach die Schwungbewegung mehr genießen; gönnen Sie sich dann ein paar Stunden Unterricht, teilen Sie dem Trainer ihr Ziel mit und bei welchem Teil des Schwungs Sie sich nicht so gut fühlen.

Wenn Sie es nicht ohnehin schon getan haben, gehen Sie noch einmal zu Kapitel 4 zurück, und schaffen Sie sich eine Vision und ein Ziel. Gestalten Sie beides richtig freudvoll, inter-

Ich kenne einen sehr einfachen Weg, um dafür zu sorgen, daß meine Ziele für mich arbeiten – geschärfte Wahrnehmung! Ich lausche, wie Körper und Geist auf die Ziele reagieren, die ich mir gesteckt habe.

essant und herausfordernd – die bestmögliche Motivation, um die Art Ihrer Zielsetzung zu ändern.

Sollten Sie mit der persönlichen Zielsetzung Ihr wahres Potential blockieren, dann ist eine Veränderung nicht schwer. Der einzige Weg jedoch, um das festzustellen, ist das Achten darauf, wie Ihre Ziele den Schwung beeinflussen. Mit anderen Worten: Schärfen Sie Ihre Wahrnehmung!

Teil III dieses Buches beschäftigt sich mit den subtileren mentalen Hindernissen, auf die wir im Golf, in diesem faszinierenden Spiel, stoßen können. Auch befassen wir uns dort mit weiteren Elementen der Kagami-Prinzipien, die entscheidend Einfluß auf die Leistung nehmen können.

CHECKLISTE FÜR DIE ÜBUNG:

Machen Sie die Ball-in-den-Eimer-Übung, um Ihr Verhaltensmuster für das Zielsetzen herauszufinden.

▼

Fühlen Sie sich auf dem Platz häufig unter Druck? Ist das der Fall, setzen Sie sich vielleicht zu hohe Ziele?

Spielen Sie häufig nachlässig? Ist das der Fall, setzen Sie sich vielleicht zu niedrige oder wenig konkrete Ziele?

▼

Sie werden selbst merken, wenn Sie angemessen Golf spielen – dann nämlich, wenn Ihre Psyche ganz gelassen ist.

III

Einsicht ins Selbst

11. Vergangenheit – Gegenwart – Zukunft

Sabotageakte des Denkens

▼

Der stille Geist

▼

Das Jetzt hat weniger Angst

▼

Neben sich selbst stehen

▼

Eine persönliche Erfahrung

III

Einsicht ins Selbst

„Das Zeitlose in euch weiß um die Zeitlosigkeit des Lebens. Es weiß, daß Gestern nur eine Erinnerung im Jetzt ist, und Morgen nur ein Traum im Jetzt.“

Kahlil Gibran

11. Vergangenheit – Gegenwart – Zukunft

Jede einzelne Kagami-Übung verfolgt nur ein einziges Ziel – uns während des Schwungs zurück ins Jetzt zu bringen. Es gibt unterschiedliche Übungen, weil jede auch noch zusätzliche Aufgaben erfüllt; doch alle kreisen um das gleiche Grundprinzip.

Wenn Sie diesen Punkt verstanden haben, können Sie sich auch eigene Übungen ausdenken, weil er das einzige Kriterium liefert, das jede Kagami-Übung erfüllen muß.

Ich hoffe, daß Sie nun auf der Basis eigener Erfahrungen mit den Übungen aus Teil II die Bedeutung dieses Prinzips erkannt haben, wenn Sie Ihr wahres Potential ausschöpfen wollen. Vielleicht waren Sie überrascht, wie scheinbar mühelos und wirksam die Kagami-Übungen sind. Der Grund dafür liegt vermutlich darin, daß wir diese Art von konzentrierter Aufmerksamkeit als Kinder schon kannten und im Lernen sehr erfolgreich waren. Kleine Kinder besitzen die angeborene Fähigkeit, im Jetzt zu leben. Der einzige Unterschied zu uns Erwachsenen besteht darin, daß sich der Geist im Lauf der Jahre daran gewöhnt hat, uns zu sagen, was zu tun ist. Wenn wir dieses Muster durchbrechen und der Kopf einsieht, daß er unserem Golfschwung keine Vorschriften machen muß, wird alles sogar noch leichter. Dann treten wir in eine natürliche Lernkurve ein, die nur aufwärts zeigen kann.

Erinnern Sie sich stets daran: „Tu-das“-Vorschriften vertreiben uns aus dem Jetzt und in unseren Intellekt hinein. Wahrnehmungsspiele und Visualisierungsübungen bringen uns ins Jetzt und lassen unserem Kopf keine Chance, über Vergangenheit und Zukunft nachzudenken.

Sehen wir uns am Beispiel einer alltäglichen Szene auf dem Golfplatz an, was geistig und körperlich abläuft, wenn wir nicht im Jetzt sind.

Sabotageakt des Denkens

Maria steht am Abschlag eines Par-3-Lochs und hält ein Eisen 3 in der Hand. Sie mag dieses Loch nicht, weil sie es schon oft schlecht gespielt hat. Vor dem Grün und rechts außerhalb der Spielbahn fließt ein Bach. Links ist ein steiler Hang mit tiefen Bunkern, die schwer zu überwinden sind. Es gibt wirklich nur einen guten Platz für den Ball, und zwar das Grün!

Das Problem ist, daß sich Maria nur sehr schwer vorstellen kann, den Ball auf das Grün zu schlagen, weil es

Auf Vergangenheit oder Zukunft haben wir keinen Einfluß – das einzige, was wir beeinflussen können, ist der gegenwärtige Augenblick!

ihr an diesem Loch nur selten gelang und ihr Selbstvertrauen daher sehr gering ist. Sie steht vor dem Ball, mit allen möglichen negativen Gedanken und Bildern im Kopf über seine Flugbahn (Zukunft). „Schlag ihn nicht in die Bunker" ist mit einem Bild vom letzten Mal verbunden, als sie hier im Bunker stand und zwei Schläge brauchte, um herauszukommen (Vergangenheit). Sie schaut auf den Ball und sieht, daß er fast neu ist, und ihr nächster Gedanke ist: „Schlag diesen neuen Ball nicht ins Aus, du findest ihn vielleicht nicht mehr" (Zukunft).

Schließlich wird Maria bewußt, daß ihre Mitspieler auf den Abschlag warten; also beschließt sie, den Ball einfach zu spielen und zu hoffen. Während des Schwungs hat sie den Kontakt zu ihrem Körper oder zum Schläger verloren, weil sie in Gedanken ganz damit beschäftigt ist, wo ihr Ball hinfliegen könnte, oder was vielleicht früher einmal an diesem Loch geschehen ist.

Der Schwung fällt ganz anders aus als der Übungsschwung oder die Schläge, die sie an diesem Tag schon gemacht hat. Dem Schwung fehlt der Rhythmus, sie spannt ihren rechten Arm und die Schulter in dem Bemühen, die Flugbahn des Balles zu steuern, schaut schon lange vor dem Aufprall nach oben, um zu sehen, wo er hingeht: Der Ball verzieht stark und landet im Aus.

Viele Golfer, die diese Geschichte lesen, können solche Gedanken nachfühlen – jeder hat sie schon gehabt, wenn nicht im Golf, dann in anderen Lebensbereichen.

Was war geschehen? Der Schwung wurde durch die Gedanken an Vergangenheit und Zukunft gestört. Die Angst, ausgelöst durch die Gedanken, nahm Maria die Konzentration auf den Schwung – auf die Gegenwart.

Wir wissen, daß im Bewußtsein immer nur Raum für einen einzigen Gedanken ist. Deshalb konnte sie sich nicht auf den Schwung konzentrieren – sie war zu sehr mit dem Ergebnis ihres Tuns beschäftigt.

Auf Vergangenheit oder Zukunft haben wir keinen Einfluß – das einzige, was wir beeinflussen können, ist der gegenwärtige Augenblick!

Hier nun die gute Nachricht: Wir haben sehr wohl die Möglichkeit, auf unseren Intellekt Einfluß zu nehmen! Wir können uns entschließen, unsere Gedanken zu zügeln, und sie von wenig hilfreichen negativen Grübeleien auf Sinnvolleres lenken – den gegenwärtigen Moment.

Wenn wir uns ganz auf das JETZT konzentrieren, ist in unserem Kopf kein Platz mehr für Zukunft oder Vergangenheit.

Lassen wir Maria noch einmal in Aktion treten, diesmal aber unter Anwendung der Techniken, die wir bisher kennengelernt haben.

Der stille Geist

Maria spielt das gleiche Par 3. Während einer ihrer Mitspieler den ersten Schlag ausführt, wird ihr bewußt, daß dieses Loch nur negative Gedanken weckt. Sie beginnt, ihre Zielvorstellung zu überprüfen. Um das Grün zu erreichen, muß sie ein Eisen 3 spielen; mit einem Eisen 3 fühlt sie sich an diesem Loch aber nicht sicher genug; deshalb sucht sie nach einer Landezone kurz vor dem Grün. Erst jetzt erkennt Maria, daß vor dem Green ein flaches Stück Fairway liegt, eine ideale Landezone. Sie hatte diese Möglichkeit zuvor nicht wahrgenommen, aus Angst, einen Fehler zu machen. Diese Entfernung ist perfekt für ihr Eisen 6, also beschließt sie, auf die Spielbahn kurz vor den Hindernissen zu schlagen. Schon ist Maria zuversichtlicher. Jetzt kann sie visualisieren, was sie tun möchte. Sie steht hinter dem Ball und stellt fest, daß ihr Kopf eine starke Medizin braucht, weil er ihr immer noch etwas von Bunkern und Rough erzählt. Sie entscheidet sich für die Übung Eins-Abschlag-Drei und will nach dem Schlag zumindest das Tee sehen. Bewußt erklärt sie diese Übung zur wichtigsten Sache der Welt in diesem Augenblick, viel wichtiger als die Frage, wo der Ball hinfliegen könnte.

Sorgfältig führt sie das Ansprechen des Balles durch und richtet Schlägerblatt und Körper korrekt auf das Ziel aus. Kurz vor dem Schlag schaut sie hoch und konzentriert sich nur auf den Punkt auf dem Fairway, wo sie den Ball hinschlagen will – sie sieht nichts anderes. Dann kehrt sie mental wieder zu ihrem Wahrnehmungsspiel zurück und schlägt den Ball.

Maria sieht, wie das Tee aus dem Boden fliegt und spricht dazu die Worte Eins-Zwei-Drei. Kein einziger negativer Gedanke hat den Schwung behindert, weil es keinen gab. Ihr Körper konnte den Schwung wiederholen, den sie ihm durch Tausende von Schlägen einprogrammiert hatte. Das Resultat zeigt ihr, daß sie ihren Intellekt tatsächlich lange genug unter Kontrolle hatte, um den Schläger zu schwingen. Der Ball fliegt direkt auf das gewählte Ziel zu und hüpft noch ein Stück, bis er kurz vor dem Green liegenbleibt. Maria freut sich, daß sie ihre Angst an diesem Loch überwinden konnte – so sehr ist ihr Selbstvertrauen gewachsen, daß sie den Ball bis dicht an die Fahne legt und dann zum Par einlocht.

Können Sie sich vorstellen, wie sich das zweite Szenario auf Marias Golfspiel auswirkt? Was Maria in diesem Beispiel getan hat, war nichts weniger, als ihre alten Verhaltensmuster aufzugeben: Sie lernte ihre Gedanken zu beherrschen und brachte sie ins Jetzt zurück – sie hatte eine andere Wirklichkeit für sich geschaffen.

Das Jetzt hat weniger Angst

Haben Sie bemerkt, daß Sie während der Kagami-Übungen weniger Unsicherheit empfinden? Es gibt dafür eine einfache Erklärung. Die intellektuelle Seite unseres Geistes ist für die Erfahrung von Zeit verantwortlich. Häufig wird Angst mit einem zukünftigen Ereignis assoziiert, das in Beziehung zur Vergangenheit steht. Wenn wir im Jetzt bleiben, haben wir mehr Verbindung zum Unterbewußtsein und denken nicht über Vergangenheit und Zukunft nach, was unsere Ängstlichkeit beträchtlich reduzieren hilft.

Wenn Sie beim Golfschwung im Jetzt bleiben und dabei ein Gefühl der Zeitlosigkeit empfinden, haben Sie vorwiegend Zugang zum Unterbewußtsein und empfinden folglich keine Angst.

Das subjektive Erleben von Zeit ist eine kontinuierlich sprudelnde Streßquelle in unserem Leben. Pausenlos greift das Diktat der Uhr in unser Leben ein. Der Tag hat eben nur 24 Stunden, also schauen wir ständig nach der Uhr, um stets pünktlich zu sein. Wirklich produktive, schöpferische Arbeit leiste ich jedoch nur, wenn meine Vorstellung von Zeit stillgelegt ist. Zu den Aufgaben meines Assistenten bei Intensivtrainings gehört es, mich an die Essenszeiten oder die nächsten Trainingseinheiten zu erinnern. Manchmal verliere ich mich vollständig im Jetzt. Wenn wir dagegen den Druck der Zeit spüren, ist es sehr schwer, alle Fähigkeiten zu nützen, weil wir vorwiegend mit der intellektuellen Seite des Geistes arbeiten.

Das Golfspiel macht da keine Ausnahme. Wenn Sie bei einer Golfrunde ständig an die Leute hinter Ihnen denken, einen Termin im Büro wahrnehmen müssen oder einfach nur auf dem Golfplatz herumrennen, blockieren Sie wahrscheinlich Ihr Potential und spielen folglich nicht sonderlich gut. Die meisten Spieler, die flott über die Spielbahn hasten, schwingen auch im Expreßtempo!

Das subjektive Erleben von Zeit ist eine kontinuierlich sprudelnde Streßquelle in unserem Leben.

Neben sich selbst stehen

Achten Sie beim nächsten Mal, wenn Sie eine Partie Golf spielen, auf Ihr Verhalten. Achten Sie darauf, wie Sie gehen. Ist Ihr Schritt eilig und hektisch oder fließend und rhythmisch? Achten Sie auf Atmung und Körperhaltung. Marschieren Sie auf der Spielbahn mit einer Körperhaltung, die Selbstvertrauen und Freude ausdrückt, oder Angst und Streß? Wie sehr sind Sie auf gelungene Schläge fixiert? Vergessen Sie nicht: Die Entscheidung, wie Sie auf die Höhen und Tiefen des Golfspiels – und des Lebens – reagieren, liegt ausschließlich bei Ihnen.

Wenn Sie Ihren Ball in einen Bunker neben dem Grün schlagen, sagen Sie sich dann: „Oh, nein, ich hasse diese Bunker!", oder sagen Sie: „Super, das ist jetzt eine Chance, meine Bunkerschläge zu üben!"?

Wenn Sie Ihren Ball in die Bäume schlagen, fragen Sie sich dann, was Sie aus diesem Schlag lernen können, welche Faktoren störend eingegriffen haben, um beim nächsten Schlag anders damit umgehen können, oder bekritteln Sie sich selbst, weil Sie den Ball so schlecht gespielt haben, und schleichen geknickt zum nächsten Loch? Nehmen Sie die Landschaft ringsum wahr, wenn Sie bei einem Turnier den Fairway entlanggehen? Wissen Sie das Privileg wirklich zu schätzen, daß Sie auf den schönsten Fleckchen Erde herumgehen können?

Eine persönliche Erfahrung

In meiner Golfkarriere durfte ich beide Seiten der Münze erleben: den Intellekt nicht unter Kontrolle zu haben und meine Gedanken relativ gut steuern zu können. Die meiste Zeit auf der Professional Tour war ich sehr auf meinen Score fixiert – eine richtige Perfektionistin. Logischerweise war ich oft deprimiert, weil meine Ergebnisse nie gut genug waren. Ich stand unter enormem Streß – selbstgemachtem Streß. Damals hatte ich keine Ahnung, daß man den Intellekt steuern kann, geschweige denn, wie das zu bewerkstelligen ist.

„Im Jetzt ist die Welt wirklich lebendig."

Drei Jahre nach meinem letzten Pro-Turnier entschied ich mich zur Teilnahme an den Ladies German Open in Düsseldorf. Ich wollte einfach sehen, was ich über mich selbst gelernt hatte und wie weit es mir inzwischen gelingt, meine Gedanken in Streßsituationen zu kontrollieren. Mein Ziel für dieses Turnier war, jeden Schlag völlig losgelöst vom Ergebnis zu machen und jeden Schwung aus reiner Freude an dem damit verbundenen Gefühl zu genießen. Natürlich habe ich mir bei jedem Schlag ein Ziel gesetzt und visualisiert, wo der Ball hingehen sollte; aber während des Schwungs war für mich nur wichtig, im Jetzt zu bleiben.

Ich bat meinen Freund Thomas, mich als Caddie zu begleiten; er war zwar kein Golfer, konnte mich aber trotzdem bei meinem Vorhaben unterstützen. Ich hatte nicht viel Zeit, mich körperlich auf das Turnier vorzubereiten, war aber mental gerüstet. Kein Major-Turnier hat mir jemals so viel Freude gemacht. Thomas und ich lachten so viel, daß uns sicherlich viele für verrückt gehalten haben. Gemessen daran, daß ich drei Jahre lang keine Wettkämpfe bestritten hatte, spielte ich wirklich gut. Eine meiner Mitspielerinnen war reichlich irritiert; denn sie war eine routinierte Tour-Spielerin, und ich schlug den Ball ebensogut wie sie, wenn nicht manchmal sogar besser. Einer der Caddies bemerkte, daß ich am Ball wie ein Leopard wirke, so sehr war ich „in meinem Körper".

Bei einigen Schlägen in der ersten Runde hatte meine Konzentration nachgelassen, was mir zwei Doppel-Bogeys einbrachte. Gleichwohl schloß ich mit 76 ab (Par 72). Am zweiten Tag spielte ich wirklich gut und stand am 18. Loch eins über Par. Auf einmal wurde mir bewußt, daß ich mein Ziel, nämlich jeden einzelnen Schlag zu genießen, erreicht hatte. Ich war so erstaunt und glücklich darüber, daß ich ganz vergaß, daß ich ja noch ein Loch zu spielen hatte, und verlor völlig die Konzentration. Ich schlug den Ball in die Bäume, spielte das Loch mit zwei über Par und verfehlte den Cut um einen Schlag!

Ich war enttäuscht, daß ich jetzt keine Gelegenheit mehr hatte, meine neue Spielweise zu üben. Zwei Tage lang jedoch war ich nicht auf Ergebnisse fixiert gewesen, was meinen Unmut in Grenzen hielt. Ja, ich hatte bei jedem Schlag soviel konzentrierte Aufmerksamkeit aufgebracht wie nur möglich, während der Runden aber überhaupt keine Angst oder Streß empfunden. Warum? Weil ich im Jetzt geblieben war.

Was die Zukunft bringt, hängt von unseren Gedanken, Gefühlen und Handlungen im Jetzt ab. Sie wandelt sich mit unseren Entscheidungen und Reaktionen im Jetzt. Das Golfspiel macht es so offenkundig.

Ein weiterer Weg, die Einstellung zum Golf positiv zu beeinflussen, besteht darin, sich einer schwächenden Denkweise bewußt zu werden, die dem Spiel jede Freude nimmt und das Selbstvertrauen zerstört: das „Ja-aber"-Syndrom.

III

12. Das „Ja-aber“-Syndrom

Die Niederlage der Perfektion

▼

Die Zwiebel und der Diamant

„Perfektion ist der Feind des Guten.“

12. Das „Ja-aber“-Syndrom

Einer der Gründe, warum wir uns klar definierte Ziele setzen sollten, besteht darin, zu erkennen, wann wir sie erreicht haben! Sind die Ziele unscharf gesteckt, fällt es nicht schwer, sich einzureden: „Ja, aber das ist noch nicht gut genug!“ Auf lange Sicht hat das verheerende Auswirkungen, weil wir uns um die Bestätigung eines Erfolgs betrügen. Unser Selbstvertrauen leidet.

Lassen Sie mich das an einem Beispiel veranschaulichen.

Ich frage meine Schüler, welches Ziel sie sich für die Unterrichtsstunde gesetzt haben. Die Antwort lautet: Sie wollen mit dem Eisen einen geraden Ball schlagen. Das klappt auch nach einiger Zeit; doch nur ein paar Minuten später bekomme ich zu hören: *„Ja aber* der Ball fliegt nicht weit genug!“

Übersetzt bedeutet das: „Ja, ich habe es geschafft, aber es ist nicht gut genug!“ Bevor sie sich an den geraden Schlägen freuen und ein Erfolgserlebnis genießen konnten – sie haben sich ja verbessert und ihr Ziel erreicht – leugnen sie mit diesem *„Ja aber...“* die ganze Erfahrung.

Wenn Ihr Ziel klar definiert und meßbar ist, können Sie viel besser erkennen, wann Sie es erreicht haben, können genießen, daß Sie es erreicht haben. Haben Sie es nicht erreicht, können Sie es überprüfen und beurteilen, ob es eventuell zu hoch gesteckt war.

Ich erlebe so viele Golfer, die keine richtige Freude an ihrem Spiel haben, weil sie ihre Ziele pausenlos neu definieren, *bevor* sie ihren Erfolg – das Erreichen des vorherigen Ziels – angemessen gewürdigt haben. Sie stehen beim Spiel unter viel stärkerem Druck, weil sie mit dem Erreichten niemals zufrieden sind.

Die Niederlage der Perfektion

Bert, ein Golfspieler mit einem Handicap von 24, liefert ein perfektes Beispiel für dieses Syndrom. Der Inhaber einer großen deutschen Firma war als Geschäftsmann sehr erfolgreich. Die Kagami-Übungen gefielen Bert, und etwa Mitte des zweiten Tages machte er bereits beachtliche Fortschritte – sein Schwung wurde besser und damit auch die Ergebnisse.

Auf dem Driving Range bemerkte mein Assistent, daß Bert bei fast jedem Schlag das Gesicht verzog und mit seiner Leistung nicht zufrieden zu sein schien, obwohl fast alle Bälle höchstens zehn Meter vom Ziel entfernt zu liegen kamen. Mein Assistent fragte ihn, was denn *sein* Ziel sei, und er antwortete: „Eine Markierung auf der Driving Range.“ Uns war bald klar, daß er die Markierung tatsächlich *treffen* wollte! Flog der Ball nicht direkt dorthin oder ging er darüber hinaus, war es in seinen Augen kein guter Schlag. Von 30 Bällen war Bert nur mit einem wirklich zufrieden, die übrigen landeten innerhalb eines 20-Meter-Radius vom „Ziel" entfernt. Selbst wenn der Ball ins „Schwarze" traf, war er noch lange nicht gut genug. „Ja, aber irgendwas hat nicht ganz gestimmt!" kam als Kommentar.

Wir fragten Bert, ob er denn auf dem Platz zufrieden sein würde, wenn er vom Fairway aus mit einem Siebener-Eisen einen 130-Meter-Schlag aufs Grün brächte. Er bejahte, und so beschlossen wir, ein Ziel abzustecken, das etwa die Breite eines normalen Grüns hatte. Bert stand nun eine Fläche mit einem Radius von 20 Metern zur Verfügung. Er hatte sich ein leichter erreichbares Ziel gesteckt.

Mein Assistent stand eine Zeitlang neben Bert und meldete jedesmal, wenn er sein Ziel erreicht hatte. Langsam veränderte sich sein Schwung. Im Bemühen, Schlägerblatt und Ball zu kontrollieren, hatte er vorher sehr stark seine Arme eingesetzt. Als über 60% seiner Schläge ins neue Ziel gingen, wuchs sein Selbstvertrauen, die Spannung in seinen Armen ließ nach. Die Hüften kamen beim Schwung stärker ins Spiel, was die Bewegung ausgewogener und kraftvoller machte.

Das Wesentliche an diesem Training war, daß Bert damit begann, persönliche Erfolge zu erfahren und anzuerkennen.

Etwas später an diesem Tag, als die Gruppe am Pitching Green trainierte, fiel mir auf, daß Bert bei den kurzen Schlägen wieder in die „Ja-aber"-Einstellung verfiel. Er spielte einen kurzen Pitch über fünf Meter und sagte mir, daß er sich nur mit einem perfekten Schlag zufriedengebe: direkt auf die Fahne zu, der Ball nur ein wenige Zentimeter vor oder hinter dem Loch. Bei drei Meter Abstand war er nicht gut genug. Ich machte ihm klar, daß sein Ziel für einen Golfer mit Handicap 24 viel zu hoch gesteckt sei. Selbst Turnierspieler würden nicht erwarten, den Ball jedesmal so nahe ans Loch spielen zu können.

Wir einigten uns darauf, daß es schon ausreiche, wenn er auf dem Grün den Ball mit einem Putt einlochen könne, und legten einen Zielradius von einer Putterlänge um das Loch.

Das war nun Berts neues Ziel. Wir gingen diesen Prozeß noch einmal durch und bewegten uns immer weiter vom Grün weg. An jeder neuen Position legten wir ein realistisches Ziel fest, und ich bestand darauf, daß Bert sich dafür Lob spendete, wenn er das Ziel erreichte. Ein „Ja, aber..." akzeptierte ich nicht. Zwischendurch übte Bert, ohne sich ein Ziel zur Orientierung gesetzt zu haben, also ohne zu schauen, wo seine Bälle hinflogen. Er machte einfach einen Schlag nach dem anderen, fühlte sich in den Schwung hinein – und die Bälle landeten regelmäßig auf dem Grün, seinem Ziel.

Bert hatte Schwierigkeiten, sich ein positives Feedback zu geben, und er fiel in allen Bereichen des Spiels immer wieder in alte Verhaltensmuster zurück, bis ich seine Aufmerksamkeit wieder auf das lenkte, was er gerade tat, und ihm dabei half, sich genaue, realistische und meßbare Ziele zu setzen. Am nächsten Tag kamen wir dahinter, warum Bert sich beim Golf immer wieder auf Versagen programmierte: Diese Denkweise hatte viele Jahre sein Berufsleben bestimmt. Das wurde deutlich, als er uns das Motto seiner Firma verriet:

„Was nicht perfekt ist, ist nicht wert, getan zu werden!"

Das Wesentliche an diesem Training war, daß Bert damit begann, persönliche Erfolge zu erfahren und anzuerkennen.

Wenn Sie auf jedes Erfolgserlebnis mit „Ja aber…“ reagieren, wird Ihnen Golf sicherlich nicht viel Freude bringen.

Wir alle sind fähig zu selektiver Wahrnehmung; es ist nur eine Frage, worauf Sie sich konzentrieren wollen. Wenn Sie den Golfplatz verlassen und nur darüber nachdenken, wie Sie *hätten* spielen können, wie viele Putts und Abschläge danebengingen, dann haben Sie definitiv beschlossen, sich nur auf die negative Seite der Runde zu konzentrieren. Ihr Gehirn registriert das als die *ganze* Runde, und nur das bleibt Ihnen als Erinnerung an das Spiel.

Wenn Sie sich statt dessen an die gelungenen Schläge erinnern, an die eingelochten Putts, registriert das Gehirn Freude und speichert diese Erinnerung, um sie wieder aufzurufen, wenn Sie das nächste Mal ans Golf denken.

Wenn Sie auf jedes Erfolgserlebnis mit „Ja aber…“ reagieren, wird Ihnen Golf sicherlich nicht viel Freude bringen.

Wenn nur perfekte Schläge zählen, werden Sie die guten Schläge sabotieren oder womöglich nicht einmal erkennen.

Ich habe beim Golf Lehrgeld gezahlt und gelernt, daß der Versuch, das Spiel als Perfektionist zu betreiben, nur zu einem führt – Enttäuschung!

In Jack Nicklaus‘ Buch *Golf My Way* las ich, daß er seiner Meinung nach bei einer außergewöhnlich guten Golfrunde nur 60% der Schläge perfekt gespielt habe. Da wurde mir klar, daß ich mir für mein Spiel die falschen Ziele gesetzt hatte.

Wie sehen Sie sich lieber: nach Perfektion strebend, frustriert, verärgert und nie zufrieden – oder jeden Schlag als Chance zum Lernen, Wachsen und zur Entfaltung Ihrer Fähigkeiten betrachtend, in angenehmem Tempo, als glücklicher und entspannter Golfer?

Die Zwiebel und der Diamant

Ich lehre ein Konzept in meinen Kursen, das mir selbst im Leben viel weitergeholfen hat – eine Form der Selbstbetrachtung, die uns hilft, mit Mißerfolgen umgehen zu lernen und Erfolge zu würdigen wissen. Es ist ein simples Gedankenspiel, und wie bei jedem anderen Konzept können wir es übernehmen oder auch nicht. Oftmals sind unsere Überzeugungen wenig hilfreich, dieses Konzept jedoch sicherlich.

Vergleichen wir einmal einen Menschen mit einer Zwiebel, die einen schönen Diamanten in ihrem Kern birgt. Der Diamant ist umgeben von den Schichten der Zwiebel und ihrer Schale.

Der Diamant repräsentiert unser gesamtes Potential als menschliche Wesen: jener perfekte Golfschlag letztes Jahr, der uns immer wieder auf den Platz holt; Das *wunderschöne* Gedicht oder die Zeichnung, die wir gemacht haben. Die Zwiebelschalen sind die Barrieren, die unser Potential daran hindern, zutage zu treten: zum Beispiel die Gedanken daran, was andere wohl von uns halten, die Angst vor dem Versagen oder dem Erfolg, hemmende Vorstellungen und Selbstbeurteilungen, Urteile über andere, die innere Abhängigkeit vom Resultat einer Handlung, negative Programmierung und herabsetzende Selbstbilder. Manchmal leuchtet unser wahres Potential durch die Schichten, und wir schlagen einen prachtvollen Ball, manchmal blockieren uns die Schalen der Zwiebel, und der Schlag geht daneben.

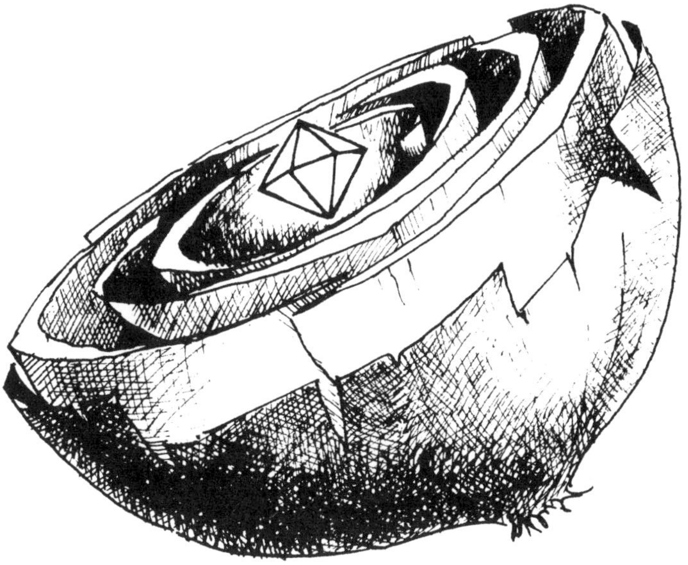

Wenn wir dieses Bild mit auf den Golfplatz nehmen, können wir uns bei jedem mißlungenen Schlag fragen: „O. K., welche Schicht der Zwiebelschale hat mich jetzt daran gehindert, so zu schlagen, wie es meinem eigentlichen Können entspricht?“ – statt sauer oder nervös zu werden oder zu denken, daß unser Schwung verlorengegangen ist und wahrscheinlich für den Rest des Tages nicht wiederkommt.

Wenn wir einen tollen Schlag abliefern, neigen viele von uns zu dem Gedanken: „Oh, das war ein Versehen. Das war eigentlich nicht ich.“ Wie würden Sie sich fühlen, wenn Sie Ihre Gedanken abwandeln und stattdessen die Überzeugung gewinnen, daß bei diesem Schlag Ihr wahres Können durch die Zwiebelschichten aufleuchtete? Es ist immer da und wartet nur darauf, freigelegt zu werden. Dieser Gedanke läßt uns die Freude an guten Schlägen, läßt sie uns als Teil von uns annehmen und von den weniger guten Schlägen lernen, indem wir ihre Ursache identifizieren.

Dieses Bild hilft uns, auf dem Golfplatz mehr Gelassenheit zu entwickeln. Unsere Schläge, die guten wie die mißlungenen, berühren uns nicht mehr so stark. Unser Gefühlspendel schlägt nicht mehr so extrem aus und gibt uns größere Beständigkeit über 18 Löcher.

Die Teilnehmer an meinen Kagami-Kursen haben manche der Zwiebelschalen so beschrieben: „Ich muß weit schlagen“, „Ich muß diesen tollen Schlag gleich wiederholen“, „Ich habe ein schlechtes Gefühl im Schwung“, „Mein Partner stört mich“, „Die Spieler hinter mir setzen mich unter Druck“, „Ich kann nicht Putten“, „Mangel an Vertrauen in meinen Schwung“, „Ich kann nicht übers Wasser spielen“, „Ich komme fünf Minuten vor meiner Startzeit am Golfplatz an“, „Ein tief verwurzelter Schwung, der nicht funktioniert“, „Ich kann nicht spielen, wenn's kalt ist“, „Am ersten Abschlag mache ich mich hoffentlich nicht zum Narren“, „Ich brauche körperliche Kraft, um den Ball weit zu schlagen“, „Meine Erwartungen waren zu hoch gespannt“, „Ich bin zu alt“, „Meine Handgelenke sind zu

Ihr wahres Können ist immer in Ihnen und wartet nur darauf, freigelegt zu werden.

schmal“, „Meine Ziele sind zu hoch gesteckt“, und „Ich erinnere mich nur an die schlechten Schläge.“

Wie pellen wir die Schalen der Zwiebel ab?

Antwort auf diese Frage kann Ihnen dieses Buch geben.

Schärfen Sie Ihre Wahrnehmung in bezug auf die vorherrschenden Zwiebelschalen Ihres Golfspiels, und suchen Sie sich dann eine Kagami-Übung, um sie zu beseitigen.

Zu den wichtigsten Zwiebelschichten zählt unser Selbstbild als Golfspieler. Noch nie ist mir ein erfolgreicher Golfer begegnet, der ein schwaches Selbstbild in bezug auf seine Fähigkeiten besessen hätte. Das nächste Kapitel befaßt sich mit der Beseitigung dieser Zwiebelschicht.

III

13. Überzeugung, Selbstvertrauen und Selbstbild

Der Durchbruch

▼

Falsches Selbstvertrauen

▼

Gedachtes wird wahr

III

Einsicht ins Selbst

„Wir führen unser Leben nach einem Bild, das wir von uns selbst und unserem Selbstwert haben – in einem von uns selbst errichteten Gefängnis.“

José Silva

13. Überzeugung, Selbstvertrauen und Selbstbild

Bitte nehmen Sie sich jetzt ein bißchen Zeit, und notieren Sie in Ihrem Kagami-Merkbuch einen Satz, der Sie als Golfer beschreibt.

Wie sehen Sie sich selbst als Golfspieler?

Wenn Ihnen diese Frage Schwierigkeiten macht, denken Sie an das letzte Mal, als Sie Golf gespielt haben, und lassen Sie einen Gedanken – ein Wort oder einen Satz – aufsteigen, der Sie als Golfer charakterisiert. Schreiben Sie das erste auf, was Ihnen in den Sinn kommt, ohne daran herumzukorrigieren.

Hier einige der Selbstbilder, die meinen Schülern eingefallen sind:

Ein glücklicher, entspannter Golfer; ein miserabler Golfer; ein Golfer, der sich bei Turnieren in der Konzentration sehr leicht stören läßt; ein sicherer Putter; ein unbeständiger Golfer; ein talentierter Golfer; ein nervöser Golfer; ein Golfer, der aus seinen Fehlern lernt.

Wenn Sie diese Übung gemacht haben, bewerten Sie den Grad Ihres Selbstvertrauens, den Sie gegenwärtig beim Golfspielen haben, mit einer Zahl zwischen 1 und 5. Dabei steht 1 für „kein Selbstvertrauen“, 5 für „absolutes Selbstvertrauen“, „2, 3 und 4 stehen für verschiedene Abstufungen dazwischen. Notieren Sie in Ihrem Merkbuch, wo Sie derzeit in jedem der folgenden Bereiche auf der Selbstvertrauensskala stehen:

- ☐ Selbstvertrauen als Putter;
- ☐ Selbstvertrauen als Chipper und Pitcher;
- ☐ Selbstvertrauen als Bunkerspieler;
- ☐ Selbstvertrauen im Gebrauch Ihrer Eisen;
- ☐ Selbstvertrauen im Gebrauch Ihrer Hölzer;
- ☐ Selbstvertrauen als Golfer allgemein.

Bitte machen Sie diese Einstufung, bevor Sie weiterlesen. Wir werden auf Ihre Bewertung im Laufe des Kapitels noch zurückkommen.

Woher kommt Selbstvertrauen?

Meiner Erfahrung nach haben wir Selbstvertrauen, wenn wir überzeugt sind, daß wir zu einer bestimmten Sache fähig sind. Diese Überzeugung beruht auf früheren Erlebnissen. Wenn Sie Tausende von Bällen gerade auf die Spielbahn geschlagen haben, werden Sie das Selbstvertrauen haben, daß Sie es wieder tun können. Wenn Sie nur bei 20% Ihrer Abschläge auf den Fairway gekommen sind, dann wird Ihnen beim nächsten Abschlag vielleicht das Zutrauen fehlen, den Ball auf den Fairway zu bringen. Blutige Anfänger, die mit Selbstvertrauen zum Golf kommen, können normalerweise auf frühere Erfahrungen im Sport zurückgreifen: sie stärkten ihre Überzeugung, eine Sportart ohne große Mühe erlernen zu können. Der Golfanfänger mit geringem Selbstvertrauen ist meist davon überzeugt, daß er nicht sehr sportlich ist, und hat deshalb ein mangelhaftes Selbstbild hinsichtlich seiner Fähigkeit, dieses Spiel zu erlernen.

Als ich zum ersten Mal auf Skiern am Berg stand, besaß ich enorme Zuversicht, schnell Ski laufen zu lernen.

Warum?

Weil ich mich damit befaßt habe, wie Menschen lernen und mit Golfanfängern viele Erfahrungen gemacht habe, die das bestärkten und meine Überzeugung festigten, daß man mit der Kagami-Methode einen Sport ohne Mühe und schnell erlernen kann. Und ich wußte auch, daß ich einen besseren Kontakt zur natürlichen Lernfähigkeit meines Geistes hatte als je zuvor; also würde es mir keine Mühe machen und sehr viel Spaß bringen.

Alan, mein Partner, ist davon überzeugt, daß er ein sehr guter Putter ist – und das ist er auch.

Er hat ein enormes Vertrauen in seine Fähigkeit, einen Putt aus einem Meter Entfernung einzulochen, und es schadet seinem Selbstvertrauen auch nicht, wenn es ein- oder zweimal nicht klappt; das schreibt er dann einfach seinem Mangel an konzentrierter Aufmerksamkeit zu, oder daß er das Grün nicht richtig gelesen hat.

Wie können wir dieses Selbstvertrauen entwickeln, wenn es nicht schon von Anfang an besteht?

Alan hatte die Gewißheit besessen, das Zeug zu einem guten Putter zu haben. Er überzeugte seinen Intellekt davon, die nötigen mentalen und physischen Fähigkeiten erwerben zu können. Er entwickelte eine erfolgreiche Übung, zuerst für kurze Putts, und setzte sich erreichbare Ziele. Als er mit dieser Technik Putts aus einem Meter Entfernung einlochen konnte, vergrößerte er die Distanz auf eineinhalb Meter und machte es wieder so. Als auch bei dieser Entfernung sein Selbstvertrauen groß genug war, ging er zu Putts aus zwei Metern Distanz über, immer mit der gleichen mentalen Routineübung und dem gleichen Schwung.

Er stellte sein Denksystem von einem Tag auf den anderen um, was sein Selbstbild als Putter beeinflußte und das Vertrauen in seine Fähigkeiten stärkte. Heute ist er absolut davon überzeugt, ein guter Putter zu sein. Hätte er es nicht geschafft, seinen Intellekt davon zu überzeugen, wäre diese Information nie in sein Unterbewußtsein vorgedrungen.

Mangelndes Selbstvertrauen und ein negativ geprägtes Selbstbild können das Ausschöpfen Ihres Potentials als Golfspieler sehr erschweren. Das gilt für Anfänger wie für Spitzenspieler. Wie José Silva sagt: „... ein uns selbst errichtetes Gefängnis." Betrachten wir diesen Prozeß einmal genauer, soweit er uns Golfspieler angeht.

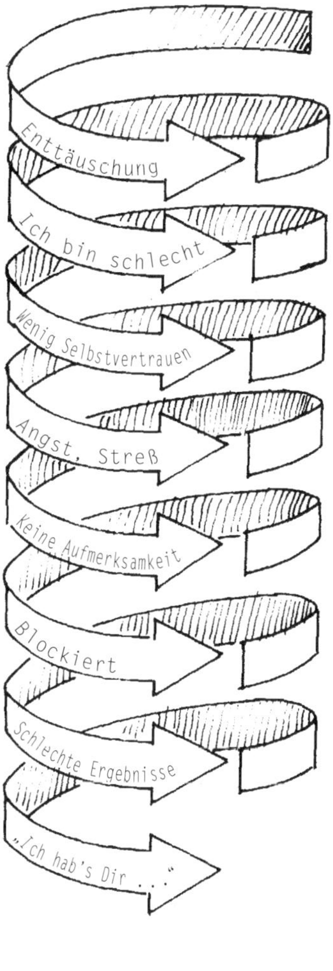

Häufiges negatives Selbstbild: Negative frühere Erfahrungen – die Überzeugung: „Ich bin nicht gut" – mangelndes Selbstvertrauen – unrealistische oder fehlende Zielsetzungen – Unbehagen, Angst, Streß, ohne konzentrierte Aufmerksamkeit bei der Sache – natürliche Fähigkeiten sind blockiert – schlechte Ergebnisse – die verstärkte Überzeugung, daß man nicht gut ist: „Ich hab's dir ja gesagt!"

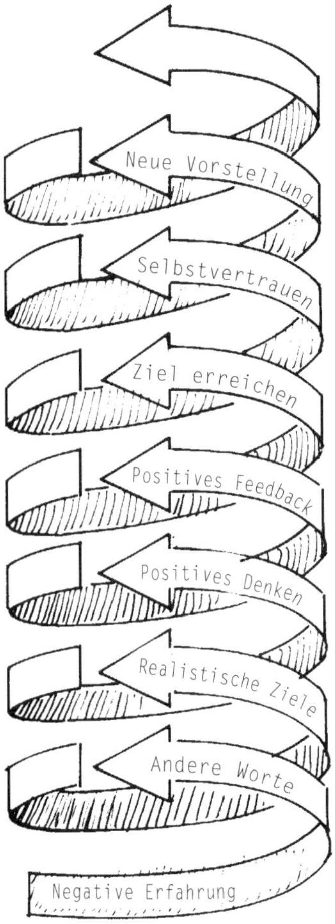

Weg zu einem neuen Selbstbild: Negative frühere Erfahrungen – andere Worte benützen, fröhliche Bilder schaffen – sich leicht erreichbare Ziele setzen – positive Programmierung des Unterbewußtseins – Erreichen des Ziels – positives Feedback – Selbstvertrauen nimmt zu – neue Vorstellungsstrukturen schaffen.

Geschärfte Wahrnehmung ist schlechthin der erste Schritt zur Veränderung von Denkmustern und negativen Selbstbildern. Wenn man nicht erkennt, daß man in einem selbstgebauten Gefängnis sitzt, wird man sich auch nicht nach Fluchtwegen umsehen.

Wenn man nicht erkennt, daß man in einem selbstgebauten Gefängnis sitzt, wird man sich auch nicht nach Fluchtwegen umsehen.

Der Durchbruch

Das war auch so bei Georg, einem sehr schlanken, aber kräftigen Mann, der ziemlich deprimiert zu meinem Kurs kam. Obwohl er nur sechsmal in seinem Leben Golf gespielt hatte, besaß er aufgrund der negativen Erfahrungen, die er dabei jedesmal gemacht hatte, ein mangelhaftes Selbstbild als Golfer. Überzeugt von seiner Unsportlichkeit, wollte er sich noch eine letzte Chance geben und herausfinden, ob er für Golf geeignet sei oder ob er sich besser einer anderen Sportart zuwenden sollte.

Er erzählte von seinen bisherigen Golferfahrungen, und es wurde deutlich, daß das negative Selbstbild auf viel zu hoch gesteckten Zielen beruhte – weit entfernt von seiner „Wohlfühlzone". Er hatte nicht eine einzige Grundbewegung ausreichend trainiert, als er sich schon an Matches mit seinen Golffreunden wagte. Konsequenterweise hatten sich zahlreiche Fehler in seinem Schwung verankert, begleitet von einer ganzen Reihe von Ausgleichsbewegungen.

Georg würde sich mit diesem Schwung keine solide Basis schaffen können; deshalb begann ich mit ihm fast am Nullpunkt und half ihm dabei, eine völlig neue Bewegung einzuüben.

Zuerst ging es nur langsam vorwärts, weil Georg so wenig Selbstvertrauen hatte. Er wollte anfangs einfach nicht glauben, daß es keiner „Anstrengung" bedarf, um dem Muskelgedächtnis eine Bewegung einzuprogrammieren. Am ersten Tag fühlte er sich bei mit halber Kraft geschlagenen Schwüngen gut. Die Bälle flogen mit einem Eisen 7 zwar nur etwa 50 Meter weit, doch im Training lernte er sehr viel über die Kagami-Prinzipien und fing an, sich selbst besser zu verstehen.

Der Schwung, den er einprogrammierte, war technisch sehr gut; es fehlte ihm jedoch an Überzeugung und Selbstvertrauen, und damit brachte das Schlägerblatt nicht das richtige Tempo. Den folgenden Nachmittag hielt ich für günstig, Georg zu helfen, ein neues Selbstbild in sein Golfspiel zu integrieren. Der neue Schwung sah gut aus, und Georg fühlte sich bei der Bewegung sehr wohl, aber sie war noch recht unsicher.

Ich hatte vorher von Georgs Künsten als Tischtennisspieler erfahren, und so fragte ich ihn, wie er sich aufstellen würde, wenn er sein bestes Tischtennis spielen wolle. Dann bat ich ihn, den Golfball mit den gleichen Gefühlen wie beim Tischtennis zu schlagen – mit Selbstvertrauen, kraftvoll, mühelos.

Es war verblüffend, wie schnell sich Haltung und Schlagtechnik änderten. Georg schlug Ball für Ball mit absolut sicherem Schwung, mindestens über die doppelte Distanz wie zuvor. Nach zehn ausgezeichneten Schlägen in Folge schaute er uns ungläubig an und sagte: „Was ist mit mir passiert? Wer schlägt hier den Ball?"

Nun, es war Georg, der den Ball schlug – aber mit einem völlig anderen Selbstbild als vorher; das war der Grund, warum ihm so rasch eine so augenfällige Verbesserung gelang.

Erst als Georg sein Selbstbild als Golfer geändert hatte und rückblikkend erkennen konnte, welchen Einfluß seine früheren Erfahrungen besaßen, konnte er verstehen, was sein Golfspiel beeinträchtigte. Georg hatte seine Physis verändert und damit auch seine mentale Verfassung – eine „Injektion" mit Selbstvertrauen. Mit dieser Methode werden wir uns in einem der folgenden Kapitel noch eingehender befassen.

Der springende Punkt ist, daß Georg eine Kagami-Übung einsetzte, um seine mentale Verfassung zu verändern, daß sich dadurch seine Technik – ohne eine einzige technische Anweisung im Kopf – enorm verbesserte.

Vielleicht besitzen Sie viel Selbstvertrauen als Golfer, sind aber in einem Bereich Ihres Spiels etwas schwach. Oder Sie fühlen sich so lange selbstbewußt, bis ein Turnier ansteht – dann verlassen Sie Ihre „Wohlfühlzone", und die Angst gewinnt die Oberhand. Es fällt Ihnen schwer, sich gut zu konzentrieren, Ihr natürlicher Schwung ist blockiert, der Score enttäuscht.

Warum? Vielleicht haben Sie in der Vergangenheit schlechte Erfahrungen gemacht, was Ihr Selbstvertrauen bei Turnieren schwächt. Oder Sie setzen sich Ziele, die im Verhältnis zu Ihrem Selbstvertrauen zu hoch sind. Das allein würde schon ausreichen, um den Grundstein für ein negatives Selbstbild zu legen.

Falsches Selbstvertrauen

Erst vor kurzem habe ich den wahren Grund erkannt, warum ich in den vier Jahren der Teilnahme an der Europäischen Tour mein Potential nicht voll entfalten konnte. In meiner Amateurzeit besaß ich großes Zutrauen zu meinem Golfspiel. Ich verbesserte mich rasch und wechselte nach nur sieben aktiven Jahren ins Profi-Lager, mit einem Handicap von 3. Im ersten Jahr hatte ich keine großen Erwartungen, fühlte mich durch meine Ziele nicht zu sehr unter Druck gesetzt, hatte eine Menge Spaß und lernte viel.

Im zweiten Tour-Jahr fing ich an, mir wesentlich höhere Ziele zu setzen. Jetzt war es an der Zeit, Turniere zu gewinnen, die „Probezeit" war vorbei! Damals erkannte ich nicht, daß mein Grad an Selbstvertrauen nicht meinen Zielen entsprach. Mein wahres Selbstbild als Golfer war zu jener Zeit noch nicht so weit entwickelt, daß ich an den Sieg bei Turnieren glauben konnte. Auf dem Platz schlüpfte ich in ein falsches Selbstbild: äußerlich zuversichtlich, entspannt und ruhig, darunter viel Streß. Nur sehr wenige Menschen wußten davon; meine Mitspieler bemerkten sogar oftmals, wie entspannt und voll Selbstvertrauen ich auf dem Platz wirke.

Es war verblüffend, wie schnell sich Haltung und Schlagtechnik änderten.

Das Problem war, daß ich mir selbst und auch den anderen etwas vormachte. Ich paßte meine Ziele dem falschen Selbstbild an, nicht dem wirklichen Grad an Selbstvertrauen. Folglich blockierte der Streß, den die zu hoch gesteckten Ziele auslösten, mein Potential, die Ergebnisse verschlechterten sich. Es schien keinen Unterschied zu machen, wieviel ich trainierte: Auf dem Golfplatz konnte ich meinen Intellekt nicht zum Schweigen bringen. Je höher die Ziele, desto lauter das negative Geplapper im Kopf.

Ich geriet in den Teufelskreis von negativen Vorstellungen und geringem Selbstvertrauen. Hätte ich damals gewußt, was ich heute weiß, wäre meine Golferkarriere vielleicht ganz anders verlaufen.

„Worte sind die stärkste Droge, die der Mensch einsetzt."

RUDYARD KIPLING

In meinem Fall lösten die gesteckten Ziele Angst und Streß aus, weil ich mir meines wahren Selbstver-

Der Geist kann auch anderes anpacken, als was er hervorgebracht hat.

trauens nicht bewußt war. Alles, was mir damals beim Golfspielen passierte, war eine Folgeerscheinung dieses grundlegenden Fehlers. Ich programmierte meinem Unterbewußtsein eine Menge Positives ein, ich marschierte die Spielbahnen hinunter, als ob ich selbstsicher wäre –: all das tat ich, ohne mir realistische Ziele zu setzen.

Die Veränderung von Worten und Gedanken ist ein sehr wichtiges Element, um einen Teufelskreis verlassen zu können. *Ich bin überzeugt, daß die Worte, die wir im Alltagsleben verwenden, unsere Gedanken und die Art, wie wir uns selbst wahrnehmen, darüber entscheiden, wie wir unseren Alltag erleben und was wir erreichen.*

Gedachtes wird wahr

„Es ist ein medizinisches Faktum: ... das Unterbewußtsein produziert nur Dinge, die seiner Programmierung entsprechen. Es trägt dazu bei, die Realität, auf die es programmiert ist, zu verwirklichen."

DICK SUTPHEN

Wenn man, sagt Sutphen weiter, niemals einen negativen Gedanken hat, kann man auch nichts Negatives tun. Demnach kann der Geist auch anderes anpacken, als was er hervorgebracht hat. Das ist doch eine gute Nachricht!

Beschäftigen wir uns einmal kurz mit unseren Worten und Gedanken. Wenn Sie sich selbst als Computer sehen, dann geht alles, was Sie sagen oder denken, in Ihren unterbewußten Datenspeicher und wird als *Wahrheit* gespeichert.

Wenn Sie jedesmal, sobald Sie einen Golfschläger in die Hand nehmen, den Gedanken pflegen: „Dieses Spiel ist so schwierig", dann wird Ihr Computer sein Bestes geben, um ihn zu bestätigen! Wenn Sie sich bei einem Schlag, der Ihren hohen Erwartungen nicht gerecht wird, sagen. „Du bist wirklich ein unmöglicher Golfer; du kriegst ja den Ball nicht mal mit einem einfachen Eisen aufs Grün!", dann wird Ihr Computer alles tun, damit Sie sich als unfähiger Golfspieler fühlen. Ihr Selbstvertrauen als Golfer wird darunter leiden. Wenn Sie andererseits jeden guten Schlag gebührend würdigen und sich sagen, was für ein guter Golfer Sie sind, wird Ihr Computer ebenso problemlos alles tun, damit Sie sich als guter Golfer fühlen und verhalten.

Deshalb ist das Bild von der Zwiebel und dem Diamanten so nützlich für Ihr Golfspiel. Ein guter Schlag war dann kein „Zufall", es war Ihr wahres Potential – der Diamant, der durchschimmerte. Ein schlechter Schlag war nur die Zwiebelhaut – ein negativer Gedanke oder ein zu hoch gestecktes Ziel –, die den Diamanten verdeckte. Ihr wahres Können war nie verlorengegangen, es war nur für die Dauer des Schwungs verborgen. Dieses Bild läßt Sie die guten Schläge anerkennen und aus den schlechten lernen.

Zu den wichtigen Elementen der Kagami-Methode gehört, daß Golfer ihre Schwächen zu verstehen beginnen, um auf dem Golfplatz schnell und effektiv damit umgehen zu können. Dazu müssen Sie sich selbst ein realistisches und genaues Feedback geben. Wenn Sie aus jedem Schlag lernen, sei er gut oder schlecht, werden Sie Ihren Schwung sehr schnell beherrschen.

Bestimmt standen Sie schon einmal vor einem kurzen Putt, den Sie normalerweise problemlos eingelocht hätten, und haben irgendeinen negativen Gedanken gehabt wie etwa: „Ich bin nicht sicher, ob ich die richtige Linie habe!" oder: „Dieser Putt ist wichtig, hoffentlich geht er nicht daneben!" Solche Gedanken lassen den Ball meist nur zufällig ins Loch gehen; viel wahrscheinlicher ist, daß sich die Muskelspannung etwas verändert und Sie den Putt verschlagen.

Vergessen Sie nicht: Sie haben schon oft schlechte Gefühle erzeugt, indem Sie bestimmten Gedanken in Ihrem Kopf Raum gegeben haben. In Sekundenschnelle können Sie die Verhältnisse umkehren, indem Sie Ihrem Geist gute Gedanken eingeben und gute Gefühle schaffen.

Lassen Sie uns gleich jetzt damit anfangen, unsere Vorstellungen zu verändern, unser Selbstvertrauen zu stärken und damit auch unser Selbstbild zu verbessern. Ich werde mit Ihnen einen schrittweise aufgebauten Prozeß durchgehen, der Ihnen helfen wird, in diesem für Ihr Golfspiel elementaren Bereich Korrekturen vorzunehmen. Bitte führen Sie die einzelnen Schritte der Reihe nach aus, und notieren Sie sich die Erfahrungen, die Sie dabei machen.

Schritt 1: Verbesserung der Wahrnehmung Ihrer Gedanken

Bitte nehmen Sie bei den nächsten zwei Golfrunden das Kagami-Merkbuch mit auf den Platz und notieren Sie *jeden* negativen *Gedanken* und *jede* negative *Äußerung*, sei es ein Wort oder ein Satz, sei es über sich selbst oder über andere auf dem Platz.

Denken Sie daran, daß auch ein „Ja, aber..." als negativ zählt. Schummeln Sie nicht, indem Sie sich sagen, daß Sie sich an Ihre Gedanken erinnern und sie später aufschreiben werden. Führen Sie das Merkbuch oder ein Stück Papier in der Jackentasche, damit Sie bequem Ihre Notizen machen können.

Sie werden vielleicht überrascht sein, wie viele negative Bemerkungen Sie während einer Runde Golf machen. Aber üben Sie deswegen *keine* Selbstkritik! Diese Übung wird Ihnen bewußter machen, was Sie auf dem Golfplatz denken und sagen.

Sie beginnen zu erkennen, welche Gefühle mit negativen Gedanken verbunden sind und wie es sich im Gegensatz dazu anfühlt, wenn Sie gute, positive Gedanken haben. Wenn ich kurz vor dem Schwung eine Reihe negativer Gedanken oder Vorstellungen im Kopf habe, kann ich keinen guten Schlag mehr machen. Das dadurch in meinem Körper ausgelöste Gefühl ist so unangenehm, daß es meine Konzentration stört.

Haben Sie diese Übung gemacht, werden Sie sehr motiviert sein, Ihr Verhaltensmuster zu ändern.

Schritt 2: Entwerfen Sie ein neues Selbstbild

Ich hatte Sie am Anfang dieses Kapitels gebeten, in einem Satz zu beschreiben, wie Sie sich als Golfer sehen. Schreiben Sie diesen Satz jetzt so um, daß er ausdrückt, wie Sie sein *möchten.* Wenn Sie sich nicht zurückhalten, sondern jedes Golfer-Selbstbild haben könnten, das Sie sich wünschen – wie würde es aussehen? Vielleicht möchten Sie ein selbstsicherer, glücklicher und erfolgreicher Golfer sein, statt ein nervöser. Vielleicht möchten Sie ein leistungsstarker, begeisterter und dynamischer Spieler sein, statt ein unkonzentrierter und langsamer.

Wenn Sie aus jedem Schlag lernen, sei er gut oder schlecht, werden Sie Ihren Schwung sehr schnell beherrschen.

Schritt 3: Die neue Jacke

Jetzt werden wir dieses neue Selbstbild „anprobieren", so als würden wir es uns wie eine Jacke überziehen. Stellen Sie sich vor, es gäbe im Golfclub einen besonderen Spind, in dem diese schöne Jacke hängt. Immer

Unsere Angewohnheiten sind die Kleidungsstücke unserer Persönlichkeit. Wir besitzen sie, weil sie uns passen!

MAXWELL MALTZ

wenn Sie diese Jacke anziehen, werden Sie zu dem Golfer, den Sie eben beschrieben haben – Ihrem idealen Selbstbild.

Diese Zauberjacke läßt Ihre Träume wahr werden, und Sie nehmen die Emotionen, Gefühle und Gedanken dieses neuen Ichs an. Das manifestiert sich vielleicht noch nicht bei den Spielergebnissen, aber die Einstellung, das Verhalten und Ihr Selbstbild lassen sich im Bruchteil einer Sekunde ändern. Mit diesem neuen Selbstbild sind nur gute, freudige und positive Gedanken verbunden. Tragen Sie diese Zauberjacke bei Ihrem nächsten Spiel, und achten Sie darauf, wie sie sich anfühlt. Wenn Sie bemerken, daß Sie wieder in die alte Gewohnheit der negativen Gedanken zurückfallen, dann tadeln Sie sich deshalb bitte nicht. Erinnern sich einfach in aller Freundschaft daran, daß Sie Ihre Zauberjacke tragen und führen Sie Ihre Gedanken wieder zu dem heiteren Selbstbild zurück, das die Jacke bewirkt.

Keine Selbstkritik! Weil sich sonst noch stärker verfestigt, was Sie beseitigen wollen. Wenn Sie innere Kämpfe über Ihre Gedanken führen, erzeugen Sie damit noch mehr negative Gedanken. Wir werden im nächsten Kapitel noch ausführlicher darüber sprechen.

Schritt 4: Bekräftigung Ihres neuen Selbstbildes

Schreiben Sie auf Karten kurze Sätze oder Wörter, die Sie an Ihr neues Selbstbild als Golfer erinnern. Plazieren Sie diese Karten an Stellen, die Ihnen gleich ins Auge fallen, so daß Sie sie mindestens zweimal am Tag sehen, also am Badezimmerspiegel, im Auto, im Büro. Jedesmal, wenn Sie diese Karten sehen, sollen Sie ein Erlebnis visualisieren, die mit dem Selbstbild verbundenen Emotionen spüren, das geistige Bild deutlich sehen und die Geräusche hören, die dieses Erlebnis umgaben.

Bei ausreichender emotionaler Intensität und Wiederholung erlebt unser Nervensystem etwas als real – auch wenn es noch nicht geschehen ist.

Schritt 5: Setzen Sie sich neue, hilfreiche Ziele

Setzen Sie sich Ziele, die in realistischem Verhältnis zu Ihrem tatsächlichen Selbstvertrauen sind, und zwar für jeden Schlag, für jedes Loch und für jede Runde Golf. Dazu müssen Sie absolut ehrlich mit sich sein. Sollte das bedeuten, daß Sie ein paar Monate lang keine Turniere spielen, *dann tun Sie es.* Vielleicht möchten Sie eine Weile nur lockere Schwünge durch ein Tee, ohne Ball, machen, das ist ganz okay.

Auf das Chipping Green zu gehen und kurze Chip-and-run-Schläge zu machen ist auch eine gute Möglichkeit, um Selbstvertrauen zu gewinnen. Tun Sie was auch immer, um wieder den Punkt zu erreichen, wo Sie absolut sicher sind, daß Sie Ihr Ziel erreichen können. Erinnern Sie sich noch an die Übung mit dem Ball und dem Eimer? Als Sie eine Position gefunden hatten, wo Sie mit Sicherheit jeden Ball in den Eimer warfen, haben Sie in Ihrem Körper keine Angst mehr gespürt. Für jeden Menschen gibt es Ziele, die leicht erreichbar sind – innerhalb seiner „Wohlfühlzone". Finden Sie diesen Bereich für sich heraus und bleiben Sie darin, bis es Sie langweilt. Dann gehen Sie *langsam* zum nächsten Schritt über.

Spielen Sie nicht zuerst kurze Chips und nehmen dann gleich Ihren Driver! (Auch das habe ich schon erlebt, glauben Sie mir). Gehen Sie stattdessen zehn Meter zurück und schlagen Sie Pitches. Wird es Ihnen zu monoton, dann gehen Sie mit dem Pitching Wedge auf den Übungsplatz und machen dort ein paar Schläge mit Volldampf.

Arbeiten Sie sich langsam vor und bauen Sie mit jedem Schlag Ihr

Selbstvertrauen auf. Kommt eine Serie von schlechten Schlägen, sollten Sie mit dem Üben aufhören und eine Pause machen. Es könnte sein, daß Ihre Konzentration eine Zeitlang nachgelassen hat, daß Sie einfach etwas anderes tun sollten. Gehen Sie auf das Putting Green und üben Sie statt dessen Putts aus einem Meter Entfernung. Das stärkt das Selbstvertrauen.

Schritt 6: Die Gewohnheit der Selbstbestätigung

Schreiben Sie sich in den nächsten zwei Wochen jeden Abend kurz vor dem Zubettgehen zehn Dinge auf, die Sie an diesem Tag gut gemacht haben. Achten Sie darauf, daß wirklich zehn Dinge auf der Liste stehen. Es macht nichts, wenn zum Schluß auch Unwesentliches steht, wie „Ich hatte ein gutes Frühstück" oder „Ich habe einen Freund angerufen"; schreiben Sie zehn Dinge auf!

Machen Sie das zwei Wochen lang jeden Abend und überprüfen Sie, ob sich Ihre Einstellung, Ihre Überzeugungen geändert haben. Vielleicht werden Sie diese Übung beibehalten wollen. Mir selbst hat sie sehr geholfen, mein Selbstbild zu verbessern und mein Selbstvertrauen zu stärken (nach Chérie Carter-Scott).

Schritt 7: Visualisierungsübung – Der blaugerahmte Spiegel

Machen Sie die folgende Visualisierungsübung so oft wie möglich, mindestens einmal pro Woche, besser noch jeden Tag:

Setzen Sie sich bequem hin, den Rücken abgestützt, die Beine nebeneinander, beide Füße auf dem Boden. Schließen Sie die Augen, atmen Sie ein paarmal tief durch und lassen Sie Ihren Körper sich völlig entspannen.

Wandern Sie durch jede Muskelgruppe im Körper, von den Zehen bis zu den Augenlidern, und entspannen Sie aktiv jeden Bereich, indem Sie sich vorstellen, daß die Spannung wie

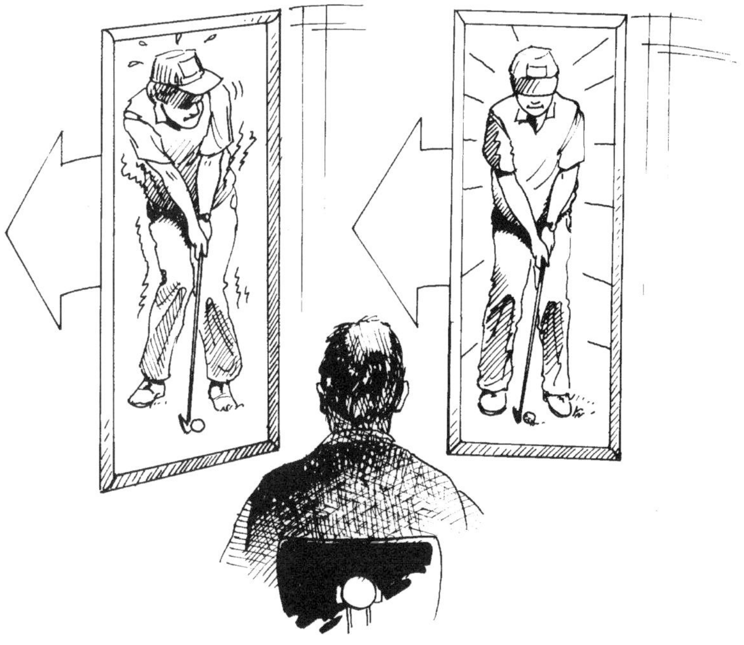

Wasser aus dem Körper fließt. Stellen Sie sich vor, daß das Wasser durch den Körper, die Beine hinunter zu den Füßen und in den Boden fließt.

Visualisieren Sie nun einen blau gerahmten Spiegel. In diesem Spiegel sehen Sie ein Bild von sich selbst, wie Sie mit Ihrem alten Selbstbild Golf spielen. So, wie Sie es am Anfang des Kapitels beschrieben haben.

Betrachten Sie sich einen Augenblick von „außen", und schieben Sie den blau gerahmten Spiegel dann zur linken Seite Ihres Blickfeldes, bis er verschwindet. Bringen Sie jetzt von rechts einen weiß gerahmten Spiegel ins Blickfeld. In diesem Spiegel sehen Sie ein Bild von sich selbst, wie Sie mit Ihrem neuen Selbstbild Golf spielen. Betrachten Sie sich einen Augenblick in einer bestimmten Szene, etwa bei einem Turnier oder einer Runde Golf mit Freunden. Dann steigen Sie in den Spiegel und werden Sie selbst, so daß Sie jetzt mitten in der Szene sind, auf dem Golfplatz herumschauen und Ihre Mitspieler sehen, sofern Sie welche haben, und spielen Sie mit den Gefühlen Golf, die mit Ihrem neuen Selbstbild verbunden sind. Nehmen

Bei ausreichender emotionaler Intensität und Wiederholung erlebt unser Nervensystem etwas als real – auch wenn es noch nicht geschehen ist.

Das Unterbewußtsein kennt keinen Unterschied zwischen einem realen und einem vorgestellten Erlebnis!

Sie alles um sich herum wahr, Ihre Mitspieler, den Platz, die Farben, das Wetter. Spüren Sie Ihren neuen Schwung, wie mühelos und harmonisch er ist, spüren Sie, wie groß Ihr Selbstvertrauen jetzt ist.

Wie marschieren Sie auf der Spielbahn? Wie fühlt sich das Gras unter Ihren Füßen an? Nehmen Sie die Geräusche wahr, die Sie hören können. Vögel, Wind in den Bäumen, Ihre Mitspieler, die sagen, wie unglaublich gut Sie spielen.

Nachdem Sie dieses Erlebnis ein paar Minuten lang ganz in sich aufgenommen haben, gehen Sie aus dem Spiegel heraus und betrachten sich wieder von außen, wie zuvor, nur daß Sie dieses Mal die sinnlichen Wahrnehmungen Ihrer Erfahrung mitnehmen, wie Sie mit diesem neuen Selbstbild Golf gespielt haben. Kommen Sie langsam wieder ins Zimmer zurück, und halten Sie die Bilder und audiovisuellen Eindrücke fest, die Sie im Spiegel erhielten. Wenn Sie das nächste Mal Golf spielen, schließen Sie eine Sekunde die Augen und gehen zu dem Erlebnis in dem weiß gerahmten Spiegel zurück. Vergegenwärtigen Sie sich dieses Erlebnis in Ihrer Vorstellung, und Ihr Unterbewußtsein wird keine andere Alternative haben, als es für Sie zu verwirklichen. *Das Unterbewußtsein kennt keinen Unterschied zwischen einem realen und einem vorgestellten Erlebnis!*

Es gibt noch etwas, das sich sehr negativ auf Ihr Selbstvertrauen auswirken kann, und das sind negative Urteile über Sie selbst und andere. Dieser Punkt ist so wichtig, daß ich ihm ein ganzes Kapitel gewidmet habe.

III

14. Das Zensurenspiel

Die Kunst des Nichtverurteilens

▼

Einfach „interessant“

▼

Der Urteilskübel

III

Einsicht ins Selbst

„Weder Gutes noch Schlechtes besteht, erst das Denken macht es dazu.“

William Shakespeare

14. Das Zensurenspiel

Es gibt sehr wenige Menschen auf dieser Welt, die über sich selbst und andere nicht urteilen – und diese wenigen sind meist spirituelle Menschen, die sich sehr weit entwickelt und von der „normalen“ Gesellschaft innerlich gelöst haben.

Jede Minute über alles mögliche Urteile zu fällen und „Zensuren“ zu verteilen, scheint ein unverzichtbares Element unseres Lebens zu sein. Wir beurteilen unser Essen danach, ob es gut oder schlecht schmeckt, wir beurteilen Modestile, Menschen, unsere Figur, unseren neuesten Haarschnitt – es nimmt kein Ende.

Manchmal jedoch geraten diese Urteile außer Kontrolle und gefährden unsere Lebensfreude. Sie können unsere Fähigkeit blockieren, zu lernen und zu wachsen und das Beste aus dem Leben zu machen. Solche Beund Verurteilungen sind meist von negativen Emotionen begleitet. Ich kann zum Beispiel eine Frau anschauen und das Kleid, das sie trägt, auf zweierlei Art beurteilen. Ich könnte zu einem Freund sagen: „Das rote Kleid mit den grünen Punkten, das die Frau dort trägt, steht ihr wirklich nicht, oder?“

Oder ich kann zu meinem Freund sagen: „Was für ein schreckliches Kleid die Frau anhat! Es sieht unmöglich aus; sie muß wirklich einen schlechten Geschmack haben!“

Mit dem ersten Urteil ist keine negative Energie verbunden, es ist nur eine subjektive Beobachtung, daß das rote Kleid dieser Frau nicht steht – okay, das ist einfach Ihre Meinung, kein Problem, Sie haben ein Recht auf Ihre eigene Meinung. Wird Ihre Meinung aber zu einem Urteil mit negativer emotionaler Energie, dann fließt es über zu „diese Frau muß einen schlechten Geschmack haben, weil ihr Kleid mir nicht gefällt.“ Sie äußern jetzt also nicht nur eine subjektive Meinung zu dem Kleid, sondern auch Zweifel an der Persönlichkeit dieser Frau, nur weil sie gerade etwas trägt, was Ihnen mißfällt. Meiner Erfahrung nach schadet diese Art von Urteil *Ihnen selbst* mehr als sonstwem.

Bevor wir weitergehen, denken Sie bitte kurz darüber nach, ob Ihr Leben durch negative Urteile beeinträchtigt wird, und beantworten Sie einige Fragen in bezug auf Ihr Golfspiel in Ihrem Kagami-Notizbuch:

a) Wenn Sie sich selbst beurteilen, tun Sie es als objektiver Beobachter, oder ist mit den Urteilen eine emotionale Energie verbunden?

b) Wenn letzteres zutrifft, gibt es bestimmte Bereiche in Ihrem Spiel, über die Sie öfter urteilen als andere?

c) Fällen Sie auf dem Golfplatz emotionale Urteile über andere? Wenn ja, machen Sie ein paar Notizen über die Umstände, unter denen Sie das tun.

Wenn zum Beispiel Ihre Mitspieler laut sind, während Sie den Ball schlagen, oder etwas Negatives über den Zustand des Golfplatzes sagen, kritisieren Sie sie dann?

Was passiert, wenn man mit sich selbst „ins Gericht" geht? Schauen wir uns dazu einige Beispiele aus dem Golf an.

Wenn Sie bei einem Vierball-Lochspiel einen Ein-Meter-Putt verschlagen und Ihr Partner darauf gebaut hat, daß Sie einlochen, um das Spiel zu gewinnen, werden Sie sich vielleicht selbst mit Kritik überhäufen: „Du blöder Idiot, du hast dich einfach nicht genug auf diesen Putt konzentriert. Wann wirst du endlich lernen, wie man puttet. Du bist ein miserabler Putter!" Und jetzt fühlen Sie sich wirklich schlecht, Ihr Selbstvertrauen beim Putten ist noch um ein Stück gesunken, Sie fühlen sich gar als „schlechter Mensch".

Das alles nur, weil Sie einen Putt aus einem Meter Entfernung verschlagen haben!

In wenigen Minuten haben Sie eine Menge Energie für das „Ziel" eingesetzt, ein schlechter Putter zu sein. Ihr Unterbewußtsein muß Ihnen helfen, zu verwirklichen, was es für Ihr Ziel hält – schlecht zu putten! Es hat keine Wahl, es akzeptiert einfach, was Ihr Intellekt ihm als „wahr" vorgaukelt.

Sie marschieren bei einem Turnier zum ersten Abschlag, und es stehen viele Zuschauer hinter der Absperrung. Sie sind nervös und sehr darauf bedacht, sich nicht zu blamieren. Sie vergessen alles, was Sie über konzentrierte Aufmerksamkeit und Wahrnehmungsspiele gelernt haben, und fallen in Ihre alten Gewohnheiten zurück. Die alten Schwungfehler sind wieder da, der Ball fliegt in die Bäume. Sie ärgern sich so sehr über sich selbst, Ihre Fehlleistung ist Ihnen so peinlich, daß Sie wegschauen, bevor der Ball landet und den Abschlag so schnell wie möglich verlassen.

Die Folge: Sie haben nicht nur nicht gesehen, wo der Ball landete, sondern auch nichts über die mentalen oder körperlichen Fehler gelernt, die Sie machten. Das bedeutet, daß Sie beim nächsten Mal in der gleichen Situation den Fehler wahrscheinlich wiederholen werden. Ihre negative Selbstzensur ließ Sie ignorieren, wo der Ball gelandet ist: Gut möglich also, daß Sie den Ball unter den Bäumen nicht finden, was zwei zusätzliche Schläge bedeuten kann. Statt aus der Erfahrung zu lernen und zu verstehen, was passiert ist, haben Sie eine schlechte Erfahrung einprogrammiert.

Ihr Unterbewußtsein muß Ihnen helfen, zu verwirklichen, was es für Ihr Ziel hält – schlecht zu putten! Es hat keine Wahl, es akzeptiert einfach, was Ihr Intellekt ihm als „wahr" vorgaukelt.

Nehmen wir an, Sie haben den Ball in den Bäumen gefunden, weil ihn einer Ihrer Mitspieler beobachtet hat. Das Problem ist, daß Sie, immer noch mit der Selbstkritik befaßt, wegen des Abschlags immer noch verärgert und aufgeregt sind. Vielleicht entscheiden Sie jetzt übereilt, den Schlag aus den Bäumen zu spielen, obwohl es vernünftiger gewesen wäre, einen Schlag auszulassen und zu droppen. Der Ball geht noch weiter in die Bäume, Ihre Probleme werden noch größer. Sie beenden das erste Loch mit vier über Par, und der Rest der Runde ist ruiniert. Warum?

Hätten Sie sich beim ersten Abschlag besser konzentriert, wäre natürlich nichts von alledem passiert: Sie hätten sich drei Schläge oder mehr sparen können, wenn Sie sich nicht wegen des schlechten Schlages kritisiert und die dadurch ausgelöste Verärgerung und Frustration am Abschlag zurückgelassen hätten, statt sie auf den Fairway mitzunehmen. Sie haben *immer* die Wahl, worauf Sie Ihre Aufmerksamkeit richten; Sie können *entscheiden,* ob Sie sich auf die Vergangenheit oder die Zukunft konzentrieren und Ärger und Frustration in sich behalten, oder Sie können Ihre Gedanken beherrschen, die Aufmerksamkeit wieder auf die Gegenwart konzentrieren und alle mit der Vergangenheit verbundenen negativen Urteile loslassen.

Die Kunst des Nichtverurteilens

Ich möchte behaupten, daß es keinen Spitzenspieler auf der Welt gibt, der nicht die Kunst beherrscht, ganz im Jetzt zu bleiben und keine Urteile über die Vergangenheit oder Zukunft zu fällen.

Ich glaube, das ist eine der wichtigsten Fähigkeiten, die ein guter Spieler lernen kann.

Nehmen wir an, wir schlagen den Ball in einen Bunker, kritisieren uns sofort wegen des schlechten Schlages und fügen noch hinzu, daß wir „jetzt auch noch" einen Bunkerschlag machen müssen. Dadurch wird der Bunkerschlag mit negativer Energie verknüpft und eine ungünstige mentale Verfassung geschaffen – das läßt uns kaum Chancen, im Bunker einen guten Schwung zu finden.

Stellen Sie sich vor, was passiert, wenn man statt dessen sagt: „Oh, super, jetzt kann ich meine Bunkerschläge üben." Eine völlig andere Einstellung zu dem bevorstehenden Bunkerschlag wäre entstanden, unsere mentale Verfassung würde die bestmögliche Voraussetzung für einen guten Schlag schaffen.

Vielleicht merken Sie schon, wie ungünstig sich negative Urteile emotional und körperlich auf Sie auswirken. Wenn nicht, dann wird das anhand einer einfachen Übung deutlich. Bitten Sie einen Freund, ein Spiel mit Ihnen zu spielen. Sprechen Sie mit ihm zehn Minuten lang über negative Dinge, die um Sie herum passieren. Das ist im allgemeinen kein Problem; sollte Ihnen nichts mehr einfallen, bieten sich als Themen Kriege, Hungersnöte, das immer größer werdende Ozonloch und das Wetter an. Legen Sie viel emotionale Energie in Ihre Worte, erregen Sie sich richtig darüber, wie schlimm all diese Sachen sind. Achten Sie darauf, wie Sie sich hinterher fühlen.

Und jetzt sprechen Sie mit Ihrem Freund zehn Minuten lang über glückliche, schöne und aufregende Ereignisse in Ihrem Leben. Das kann alles das sein, was Ihnen Freude bereitet, Sie stolz gemacht oder das Gefühl gegeben hat, etwas geleistet zu haben. Sagen Sie zehn Minuten lang nichts Negatives, konzentrieren Sie sich nur auf positive, schöne Dinge. Merken Sie, daß Sie sich ganz anders fühlen? Wie wir im Kapitel „Die Kraft des Geistes" diskutieren werden, haben die Gedanken und Bilder, die wir im Kopf haben, eine *unmittelbare* Auswirkung auf unseren Stoffwechsel, auf die körperliche und mentale Verfassung. Sie verändern die Einstellung zu uns selbst, und wie wir uns in unserer Welt sehen.

Einfach „interessant"

Bei einem Training in Schweden machten wir ein paar Übungen, wie wir uns von solchen Urteilen lösen können, und Bengt, einer der Teilnehmer, merkte, daß seine großen Stimmungsschwankungen beim Golfspielen darauf beruhten, wie er sein Spiel beurteilte. Bengt hatte ein Handicap von 4 und eine große natürliche Begabung für dieses Spiel, tadelte sich aber stets, wenn er schlecht spielte, und das wirkte sich auf die ganze Runde negativ aus. Am nächsten Tag, als wir zusammen spielten, entschloß sich Bengt, als einzigen Kommentar „Interessant!" zu sagen, gleichgültig, wo der Ball landen und was ihm auf dem Golfplatz passieren würde. Sollte sein Ball im Rough landen, wird es einfach „interessant"; gelingt ihm ein Birdie, ist es auch „interessant".

Damit konnte Bengt die heftigen Stimmungsschwankungen abbauen, die er früher auf dem Golfplatz erlebt hatte. Als Bengt nur noch das neutrale Wort „interessant" äußerte, hat sein Intellekt schnell begriffen, daß er dem Flug des Balls keine starken Emotionen hinterherschicken mußte. Daß auch die guten Schläge keinen Überschwang der Gefühle auslösten, hatte einen Grund: Wenn er sich ein „Hoch" gestattete, so meinte er, müsse er auch die „Tiefs" in Kauf nehmen. Er bevorzugte jedoch ein emotionales Gleichgewicht.

Das ist auch die Methode der meisten Profis, und deshalb erkennt man bei ihnen bis zum letzten Putt auch nur sehr wenige Gefühlsregungen. Sie wollen sich durch übergroße Freude oder Zornesregungen nicht aus dem Gleichgewicht bringen lassen.

Björn Borg ist ebenso ein hervorragendes Beispiel. Er war einer der besten Tennisspieler seiner Zeit, und viele Menschen haben es der Tatsache zugeschrieben, daß er während des Matches seine Emotionen unter Kontrolle hatte und sich immer wieder in einen ruhigen, fast meditativen mentalen Zustand zurückversetzen konnte. Manche Menschen brauchen ein bestimmtes Maß an Begeisterung, um sich zu motivieren und konzentriert zu bleiben. Damit ist für mich klar, daß ein großes Quantum negativer Selbstbeurteilung destruktiv wirkt, und zwar bei jedem Menschen!

Der Urteilskübel

Eine kleine Übung hilft, um sich eine andere Reaktion auf die Schläge einzuprogrammieren. Sie kann sich enorm auf die Ergebnisse auswirken. Gehen wir zusammen auf das Chipping-Grün.

Erster Schritt: Suchen Sie sich eine Position nahe an einem Grün, von wo aus Sie verschiedene Chip-and-run-Schläge spielen können. Bevor Sie den ersten Schlag tun, visualisieren Sie, wie Sie alle negativen Urteile aus Ihrem Kopf nehmen, in einen Golfball projizieren und diesen wortlos in einen Eimer legen. Gehen Sie bitte *jedesmal* so vor, wenn Sie ein negatives Urteil im Kopf haben.

Zweiter Schritt: Machen Sie mit geschlossenen Augen kurze Chip-and-run-Schläge. Spielen Sie einfach einen Schlag nach dem anderen, *ohne* auch nur im geringsten zu schauen, wo die Bälle hingehen. Schauen Sie ihnen auch nach dem Schlag nicht nach. Sie werden schon nach einigen wenigen Schlägen feststellen, daß Sie völlig in der Bewegung Ihres Körpers aufgehen und Sie es überhaupt nicht interessiert, wo Ihre Bälle landen. Achten Sie darauf, ob Sie sich negativ beurteilen; wenn ja, projizieren Sie diese Gedanken in einen Ball und werfen ihn in den Eimer.

Dritter Schritt: Setzen Sie sich ein Ziel, das nicht zu schwierig, aber interessant ist; Sie könnten zum Beispiel auf einen Kreis um das Loch zielen, der den Durchmesser eines Mülleimers hat. Richten Sie sich für jeden Schlag aus, visualisieren Sie, wo der Ball landen soll, treffen Sie alle Vorbereitungen, schließen Sie jedoch kurz vor dem Rückschwung die Augen. Sie bleiben auch während des Schlages geschlossen, und danach öffnen Sie sie, um sich selbst ein Feedback zu geben, wo der Ball landete. Wohlgemerkt: Ich sagte *Feedback*, nicht *Beurteilung*.

Mit anderen Worten, beobachten Sie den Ball, bis er ausgerollt ist, und achten Sie genau darauf, wie weit entfernt vom Ziel er zum Liegen kommt. War es innerhalb des „Mülleimers"? Wenn nicht, wie weit davon entfernt? Beobachten Sie den Ball, bis er sich nicht mehr bewegt. Und achten Sie auf negative Beurteilungen!

Vierter Schritt: Spielen Sie die Chips mit geöffneten Augen, und achten Sie darauf, daß Sie das Stück Gras, auf dem der Ball lag, deutlich wahrnehmen. Sie werden immer noch genug Zeit haben, Ihren Ball auf die Fahne zurollen zu sehen und sich das nötige Feedback zu geben. Achten Sie auf den Unterschied zwischen Feedback und Beurteilung. Mit dem einen ist keine Energie verbunden, mit dem anderen Frustration, Ärger oder negative Energie.

Fünfter Schritt: Nehmen Sie diese Übung auf den Golfplatz mit, wenn Sie das nächste Mal spielen, und sagen Sie sich, wenn Sie sich bei einer negativen Beurteilung ertappen: „Danke, Kopf, aber Gedanken dieser Art sind überflüssig." Projizieren Sie die Beurteilung aus Ihrem Kopf hinaus.

Wenn Sie das bei jeder Art der Selbstkritik tun, wird sich Ihr Intellekt schließlich nicht mehr die Mühe machen, negative Urteile abzugeben; er wird begriffen haben, daß sie nicht mehr notwendig sind. Sie werden auf dem Golfplatz eine *andere Wirklichkeit* erschaffen – eine freudvollere, entspanntere und erfolgreichere.

III

15. Die Kraft des Geistes

Wozu sind wir fähig?

▼

Die Programmierung des Unterbewußtseins

▼

Wie wir die Wirklichkeit erschaffen

▼

Die Armbeugeübung

▼

Durchbruch durch die Überzeugungsmauer

III

Einsicht ins Selbst

„Jeder Gedanke ist eine Ursache – jede Tatsache ein Wirkung. Ändere dein Denken, und du änderst dein Schicksal."

15. Die Kraft des Geistes

Unsere Gedankenwelt, im Intellekt wie im Unterbewußtsein, macht uns zu dem, was wir sind, und wie wir uns in der Welt ausdrücken. Ich bin überzeugt, daß wir bewußt auf die Gedanken Einfluß nehmen können, die uns durch den Kopf gehen, und unser Unterbewußtsein zu besseren Leistungen umprogrammieren können.

Dick Fosbury, der berühmte Olympia-Goldmedaillengewinner im Hochsprung, erprobte schon vor 20 Jahren mentale Techniken. Er erfand den nach ihm benannten Flop-Stil im Hochsprung, der heute von den meisten Athleten gezeigt wird. Dick erzählte, wie er sich auf große Wettkämpfe vorbereitete:

„Ich entwickelte gedankliche Prozesse, um einen erfolgreichen Sprung zu wiederholen. Ich erschuf ein Bild, ‚fühlte' einen erfolgreichen Sprung – den vollkommenen Sprung, und entwickelte eine positive Einstellung, um den Sprung zu machen. Meinen Erfolg habe ich der Visualisierungstechnik zu verdanken." Dieser Mann hat die Kraft seines Unterbewußtseins erkannt und entdeckt, wie er sein Potential erfolgreich entfalten kann.

In den sechziger Jahren war diese Art des mentalen Trainings noch relativ unbekannt. Heute bedienen sich zahlreiche Spitzensportler solcher Techniken, um Körper und Geist zu trainieren und ihre Leistung zu verbessern. Amerikanische Sportpsychologen haben für diese mentalen Visiualisierungsprozesse einen Begriff geprägt: psychoneuromuskuläre Reaktion.

„Die Theorie besagt, daß der Erfolg mentaler Trainingsmethoden auf der Auslösung minimaler Muskelkontraktionen beruht, ähnlich denen eines körperlichen Trainings. Der Prozeß läßt vermuten, daß im Geist erzeugte Bilder elektrische Impulse an die Muskeln und Sehnen senden, um ein athletisches Ereignis einzuleiten." (Aus *The Journal of Sports Psychology, USA*)

Bis heute gelten diese mentalen Techniken als Domäne der Hochleistungssportler, egal in welcher Sportart. Dieses Buch soll einige dieser Techniken in leichtverständlicher Form vorstellen, um sie Golfern aller Spielstärken zur Verfügung zu stellen. Jedermann kann lernen, wie man das Denken trainiert, gleichgültig, wieviel Technik schon in den Muskeln programmiert worden ist.

Die jüngere Vergangenheit hat einige sehr beeindruckende Beispiele dafür gesehen, wie sehr uns unser Verstand im Griff halten kann; aber auch dafür, daß wir unser rationales Denken überwinden und das hinter uns lassen können, was wir als „normal" wahrnehmen.

Dr. Deepak Chopra hat ein interessantes Buch mit dem Titel *Quantum Healing* geschrieben. Darin berichtet der Arzt und Endokrinologe von seinen Erfahrungen, die eindeutig belegen, welch starke Wechselwirkung zwischen Gedankenwelt und körperlicher Verfassung besteht und wie der Geist den Körper kontrolliert. Einer der vielen geschilderten Fälle handelt von einem Mann in den Dreißigern, der unter einem Gehirntumor litt.

„Schwindelanfälle, Erbrechen und Doppeltsehen suchten ihn heim, Gleichgewichtssinn und motorische Koordination ließen stetig nach. Im Krankenhaus nahm man eine Computertomographie seines Gehirns vor. Die Ärzte eröffneten ihm, daß die Untersuchung eine Verschattung im Vorderhirn von Zitronengröße zutage gefördert hatte; ihrer Meinung nach sei es ein Gehirntumor. Eine Gewebeentnahme bestätigte dann, daß es sich tatsächlich um einen bösartigen, schnell wachsenden Krebs handelte. Größe und Lage des Tumors führten zu der Einschätzung: nicht operabel. Die Ärzte empfahlen eine hochdosierte Bestrahlung und Chemotherapie, ohne die der Mann nur noch sechs Monate zu leben hätte. Die Therapie würde schwere Nebenwirkungen haben, fast so schlimm wie die Symptome, unter denen er gegenwärtig litt. Auch bei maximaler Therapie zur Reduzierung des Tumors war die Prognose für eine völlige Heilung nicht gut.

Der Patient konnte diese Argumentation nicht akzeptieren (auch wenn sie statistisch gesehen ganz vernünftig ist). Er ging nach Kalifornien und schloß sich einer Meditationsgruppe an. Er hielt verschiedene Diätvorschriften ein, praktizierte mentale Techniken, Übungen und Visualisierungen. Er bestärkte sich in einer absolut positiven Einstellung zu seiner Krankheit. Später ließ er im Krankenhaus ein zweites Computertomogramm machen. Bei der zweiten Untersuchung war der Tumor verschwunden. Kein Anzeichen deutete darauf hin, daß er je existiert hatte.

Die Ärzte im Krankenhaus waren von dieser Heilung so schockiert, daß sie sich weigerten, zu glauben, daß das erste Computertomogramm wirklich von ihm stammte, obwohl Name und Sozialversicherungsnummer darauf vermerkt waren."

Wozu sind wir fähig?

Das Laufen über glühende Kohlen ist ein ausgezeichnetes Beispiel dafür, wie stark wir sind. Ganz normale Menschen in aller Welt nehmen an dieser Erfahrung teil, sie ist als Vehikel der persönlichen Entwicklung gedacht und soll das *Bewußtsein dafür wecken,* daß jeder Mensch größere mentale und körperliche Entfaltungsmöglichkeiten besitzt, als er glaubt.

Ihr Geist kann Ihr Chef bleiben, oder Sie lernen, der Chef Ihres Geistes zu werden.

Eine Gruppe von 50 bis 100 Menschen trifft sich bei einem Seminar, und ein Betreuer erklärt ihnen am Vormittag, wie sie ihren physischen Körper kontrollieren können. Am frühen Nachmittag des ersten Tages marschieren dann alle mit nackten Füßen über glühende Kohlen, ohne daß die Füße auch nur die geringste Verbrennungen aufweisen – bei fast 1100° C heißen Kohlen! Manchmal versengt die große Hitze die Hosenbeine, doch den Füßen passiert nichts.

Wie ist das möglich? Mentale Kontrolle? Den Körper durch den Geist zu beherrschen bleibt keine Domäne der Yogis mehr. Wir alle sind zu solch scheinbar erstaunlichen Leistungen mentaler Kontrolle fähig, wir müssen nur die mentalen Techniken kennen.

Erfahrungen dieser Art helfen uns zu erkennen, daß wir unseren Geist kontrollieren und unsere tief verwurzelten Überzeugungen ändern können, *sofern wir es wollen.*

Das Unterbewußtsein ist wie ein Computer; es akzeptiert jede Information, die es erhält, es denkt nicht vernünftig, es reagiert auf das, was ihm eingegeben wird.

Menschen, die über glühende Kohlen laufen, haben Bewußtsein und Unterbewußtsein erfolgreich überzeugen können, daß die glühenden Kohlen ihren Füßen nichts anhaben können – folglich geschah es auch nicht. Wäre die innere Überzeugung auch nur ein wenig schwankend, hätten sie sich die Füße verbrannt.

Sicher können Sie sich vorstellen, welche Auswirkung diese Erfahrung im Leben dieser Menschen hatte. Das Golfspiel gibt Ihnen eine vergleichbare Chance, das Spiel als Mittel zur Entwicklung mentaler Kontrolle zu nutzen. Sie haben die Wahl: Ihr Geist kann Ihr Chef bleiben, oder Sie lernen, der Chef Ihres Geistes zu werden.

Die Programmierung des Unterbewußtseins

Das Unterbewußtsein ist wie ein Computer; es akzeptiert jede Information, die es erhält, es denkt nicht vernünftig, es reagiert auf das, was ihm eingegeben wird. Es kann keinen Unterschied zwischen realer und phantasierter Erfahrung erkennen. Der Verstand wirkt wie ein Filter; er entscheidet, was er glaubt und was nicht, je nach den bereits programmierten Lebenserfahrungen. Er gibt an das Unterbewußtsein ausschließlich Informationen weiter, die er für wahr hält.

Wenn Ihr Verstand etwas für wahr hält – selbst wenn es falsch ist –, wird Ihr Unterbewußtsein es als wahr akzeptieren und sich anschicken, die entsprechenden Resultate zu veranlassen. Deshalb heben uns die Kagami-Übungen nicht nur auf eine höhere Bewußtseinsstufe, sondern schaffen auch neue visuelle Bilder unserer Zielvorstellungen. Der Intellekt reagiert auf das Feedback, das er von unserem höheren Bewußtsein bekommt, und das Unterbewußtsein registriert visuelle Bilder direkt.

Das ist auch der Grund, warum Sie beim Durchsehen Ihrer Notizen das Erreichen Ihrer Ziele so lebendig und vielfarbig wie möglich visualisieren sollten.

Wenn Sie sich beispielsweise einreden, Sie seien ein schlechter Putter oder schlicht unsportlich, und das auch noch glauben, dann wird Ihr Unterbewußtsein diese Worte und Gedanken als wahr akzeptieren.

Wie wir die Wirklichkeit erschaffen

Eine gute Freundin von mir, Marsha Utain, ist eine bekannte amerikanische Therapeutin. Unter ihren Klienten sind Drogenabhängige, Alkoholiker, mißbrauchte Kinder und Menschen mit schweren, „unheilbaren“ Krankheiten. Marsha erzählte vor ein paar Jahren auf einer Konferenz eine unglaubliche, für mich unvergeßliche Geschichte – ein ausgezeichnetes Beispiel dafür, wie wir unsere Realität selbst erschaffen.

Eines Tages wandte sich eine Frau an Marsha: die Ärzte hatten ihr geraten, sich einen Menschen zu suchen, der sie auf das Sterben vorbereiten würde. Man hatte bei ihr einen Tumor in der Herzwand diagnostiziert. Die Lage der Krebsgeschwulst machte eine Chemotherapie unmöglich, und die Ärzte bekannten sich als hilflos.

Marsha begann damit, sie über ihr Leben und ihre persönliche Situation zu befragen, und fand heraus, daß ihr Mann mit ihrer besten Freundin eine Affäre hatte. Die Therapie erschloß der Frau den Zugang zu den Gefühlen, die diese Situation ausgelöst hatte und die zuvor verdrängt geblieben waren. Sie wollte sich als tolerante Frau sehen, als jemand, der „über der Situation steht“, doch im Grunde litt sie sehr darunter. Einmal sagte sie wörtlich: „Mir bricht das Herz!“ Hätte der Krebs weiter ihre Herzwand zerstört, wäre es tatsächlich daran zerbrochen! Sie hatte in ihrem Körper genau das Symptom erzeugt, das ihren Emotionen entsprach.

Marsha arbeitete mit ihrer Klientin daran, die mit der Affäre ihres Mannes verbundenen Emotionen anzunehmen und aufzuarbeiten, und nach ein paar Wochen ging die Geschwulst zurück. Ein Jahr später war sie vom Krebs geheilt, wobei die einzige „Therapie“ darin bestanden hatte, mit Marsha zu arbeiten.

Chirurgen sind jahrzehntelang davon ausgegangen, daß ein narkotisierter Patient nicht „bei Bewußtsein“ und deshalb durch die Vorgänge im Operationssaal nicht beeinflußbar ist. Durch Hypnose von Patienten nach der Operation entdeckte man, daß das „Unterbewußtsein“ jedes während der Operation geäußerte Wort aufgenommen hatte. Wenn die Chirurgen von einer ernsten, kaum heilbaren Krankheit gesprochen hatten, dann neigten die Patienten dazu, diese düstere Prognose zu bestätigen, indem sie sich nicht erholten. Inzwischen ist es vielfach zur Praxis geworden, während der Operation keine abträglichen Bemerkungen zu machen.

Sri Chinmoy ist ein bemerkenswerter Mann, der sein Leben der Entfaltung der unbegrenzten Möglichkeiten des Menschen gewidmet hat, körperlich wie geistig. Er lehrt durch sein Beispiel. Er ist ein höchst produktiver Schriftsteller, Dichter, Künstler und Musiker, ein kraftvoller spiritueller Meister und ein leidenschaftlicher Sportler. Sein unermüdlicher Einsatz gilt hauptsächlich der Erhaltung des Weltfriedens. Im Sport gelang ihm eine unglaubliche Leistung: Nach 19 Monaten Training im Gewichtheben stemmte er eine Hantel von 7063 Pfund Gewicht mit einem Arm über seinen Kopf – ein Weltrekord.

Sri Chinmoy ist ein lebendiges Beispiel für einen Menschen, der sich weigert, die hemmenden Überzeugungen seiner Mitmenschen zu übernehmen. Damit zeigt er uns, daß wir alle unsere Fähigkeiten erweitern und unser inneres Potential verwirklichen können.

„Wir sind, was wir denken. Alles, was wir sind, entspringt der Gedankenwelt. Mit unseren Gedanken erschaffen wir die Welt.“

Buddha

Die Armbeugeübung

Möchten Sie die Kraft Ihres Geistes nicht einmal aus erster Hand erleben? Es ist nicht schwer: Suchen Sie sich einen Partner von etwa gleicher Körperkraft. Strecken Sie Ihren dominanten Arm aus, mit der Handfläche nach oben, und bitten Sie Ihren Partner, er möge versuchen, Ihren Arm wie auf der Abbildung gezeigt zu beugen. Machen Sie diese Übung jetzt, bevor Sie weiterlesen.

Haben Sie die Hand zur Faust geballt? Haben Sie Ihr Gesicht oder den Po angespannt?

Strecken Sie nun den Arm noch einmal aus. Spreizen Sie jedoch die-

ses Mal die Finger und stellen Sie sich einen Lichtstrahl vor, der an Ihrem Arm entlang durch die Finger strahlt und ein Loch in alles brennt, worauf Sie mit den Fingern zeigen. Dieses Bild sollten Sie ganz deutlich vor Augen haben, bevor Sie Ihren Partner bitten, Ihren Arm noch einmal zu beugen.

Meiner Meinung nach ist der Intellekt kein guter Golfspieler; er neigt dazu, dem Körper die falschen Anweisungen zu geben.

Ein Lichtstrahl läßt sich nicht biegen, und ebensowenig wird es Ihr Arm tun. Halten Sie das Bild des brennenden Lochs so gut wie möglich vor Ihren geistigen Augen, sehen Sie, wie die Flammen am Rand züngeln, nehmen Sie die Farben deutlich wahr!

War es für Ihren Partner beim zweiten Mal schwerer, Ihren Arm zu beugen?

Diese Übung gehört zu meinem Trainingsprogramm, und etwa 90% der Teilnehmer berichten, daß es der Partner beim zweiten Mal schwer hatte, den Arm zu beugen. Warum? Die Macht des Unterbewußtseins.

Das erste Mal haben Sie wahrscheinlich alle möglichen Muskeln benützt, die mit der Armstreckung überhaupt nichts zu tun haben, etwa die Muskeln im Gesicht und am Po; sie anzuspannen hilft dem Arm nichts. Viele Leute ballen die Fäuste, wenn sie *versuchen,* den Arm gestreckt zu halten. Physiologisch gesehen, fördert eine geballte Faust die Beugung des Arms sogar noch. Sie haben also nicht nur wenig hilfreiche Muskeln benützt, sondern völlig falsche, um den Arm gerade zu halten! Beim zweiten Mal, als Sie den an Ihrem Arm entlanglaufenden Lichtstrahl visualisierten, waren Ihre Finger gespreizt, der restliche Körper war wahrscheinlich weniger angespannt als zuvor, und da Ihr Geist mit der Visualisierung des Lichtstrahls beschäftigt war, hatte er keine Chance, den Körper zu instruieren, er möge *versuchen,* den Arm gerade zu halten. Sie haben mehr von Ihrem Unterbewußtsein aus gehandelt als vom Intellekt her, und Ihr Körper konnte die richtigen Muskeln einsetzen, um den Arm gerade zu halten – den Trizeps. Dieser Muskel ist bewußt schwer zu aktivieren, aber unterbewußt kann der Körper die richtigen Muskeln ohne weiteres benützen. Wenn ich diese Übung vorgeführt habe, tut mir am nächsten Tag regelmäßig der Trizeps weh.

Meist wähle ich einen kräftigen Mann als Partner, und mit der Lichtstrahl-Visualisierung schafft es selten jemand, meinen Arm zu beugen. Während dieser Übung spüre ich meinen Trizeps nicht, erst am nächsten Tag merke ich, daß er aktiv geworden ist.

Was hat diese Übung mit dem Golfspiel zu tun?

Was geschieht, wenn Sie an einem langen Par 5 stehen, Gegenwind haben und *versuchen,* den Ball lang zu schlagen, mit aller Kraft, die Sie aufbieten können? Sie werden wahrscheinlich die falschen Muskeln einsetzen: Als Rechtshänder „dreschen" Sie möglicherweise mit dem rechten Arm und der Schulter von oben auf den Ball, mit einem Slice oder Pull als Resultat. Vielleicht verlieren Sie den Rhythmus und schlagen den Ball nicht so weit wie sonst, oder Sie blikken zu schnell auf, um zu sehen, wie weit er geflogen ist – und müssen feststellen, daß er tief und kurz geraten ist.

Meiner Meinung nach ist der Intellekt kein guter Golfspieler; er neigt dazu, dem Körper die falschen Anweisungen zu geben, wie er auch dem Arm das Falsche einsagte, als er ihn gerade ausgestreckt halten wollte. Wie bei der Armbeugeübung halten wir auch bei den Wahrnehmungs- oder Visualisierungsspielen während des Schwunges das Interesse unseres Intellekts wach und überlassen es dem Unterbewußtsein, den Golfschläger in Übereinstimmung mit Bildern oder Gefühlen zu schwingen.

Durchbruch durch die Überzeugungsmauer

Die gründlichste Forschungsarbeit auf dem Gebiet der Körper-Geist-Beziehung geschah in der Medizin. Von der Arbeit der alternativen Heilkunde können wir sehr viel lernen. Die Psychotherapeutin Belleruth Naparstek kann auf 25 Jahre Erfahrung auf dem Gebiet der gelenkten Visualisierung und auf zahlreiche Fallstudien zurückblicken. Bei kontrollierten Studien zeigte sich, daß Visualisieren eine wirksame Methode zur Schmerzbekämpfung, Blutdrucksenkung und Stärkung des Immunsystems sein kann.

Wie oft haben Sie das schon beim Golfspielen erlebt: Sie stehen am Abschlag und denken kurz vor dem Schwung: „Schlag den Ball nicht in die Bäume dort links." Was passiert? Entweder fliegt der Ball in die Bäume oder weit nach rechts!

Ihr Unterbewußtsein kann das Wort „Schlag nicht..." nicht hören, es registriert nur das Bild „Bäume" und glaubt, Sie wollen in die Bäume schlagen. Ergeben versucht es, das Bild in Ihrem Kopf zu verwirklichen. Oder der Intellekt greift in letzter Sekunde ein, überkompensiert und schickt den Ball in die entgegengesetzte Richtung.

Auf der anderen Seite der Münze berichten Professionals und Spieler mit niedrigem Handicap von Situationen, in denen sie vorher einfach *wußten*, daß der Ball ins Loch geht – was er dann auch tat. Bei einem Chip beispielsweise sahen sie, wo der Ball auf dem Grün landen würde, sahen, wie er zum Loch rollte und hineinfiel. Sie fühlten den erforderlichen Schwung, den gerade richtigen Kraftaufwand, und sie waren absolut sicher, daß ihr Körper einen Schwung zustande bringen würde, der dieses Resultat erzielen kann. Ihr Unterbewußtsein erhielt demnach die Botschaft: Schwung – Ball – Loch – „Ich KANN es".

Wäre da nur ein Gramm Zweifel in ihrem Intellekt gewesen, dann hätte ihr Unterbewußtsein die Botschaft nicht klar empfangen, der Ball hätte das Loch verfehlt.

Ich glaube, der einzige Grund, warum Golfspieler nicht regelmäßig Zehn-Meter-Putts einlochen, ist darin zu suchen, daß sie es nicht für möglich halten. Irgendwo stimmen wir natürlich zu, daß Zehn-Meter-Putts eben schwer einzulochen sind.

Ein gutes Beispiel für ein blockierendes gedankliches Konzept war beim Hennessy Cup bei The Belfry in England, im September 1978, festzustellen. Das zehnte Loch ist ein sehr schwieriges, kurzes Par 4, damals vom Meisterschaftsabschlag etwa 280 Meter lang. Das Grün ist sehr lang und schmal, ein Bach verläuft direkt links und frontal vom Grün, überhängende Bäume stehen rechts und vor dem Grün. Das Loch war für einen Treibschlag und ein Wedge ausgelegt, keinem Profi war es jemals gelungen, das Grün mit einem Schlag vom Meisterschaftsabschlag zu erreichen. Jeder hielt es für zu schwierig.

„Für den Körper kann ein im Geist festgehaltenes Bild ebenso wirklich sein wie das tatsächliche Ereignis."

BELLERUTH NAPARSTEK

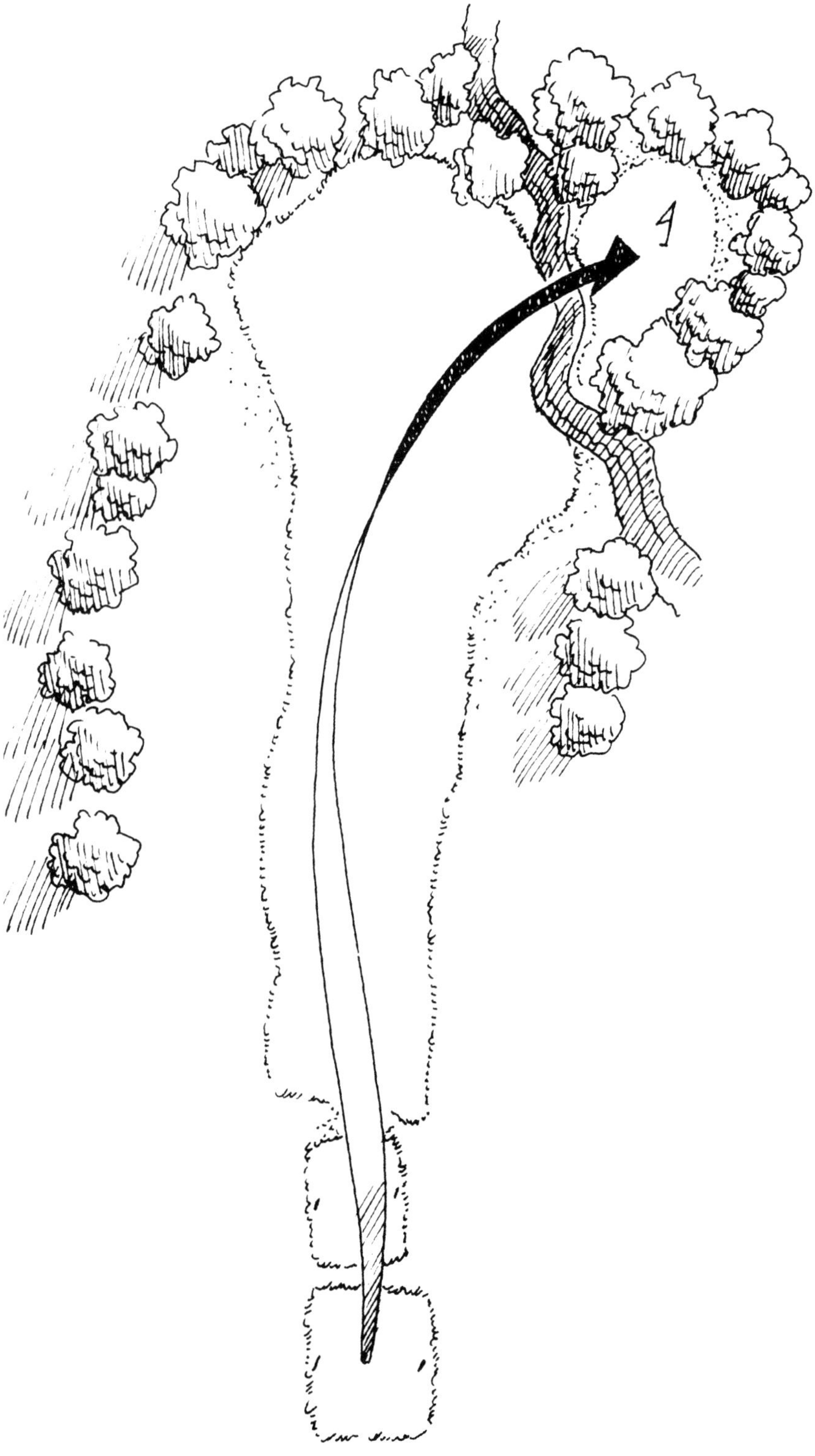

Das 10. Loch von The Belfry/England

Bis eines Sommertags Seve Ballesteros im Ryder Cup zum Abschlag marschierte und beschloß, seine Überzeugung zu ändern. Es war ihm offenbar gelungen, seinen Intellekt zu überzeugen, daß es doch möglich sei. Er schlug einen prachtvollen Drive, mit leichtem Fade um die Bäume herum, genau in die Mitte des Grüns. Das Fernsehen hatte den Schlag aufgezeichnet, jeder, der ihn sah, war verblüfft. Das gedankliche Konzept war zerstört.

Später trafen noch andere Professionals das Grün, doch keiner erhielt den Applaus, den Seve bekam, weil er der erste war. Jedermann erkannte die Kraft seines Denkens im Sieg über die Überzeugung, daß der Schlag unmöglich sei. Der erste Professional, der regelmäßig Zehn-Meter-Putts einlocht, wird die gleiche Anerkennung finden, selbst wenn ihm noch viele folgen werden!

Alle Beispiele in diesem Kapitel zeigen uns eines: Wir können uns entweder als Opfer unserer Gedanken und Gefühle sehen, oder wir können beschließen, unseren Geist in den Griff zu bekommen und damit beginnen, einen kleinen Teil unserer schlummernden Möglichkeiten zu nutzen. Die Kagami-Übungen sind speziell darauf abgestimmt, Golfspielern zu helfen, mit diesem Prozeß geistiger Entwicklung zu beginnen. Das Golfspiel ist ein guter Startpunkt, weil wir mit dem Flug des Balls eine Sofort-Rückmeldung erhalten. Wenn wir aus erster Hand die Fähigkeit erfahren, willentlich das Unterbewußtsein anzuzapfen und uns in die geistige Verfassung für großartige Golfschläge zu bringen, dann gibt uns das Kraft – geistige Kraft – und letztlich mehr Beherrschung unseres Lebens.

III

16. Die Körpersprache des Golfspiels

Der galoppierende Golfer

▼

Wechselwirkungen

▼

Sich an eine Spitzenleistung erinnern

▼

So tun „als ob“

▼

Der mentale Spaziergang

▼

Lächeln Sie den Ball an!

▼

Der Kontakt mit dem Boden

III

Einsicht ins Selbst

„Man kann sich ohne jeden Grund gut fühlen. Man muß einfach seine Lebensfreude zum Ausdruck bringen wollen."

Anthony Robbins

16. Die Körpersprache des Golfspiels

Ich bin in den vorangegangenen Kapiteln schon kurz darauf eingegangen, welch große Rolle die Physis für eine ideale mentale Verfassung spielt – Gesichtsausdruck, Körperhaltung, Muskelspannungen, Gangart, Gestik, Atmung, Stimm-Tonlagen etc.

Wenn Sie Ihre Physis verändern, geschehen sehr interessante Dinge. Sofort ändert sich Ihre mentale Verfassung und damit auch die äußere Realität. Die Physis ist der Schlüssel zur emotionalen Veränderung. Wenn Sie überaus glücklich sind, sind Sie von der Physis her nicht mehr derselbe Mensch wie im Zustand tiefer Depression.

Deepak Chopra drückt dies in seinem Buch „Quantum Healing" recht klar aus:

„In dem Moment, wo Sie denken ‚Ich bin glücklich', übersetzt ein chemischer Botenstoff Ihre Emotion, die keinen wie auch immer gearteten festen Bestand in der materiellen Welt hat, in ein Stückchen Materie, das perfekt auf Ihren Wunsch abgestimmt ist: Buchstäblich jede Zelle Ihres Körpers erfährt von Ihrem Glück und schließt sich ihm an. Diese gleichzeitige Kommunikation mit 50 Trillionen Zellen in einer eigenen Sprache kann ebenso wenig erklärt werden wie der Moment, als die Natur aus dem leeren Raum heraus das erste Photon schuf."

Die Wissenschaft weiß noch vergleichsweise wenig über die komplexen Verbindungen zwischen Geist und Körper. Was wir jedoch wissen, ist, daß wir Menschen ein weit größeres Potential haben, als wir erkennen. Wenn wir lernen, unsere Physis effektiv einzusetzen, können wir uns Jahre an negativer Programmierung ersparen und sofort unsere Reaktionsweisen verändern.

Ich habe mit diesem Prinzip während meiner Tätigkeit als Golflehrerin einige spektakuläre und lang anhaltende Erfolge erzielt. Normalerweise wären dazu viele Stunden der körperlichen Umprogrammierung und des Trainings nötig gewesen. Im Kapitel „Überzeugung, Selbstvertrauen und Selbstbild" schilderte ich, wie Gerhard innerhalb von Sekunden den Schwung änderte, indem er sich auf das Gefühl einstimmte, das er beim Tischtennisspielen hatte. Gerhard hat seine Physis verändert, und das hat seinem Gehirn die Botschaft von Selbstvertrauen und Erfolg übermittelt. Und das wiederum ermöglicht es ihm, sich beim Schwung von seinen bisherigen Einschränkungen durch Angst und mangelndes Selbstvertrauen zu lösen.

Der galoppierende Golfer

Ein sehr gutes Beispiel dafür ist auch meine Arbeit mit Dieter, der gemeinsam mit seiner Frau relativ spät mit Golf begonnen hat. Dieter war sehr leistungsorientiert, und sein größter Wunsch war es, besser Golf zu spielen als seine Frau. Vor einiger Zeit nahmen beide an einem dreitägigen Kagami-Training teil. Dieter konnte sein Golfspiel dabei sehr verbessern, seine Frau aber „leider“ auch!

Nach etwa acht Monaten begann sich der selbstauferlegte Leistungsdruck bemerkbar zu machen. Dieter fand sich in einer abwärtsgerichteten Spirale wieder. Als er schließlich wieder einmal eine Golfstunde nahm, war sein Selbstvertrauen ziemlich am Boden. Das drückte sich schon in seiner Körperhaltung aus, wenn er am Ball stand. Die Schultern waren gekrümmt, der Brustkorb eng und geschlossen, das Gesäß angespannt – nur Arme und Hände setzte er im Schwung einigermaßen effektiv ein. Kaum überraschend, daß Dieter Probleme hatte, den Ball überhaupt zu treffen. Er war beim Schwung völlig „im Kopf“ und sagte, er habe kein Vertrauen zu seinem Körper und wisse nicht mehr, was er tun solle.

Aus dem Vorjahr wußte ich, daß es irgendwo in Dieter einen Golfschwung gab, mit dem er den Ball recht gut schlagen konnte; wir mußten nur den Schlüssel finden. Ich erinnerte mich zuerst an seine Reitkünste, also fragte ich ihn, wie sein Pferd seiner Meinung nach reagieren würde, wenn er es in der Körperhaltung mit den Gefühlen reiten würde, die er heute beim Ansprechen des Golfballs hatte.

Er lachte und sagte, daß das Pferd ihn wahrscheinlich abwerfen und sofort in den Stall zurückgaloppieren würde! Das machte Dieter darauf aufmerksam, wie sehr seine Physis durch mangelndes Selbstvertrauen beeinträchtigt war. Gemeinsam ent-

wickelten wir ein visuelles Bild, das Dieter im Galopp auf einem starken Hengst reitend zeigt. Das erfordert gutes Gleichgewicht, Harmonie, energische, kraftvolle Bewegungen, Gelassenheit und dennoch auch sehr große Sensibilität.

Das Bild veränderte Dieters Haltung beim Ansprechen und damit auch seinen Schwung. Er streckte das Gesäß heraus und konnte sein Gewicht besser verteilen, konnte die Distanz zwischen Oberkörper und Boden besser dosieren, so daß er die Bälle nicht mehr toppte. Vollends zurechtgerückt wurde das Bild, als er mir erzählte, daß er die Zügel hielt, als ob das Pferd ein Stück Schnur im

Maul hätte. Sie können sich vorstellen, wie das seine Sensibilität für den Golfschläger steigerte.

Dieter hatte innerhalb von Sekunden Körperhaltung und Schwung völlig verändert, und ich hatte ihm keinen einzigen technischen Hinweis gegeben. Das ist auch heute noch so, Monate später, während ich an diesem Buch schreibe. Dieter hat mir erzählt, daß er beim Golfspielen jedesmal daran denkt, wie er auf seinem Hengst reitet. Das ist der wirkliche Schlüssel für langfristigen Erfolg: Dieter macht nach wie vor die Visualisierungsübung, die ihm geholfen hat.

Wechselwirkungen

Es gibt also eigentlich zwei Wege, wie wir unsere Denkweise und damit unseren Golfschwung beeinflussen können. Wir können mit Hilfe der in diesem Buch beschriebenen Kagami-Übungen lernen, unseren Geist zu kontrollieren, was unsere Physis und damit den Schwung verändert; oder wir können unsere Physis beeinflussen, was unsere Gedanken verändert und damit auch den Schwung. Aus welcher Richtung Sie auch kommen, beide Wege sind erfolgreich.

Ohne kraftvolle Physis kein kraftvolles Handeln. Es funktioniert augenblicklich, in jedem Fall.

Lassen Sie mich Ihnen an einem einfachen Beispiel zeigen, wie Sie durch Veränderung der Physis die mentale Verfassung augenblicklich ändern können.

Wo immer Sie jetzt sind, halten Sie einen Moment inne, legen Sie dieses Buch zur Seite, und stellen Sie sich aufrecht hin. Atmen Sie ein paar Mal tief durch, nehmen Sie die Schultern zurück und schauen Sie nach oben.

Jetzt öffnen Sie die Arme weit und klatschen dann schnell und kraftvoll in die Hände. Machen Sie bei dieser Bewegung beim Ausatmen ein lautes Geräusch, stoßen Sie zum Beispiel einen lauten Schrei aus. Ja, ich weiß, Sie kommen sich dabei komisch vor, aber Sie wissen erst, wovon ich rede, wenn Sie diese Erfahrung selbst machen. Manchmal macht es Spaß, die Leute zum Lachen zu bringen. Machen Sie die Übung gemeinsam mit Freunden, dann haben alle was zum Lachen. Nein, Sie können sich nicht vorstellen, wie man sich dabei fühlt, Sie müssen es *machen*!

Können Sie sich in dieser Haltung deprimiert fühlen? Fühlen Sie sich lebendiger und kraftvoller als noch vor ein paar Sekunden? Wenn Sie Ihre Physis verändern, übermitteln Sie Ihrem Gehirn neue Botschaften. *Ohne kraftvolle Physis kein kraftvolles Handeln.* Es funktioniert augenblicklich, in jedem Fall.

Sich an eine Spitzenleistung erinnern

Wir alle haben schon einmal die Moment einer Gipfelleistung erlebt, haben die Erfahrung einer wirklich guten Leistung gemacht – ob im Sport, bei einem besonders guten Geschäftsabschluß, oder im Gefühl der Erfüllung bei einem Hobby, bei Spielen eines Instruments oder beim Malen. Momente, auf die Sie zu Recht stolz sein können, voll Vertrauen in eine innere Kraft. Sie können diese Erinnerung dafür nutzen, Ihre Physis beim Golfspielen zu verbessern, so wie Dieter es gemacht hat.

Denken Sie jetzt kurz an einen solchen Augenblick der Höchstleistung. Schließen Sie die Augen und registrieren Sie alle Einzelheiten des Vorgangs, visualisieren Sie das Bild deutlich, hören Sie die Geräusche und spüren Sie die Gefühle nach, die damit verbunden sind. Wie haben Sie sich damals gefühlt, wie war Ihre Körperhaltung, Ihr Gesichtsausdruck, Ihre Atmung; waren Sie entspannt?

Treten Sie mit geschlossenen Augen vor einen Spiegel. Denken Sie an diesen Moment der Höchstleistung und erinnern Sie sich an alle physischen Veränderungen, die Sie damals erlebten, damit Ihr Körper sie jetzt übernehmen kann – Gesichtsausdruck, Körperhaltung, einfach alles. Öffnen Sie jetzt die Augen und betrachten Sie Ihren Körper. Sehen Sie zuversichtlich und stark aus? Stellen Sie sich jetzt vor, daß Sie einen Golfschläger in der Hand haben (sollte gerade einer greifbar sein, können Sie ihn nehmen), und gerade dabei sind, mit dem imaginären Golfschläger einen imaginären Ball anzusprechen. Wie sehen Sie jetzt aus: Immer noch so zuversichtlich und stark wie vorher, oder drückt Ihre Körpersprache aus: „Ich bin nicht sicher, ob ich das gut machen kann?"

Verändern Sie nun Ihre Physis nach der gleichen Methode, wenn Sie vor einem Golfball stehen! Ist Ihr Brustkorb offen oder geschlossen, ist Ihr Rücken rund oder gerade? Lächeln Sie oder runzeln Sie die Stirn? Sie könnten sich auch vorstellen, daß Sie bei einem Pantomime-Wettbewerb sind und die Aufgabe bekommen haben, einen mit Zuversicht durchgeführten Golfschwung darzustellen.

Nehmen Sie beim nächsten Mal auf der Driving Range wieder dieselbe Haltung ein, die Sie vor dem Spiegel entwickelt haben, und machen Sie mit dieser neuen Haltung einige Schwünge.

Wenn Sie mit dieser Haltung und auch mit Ihrem Schwung ein gutes Gefühl haben, gehen Sie zum Setup über und machen genau dasselbe. Machen Sie sich keine Gedanken darüber, ob Ihre Schwungtechnik richtig ist, bringen Sie in Ihrem Schwung einfach Selbstvertrauen und innere Kraft zum Ausdruck. Sie werden wahrscheinlich gefühlsmäßig einen Golfschwung erleben wie nie zuvor. Mit dieser Übung können Sie bei Ihrem Golfspiel innerhalb von Minuten Riesenfortschritte machen und Veränderungen Ihres Schwungs erreichen, die normalerweise Monate oder Jahre brauchen würden, bis sie perfekt „sitzen".

Einer der Teilnehmer meiner Golf-Workshops stellte bei dieser Übung fest, daß er den Golfball als Konkurrenten wahrnahm. Vorher war der Ball stärker als er gewesen; als er seine Physis veränderte, fühlte er sich stärker als der Ball. Der Ball war nichts, also konnte er ihn leicht kontrollieren und ihn an den Punkt schikken, wo er ihn haben wollte.

„Wir schwächen uns selbst durch die Vorstellung, daß wir schwach sind. Ebenso stärken wir uns durch die Vorstellung, daß wir stark sind."

Sri Chinmoy

So tun „als ob"

Ein Weg, sich von blockierenden Denkweisen zu befreien, besteht im Handeln, „als ob". Wenn Sie nicht sicher sind, ob Sie einen Chip oder einen schwierigen Bunkerschlag machen können, fragen Sie sich: „Wie würde ich diesen Schlag spielen, wenn ich ein Super-Profi wäre?" Lautet die Antwort: „Ich weiß es nicht", dann handeln Sie so, „als ob" Sie wüßten, wie der Schlag zu spielen ist.

Welche Körperhaltung würden Sie einnehmen, wenn Sie wüßten, daß Sie gut sind? Wäre Ihre Atmung anders? Wie würde sich der Schwung anfühlen? Bleiben Sie nicht im Kopf dabei stehen, wie ein Profi den Schlag wohl technisch ausführen würde, weil der Intellekt zu keiner Antwort fähig ist. Verändern Sie statt dessen Ihre Physis so, daß sie Ihnen zur Seite steht, geben Sie Ihrem Unterbewußtsein die Chance, zu einem natürlichen Weg zu finden, den Schlag zu spielen.

Tun Sie doch so, als wären Sie John Wayne, wenn Sie in wiegendem Gang den Fairway abschreiten!

Der mentale Spaziergang

Sie können dieses Prinzip der Veränderung Ihrer Physis zum Beispiel auch einsetzen, wenn Sie sehr müde sind. Wenn der Golfplatz sehr hügelig ist und Sie nach 16 Löchern erschöpft sind, können Sie Ihre Müdigkeit reduzieren, indem Sie Ihre Physis verändern. Wenn wir müde sind, drücken wir normalerweise auch Müdigkeit aus – können Sie sich vorstellen, wie das in der Körpersprache aussieht? Man läuft mit hängenden Schultern, den Kopf nach unten, das Gesicht eingefallen und abgespannt. Ein müder Mensch hat einen ganz bestimmten Gang, fast als ob sich seine Beine jeden Moment in Gummi verwandeln! Die Atmung ist flach, und der Golfschwung – nun ja, entweder kommt er blaß und kraftlos, oder er wird mit ungezielter, gestreßter Kraft aus dem Oberkörper heraus geschlagen, womit in der Regel das Gefühl mangelnder Energie ausgeglichen werden soll.

Wir haben jedoch eine Alternative. Wir können unsere Physis verändern, indem wir uns gerade hinstellen und den Fairway mit Selbstvertrauen und Kraft entlanggehen. Tun Sie doch so, als wären Sie John Wayne, wenn Sie in wiegendem Gang den Fairway abschreiten! Atmen Sie tief durch, und versorgen Sie Ihre Lungen und Muskeln mit mehr Sauerstoff.

Was ich in solchen Situationen auch hilfreich finde, ist, nicht alle Kraft einzusetzen, die mein Körper hergibt, und auf den Ball einzudreschen, sondern den Schwung nur mit halber Kraft zu machen – ich „schalte zurück“ und mache kurze Schwünge, konzentriere mich mehr auf den Rhythmus als auf Kraft. Es ist mir lieber, wenn der Ball auf dem Fairway 20 m weniger weit fliegt, als daß ich im Rough nach ihm suchen muß – das kostet Energie! Meist kostet mich das nur wenig Distanz, wenn ich den Schwung mit 30% weniger Kraft mache; manchmal fliegt der Ball sogar weiter als üblich.

Wenn Sie sich durch nachfolgende Spieler unter Druck gesetzt fühlen oder feststellen, daß Sie die Runde aus irgendeinem Grund „im Schnelldurchgang“ absolvieren, dann ist diese mentale und physische Verfassung Ihrem Golfspiel nicht förderlich. Sie werden ihre Schwünge meist in der gleichen Geschwindigkeit „durchziehen“, wie Sie gehen. Das macht es schwer, einen guten Rhythmus zu finden. Achten Sie darauf, wie Sie gehen, und versuchen Sie einen schwingenden, rhythmischen Gang zu finden, bei dem Sie sich sicher und entspannt fühlen. Selbst wenn Sie einen Golfwagen ziehen, können Sie das in guter Haltung und mit rhythmischen Bewegungen tun, es erfordert nur ein bißchen Aufmerksamkeit – wie immer!

Lächeln Sie den Ball an!

Wenn Sie auf dem Golfplatz ängstlich oder nervös sind, können Sie Ihre Einstellung und damit auch Ihr Verhalten in Sekundenschnelle ändern, wenn Sie den Ball beim Schwung anlächeln. Das klingt vielleicht ein bißchen albern, funktioniert aber hervorragend. Ich habe Ihnen ja schon von dem Düsseldorfer Turnier erzählt, wo ich mir zum Ziel gesetzt hatte, mich an jedem Schlag zu freuen – ich habe den Ball bei jedem einzelnen Schlag angelächelt –, es hat so viel Spaß gemacht. Es ist unmöglich, gleichzeitig aufgeregt zu sein und zu lächeln. Wenn Sie es ganz richtig machen wollen, sollten Sie nicht nur ein Lächeln „aufsetzen“, sondern auch körperlichen Zugang zu dem Gefühl der Freude haben oder ein freudvolles Bild im Kopf haben. Ihre Mitspieler wird das anfangs vielleicht etwas seltsam anmuten, aber wenn Sie sie schlagen, werden alle von Ihnen wissen wollen, was Sie getan haben, um so gut zu spielen.

Der Kontakt mit dem Boden

Zu den technischen Problemen zahlreicher Golfer beim Golfschwung zählt der richtige Abstand zwischen Körper und Boden. Manche bewegen den Körper beim Schwung auf und ab, andere beginnen ihn tief und beengt und gehen dann beim Vorschwung nach hinten. Es gibt viele Variationen, die allesamt im gleichen Problem wurzeln – die richtige Distanz zwischen Oberkörper und Boden und ihr Beibehalten während Rück- und Vorschwung.

Ich habe mich schon oft gefragt, warum Golfer beim Schwung so häufig den Fehler machen, beim Vorschwung den Oberkörper etwas zurückzunehmen. Das führt entweder zum Toppen des Balls, oder man trifft ihn nur mit der Schlägerspitze. Als ich mit dem Skifahren begann, begriff ich es: Einer meiner ersten Fehler auf Skiern war, daß ich mich zu weit zurücklehnte und deshalb die Kontrolle verlor. Und warum lehnte ich mich zurück? Aus Angst! Mein Körper zeigte so seine Angst, ich machte es nicht absichtlich, es geschah einfach von selbst. Genau das passiert, wenn wir Angst davor haben, einen Golfball zu schlagen – unser Körper demonstriert Angst, indem er sich vom Ball wegdreht. Auf dieses Phänomen trifft man nicht nur bei Anfängern; mir selbst ist es bei Turnieren schon ebenso gegangen, wenn ich sehr unter Druck stand. Ich habe den Ball dann zwar nicht getoppt, aber sicher auch nicht so gerade geschlagen, wie ich wollte.

Dasselbe habe ich vor einigen Jahren bei einer sehr talentierten französischen Profi-Spielerin beobachtet. Bei ihrem ersten Profi-Turnier wurde sie verständlicherweise nervös, als sie nach zwei Runden unter den ersten zehn war. Sie hatte über zwei Runden lang wundervolles Golf gespielt, und dann plötzlich, völlig unerwartet, begann sie bei den letzten neun Löchern der dritten Runde Grün und Fairway zu verfehlen. Die Schläge mißglückten nicht völlig; es genügte aber, um sie zu verunsichern – wohl in erster Linie deshalb, weil sie den Grund für die mißlungenen Schläge nicht kannte. Ich beobachtete sie einige Löcher weit und sah genau, was passierte; sie spannte beim Vorschwung ihre Rückenmuskeln an, ihr Oberkörper drehte sich dadurch ganz leicht vom Ball weg. Ihre Körpersprache drückte Angst aus. Leider hat diese junge Golfspielerin die Ursache ihres Problems nicht erkannt, obwohl sie nach ihrer Runde mit ihrem Trainer auf den Übungsplatz ging. Am nächsten Tag hatte sie mit der Entscheidung nichts mehr zu tun.

Unser Körper demonstriert Angst, indem er sich vom Ball wegdreht.

Ich habe eine einfache Visualisierung entwickelt, die dieses Problem sofort löst. Stellen Sie sich vor, Ihr Brustkorb ist durch ein Stück Schnur mit dem Boden unter dem Golfball verbunden. Diese Schnur kann sich weit genug dehnen, um den Rückschwung zu machen und sich wegzudrehen; aber sobald Sie wieder zum Ball kommen, bringt sie Sie automatisch wieder auf die richtige Distanz zum Boden.

Wenn Sie sich in der Ansprech-Position zu sehr nach vorne neigen, können Sie auch einen Holzpfosten zwischen Brustkorb und Boden unter dem Ball visualisieren. Ihre Brust ruht auf dem Pfosten – dadurch können Sie die Schultern öffnen und Ihren Rücken gerade halten. Der Pfahl bleibt auch beim Rückschwung an seinem Platz, so daß er Sie, wenn Sie beim Vorschwung wieder zum Ball kommen, auf der gleichen Distanz zum Boden hält.

Diese Visualisierungsübungen helfen, Ihr Selbstvertrauen aufzubauen. Wie bei allen Kagami-Übungen schaffen wir auch hier ein visuelles Bild. Statt uns aber eine Anweisung zu erteilen, wie: „Lehne dich beim Abschwung nicht zurück“, was den natürlichen Schwung blockiert und uns wieder auf die intellektuelle Ebene versetzt, lösen wir mit diesem visuellen Bild die gleiche körperliche Wirkung aus, bleiben jedoch während des Schwungs mit unserem Unterbewußtsein in Verbindung.

Vergessen Sie nicht: Sie werden Ihr Golfspiel nicht verbessern, wenn Sie dieses Buch nur lesen. Verändern können Sie nur etwas, wenn Sie etwas *tun*. Lesen Sie die Zusammenfassungen am Ende der einzelnen Kapitel, und machen Sie sich in Ihrem Kagami-Merkbuch Notizen zu den Übungen, bevor Sie zu Teil IV über die kurzen Schläge gehen. Lesen Sie diese Notizen noch einmal, bevor Sie auf den Platz gehen, damit Sie sich während Ihrer Golfrunde sinnvolle Fragen stellen können. Das wird die Wahrnehmung Ihrer ganz persönlichen „Zwiebelschichten" schärfen.

Und wenn Sie dann bereit sind: Im nächsten Kapitel geht es um das so wichtige kurze Spiel. Es kann ganz allein den Unterschied zwischen einem guten und einem schlechten Score ausmachen.

III

Das kurze Spiel

17. Chippen und Pitchen

Der Chip-and-run-Schlag

▼

Die Ansprechroutine

▼

Das Schlaggefühl

▼

Der Pendelschwung

▼

Der verlängerte Schläger

▼

Die Entwicklung präziser Körperempfindungen

▼

Die Zielsetzung

▼

Hohe Pitches

IV

Das kurze Spiel

„Meiner Meinung nach ist ein Chip eine ebenso natürliche Bewegung wie einen Ball werfen."

Greg Norman

17. Chippen und Pitchen

In diesem Kapitel werden wir mit einer einfachen Aufstellungsroutine beginnen, dann einige Visualisierungen durchgehen, die Ihr Annäherungsspiel verbessern und entwikkeln helfen und uns schließlich mit Übungen befassen, die Ihre Genauigkeit erhöhen, nachdem sich Ihr Schwung gut in den Muskeln verankert hat.

Wenn Sie Zutrauen zu Ihrem kurzen Spiel gewonnen haben und sich eine oder zwei Schlagtechniken zu eigen machen konnten, verringert das den Druck, der auf dem langen Spiel lastet. Viele Golfspieler machen den Fehler, sich zum Ziel zu setzen, jedes Grün mit der korrekten Anzahl von Schlägen zu erreichen (das bedeutet etwa bei einem Par 4: zwei lange Schläge zum Grün plus zwei Putts). So läuft's einfach nicht. Selbst die Top-Profis der Welt schlagen nicht beständig jedes Grün in Regulation.

Einer meiner Freunde erzählte mir von einem Gespräch mit Nick Faldo, das er vor ein paar Jahren über eine Turnierrunde geführt hatte. Mein Freund fragte Nick, wie er denn heute abgeschnitten habe, worauf die Antwort lautete. „Heute habe ich den Ball schlecht geschlagen." Dann fragte mein Freund nach dem Score und erfuhr, daß er eine Par-Runde erzielt habe. Weiter befragt, sagte Nick, daß er nur zehn Löcher *in Regulation* gespielt, sich aber durch gute Putts und Pitches gerettet habe.

Das Kennzeichen eines guten Spielers: Er schlägt den Ball schlecht, verfehlt die Grüns, braucht aber zum Par nur zwei weitere Schläge.

Vergegenwärtigen Sie sich einmal die letzten 18 Löcher, die sie gespielt haben, und gehen Sie jedes Loch durch; machen Sie sich Notizen darüber, was geschah, als Sie, sagen wir zehn Meter, vom Grün entfernt waren. Wie oft benötigten Sie einen Chip und einen Putt, um das Loch zu beenden? Wie oft brauchten Sie drei Schläge? Und wie oft brauchten Sie vier oder mehr Schläge, um einzulochen?

Das ist eine äußerst aufschlußreiche Übung. Wenn Sie sie nach jeder gespielten Runde machen, wird das Ihre Wahrnehmung in bezug auf Ihre Fortschritte schärfen. Vielleicht sehen Sie sich dadurch auch motiviert, öfter als bisher zum Pitching Green zu gehen und die Übungen in diesem Buch zu machen!

Jede Situation, in der man sich auf dem Golfplatz befindet, ist anders als die vorherige. Die Variablen sind zahlreich: Die Geschwindigkeit des Grüns, die Neigungswinkel, die Position des Pins etc. Deshalb gibt es auch keinen Ersatz für das Training, wenn Sie ein gutes kurzes Spiel entwickeln wollen. Der Prozeß läßt sich jedoch etwas vereinfachen, wenn wir uns nur auf zwei Schlagtechniken konzentrieren, die den meisten Situationen gerecht werden.

Als ich das Golfspielen lernte, brachte mir mein Lehrer so viele unterschiedliche Chip- und Pitch-Schläge bei, daß ich bald zu zählen aufhörte. Manchmal konnte ich mich nicht mehr entscheiden, welche Technik ich bei einem bestimmten Schlag einsetzen sollte. Ich habe daher die ganze Sache vereinfacht, und heute halte ich mich an zwei Grundtechniken, eine für den Chip-and-run und eine für den hohen Pitch.

Der Chip-and-run-Schlag

Was versteht man unter einem Chip-and-run-Schlag? Dieser Schlag kommt vorwiegend innerhalb von zehn Metern Abstand zum Grün zum Einsatz: Der Ball fliegt niedrig und rollt dann auf dem Gras entlang. Wie weit er rollt, hängt von der Schiefe des Schlägers ab. Wenn man ein Pitching Wedge mit höherer Schiefe nimmt, dann rollt der Ball nicht sehr weit. Bei einem Siebenereisen mit geringerer Schiefe rollt der Ball weiter. Das bedeutet, daß wir nur eine Schlagart erlernen und die Schläger den unterschiedlichen Situationen auf dem Golfplatz anpassen müssen.

Die Ansprechroutine

Die Ansprechposition für einen Chip-and-run-Schlag kann unterschiedlich sein; es gibt mehrere Möglichkeiten dafür, um immer noch einen guten Schlag zu landen. Ich werde hier eine Möglichkeit beschreiben, die Sie aber nicht übernehmen müssen; Sie brauchen ihre eigene Aufstellung nicht zu verändern, um diesen Schlag zu üben.

Ich empfehle den Schläger ganz unten am Griff zu halten, so daß Ihre Finger fast den Schaft berühren. Das gibt Ihnen ein besseres Gefühl für das Schlägerblatt und mehr Sensibilität in den Fingern. Ich rate auch, die Füße enger zusammenzustellen und Arme nahe am Körper zu halten. Auch das gibt ein besseres Gefühl für den Schlag. Das Gewicht kann entweder gleichmäßig auf beide Beine verteilt oder stärker auf das linke verlagert sein, was auch immer sich bequemer anfühlt.

Eine gute Idee ist es, den vorderen Fuß leicht nach außen zu drehen, mit anderen Worten, der vordere Zeh zeigt auf elf Uhr, nicht auf zwölf Uhr. So können sich Hüften und Schultern beim Ansprechen etwas öffnen, was den Schwung durch den Ball erleichtert. Wenn Sie den Ball ständig gerade nach links schlagen, stehen Sie vielleicht zu offen und ziehen den Schläger quer über den Körper; also beachten Sie diesen Rat. Der Ball sollte entweder in der Mitte zwischen den Füßen oder leicht in Richtung hinterer Fuß liegen.

Das Schlaggefühl

Alle Schläge am Grün sind „Gefühlsschläge". Sie erfordern ein gutes Feeling, um die Schlagstärke ermitteln zu können. Einer roboterhaften Bewegung wird sich das kurze Spiel sperren, das nötige Gefühl kann sich auf diese Weise nicht einstellen. Um dieses Gefühl zu entwickeln, machen wir zuerst einige Übungen mit geschlossenen Augen.

Halten Sie ein Siebenereisen mit gestreckten Armen und geschlossenen Augen in die Höhe, und stellen Sie fest, wie schwer sich das Schlägerblatt auf einer Skala von 1 bis 5 anfühlt.

Wo fühlt sich das Schlägerblatt schwerer an, in der linken oder in der rechten Hand? Wenn Sie die Antwort

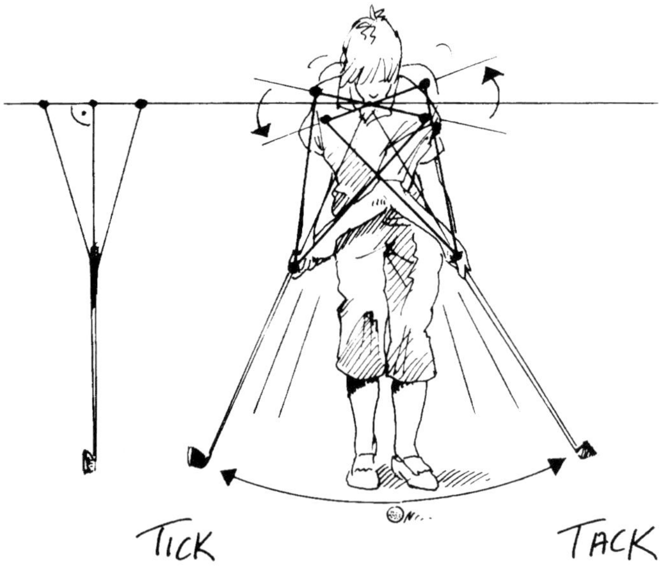

erhalten haben, stellen Sie sich die gleiche Frage mit geöffneten Augen – wie schwer ist das Schlägerblatt, zwischen 1 und 5? Änderte sich Ihre Wahrnehmung? Die meisten meiner Schüler stellen zwischen offenen und geschlossenen Augen Gewichtsunterschiede fest. Vergleichen Sie sich mit Ihren Freunden. Nebenbei gesagt, es gibt kein Richtig oder Falsch, nur die Wahrnehmung zählt.

Wenn Sie die bisherigen Übungen gemacht haben, werden Sie feststellen, daß Ihre Wahrnehmung während der Übung schärfer geworden ist. Jedes Wahrnehmungsspiel, jede Visualisierungsübung stärkt die Nervensynapsen zwischen Körper und Geist und hilft Ihnen daher, Ihr Golfspiel müheloser zu entwickeln.

Oftmals beobachtete ich Golfer beim Chippen, die viel mehr tun als nötig wäre, in der Regel mit den Händen.

Setzen Sie nun das Schlägerblatt auf den Boden, in der zuvor beschriebenen oder Ihrer eigenen Aufstellung. Beginnen Sie jetzt, wiederum mit geschlossenen Augen, das Gras mit dem Schlägerblatt zu streifen, wobei Sie dem Gewicht des Schlägerblatts in dieser anderen Position nachspüren.

Der Pendelschwung

Diese Bewegung ist die Grundlage für alle Annäherungsschläge rund um das Grün. Zuerst werden wir sie für den Chip-and-run-Schlag entwickeln und dann auf den Pitch erweitern.

Nehmen Sie das Siebenereisen noch einmal zur Hand, mit geschlossenen Augen, ohne Ball, und stellen Sie sich vor, daß Ihre Arme und Schultern wie das Pendel an einer großen Standuhr schwingen. Die Pendelbewegung kommt aus den Schultern – Handgelenke und Hände halten sich völlig still. Es ist wichtig, daß Handgelenke und Hände bei diesem Schlag *nichts* tun. Sie müssen nicht steif bleiben, weil sonst Ihr Schlaggefühl betäubt ist, lassen Sie sie einfach „aus dem Spiel". Ihre Schultern bewegen sich von einer Seite auf die andere, und mit dieser Drehbewegung schwingen Arme, Hände und Schläger mühelos hin und her. Das Schlägerblatt wird automatisch das Gras vor Ihren Füßen streifen.

Öffnen Sie nun Ihre Augen und schauen Sie nach, *wo* das Schlägerblatt das Gras streift. Dort muß der Ball liegen. Wenn Sie während des rhythmischen Pendelns die Worte „Tick, Tack" sprechen, können Sie den Kopf auf die Pendelbewegung fokussieren.

Übertragen wir nun diese einfache Bewegung auf den Ball. Oftmals beobachtete ich Golfer beim Chippen, die viel mehr tun als nötig wäre, in der Regel mit den Händen. Vielleicht sind Sie überrascht, wie simpel diese Bewegung ist und deshalb kaum Ansatzpunkte für Fehler gibt. Machen Sie einen Übungsschwung mit geschlossenen Augen, fühlen Sie die Pendelbewegung, öffnen Sie die Augen und plazieren Sie das Schlägerblatt hinter den Ball, in die Richtung des beabsichtigten Schlags. Schließen Sie wieder die Augen, und schwingen Sie mit der gleichen Bewegung durch den Ball – „Tick, Tack".

Achten Sie darauf, ob der Schwung mit Ball anders war als der Schwung ohne Ball. Nicht vergessen: Beurteilen Sie sich nicht, wenn er sich verändert hat, üben Sie weiter und nehmen Sie einfach nur wahr, welcher Unterschied zwischen Übungsschwung und Schwung mit Ball bestand.

Wenn Sie den Schlag mit geschlossenen Augen durchführen, merken Sie vielleicht, daß Sie ein besseres Gefühl für den Schwung und die Körperbewegung besitzen. Vielen fällt es sogar leichter, die gleiche Bewegung mit dem Ball und mit geschlossenen Augen zu wiederholen.

Der Anblick des Balls sendet in der Regel Botschaften zum Gehirn. Der Ball *muß* geschlagen werden, oder muß *auf bestimmte Weise* geschlagen werden, um ein bestimmtes Resultat zu erzielen. Das wirkt häufig störend auf die Schwungbewegung, die wir den Muskeln einprogrammieren wollen – eine weitere Zwiebelschicht, die den Diamanten verdeckt. Wenn wir die Augen schließen, verschwindet die visuelle Störung durch den Ball.

Als Handicapspieler glauben Sie vielleicht, daß das nur für Anfänger gilt; doch wenn Sie diese Übung machen, werden Sie vielleicht überrascht sein, daß auch bei Ihnen eine kleine „Krise" durch den Anblick des Balls ausgelöst wird. Sie mag unbedeutend sein, der Unterschied könnte aber zwei bis drei Schläge pro Runde ausmachen.

Wenn Sie mit dem Schwung und dem Gefühl des Balls am Schlägerblatt zufrieden sind, können Sie Ihre Augen öffnen und schwingen. Machen Sie weiterhin Übungsschwünge zwischen den Schlägen, um die Schwünge mit und ohne Ball zu vergleichen. Achten Sie jetzt jedoch darauf, daß Sie das Gras unter dem Ball sehen, nachdem der Ball davongesegelt ist. Beim Chippen und Pitchen ist das von zentraler Bedeutung.

Der Schwung ist hier nur eine kurze Bewegung, wir können daher das Gras während des gesamten Bewegungsablaufs beobachten. Wenn ich den verbreitetsten Fehler beim kurzen Spiel nennen sollte, bei Anfängern, Handicap-Spielern und Professionals gleichermaßen, dann bin ich überzeugt, daß es das zu frühzeitige Aufschauen ist, um zu sehen, wohin der Ball geflogen ist! Prägen Sie sich ein, bei *jedem* Schlag das Gras so lange zu beobachten, bis der Ball fort ist. Wenn Sie erst einige Zeit geübt haben, bleibt immer noch genügend Muße, um dem Ball nachzuschauen, wie er auf die Fahne zurollt.

Folgende Fragen können Sie sich stellen:

Schaue ich zu früh auf, oder sehe ich das Gras, nachdem ich den Ball geschlagen habe?

Ist die Pendelbewegung gleichmäßig, oder erfolgt der Vorschwung schneller als der Rückschwung?

Versuche ich, mit der rechten Hand den Ball zu schlagen?

Wie fühlt sich der Rhythmus des Pendels an?

Hebe ich Kopf und Schultern, während ich durch den Ball schwinge?

Der verlängerte Schläger

Wenn es Ihnen schwerfällt, die rechte Hand aus dem Spiel zu lassen – mit dem Ergebnis, daß der Schlag häufig getoppt oder halb angeschlagen wird –, könnte Ihnen die nächste Übung helfen, das gesuchte Gefühl zu entwickeln. Nehmen Sie einen zweiten Schläger, und verwenden Sie ihn als Verlängerung des Siebenereisens. Der Schaft des zweiten Schlägers sollte sich zur linken Körperseite hinauf verlängern. Wenn Sie während des Schwungs vom Schaft am Körper getroffen werden, müssen Sie Ihre rechte Hand eingesetzt haben, um den Ball zu treffen. Wenn der Handrücken der linken Hand weiter in Richtung Ziel schwingt und das Handgelenk sich nicht abbiegt, wird der verlängerte Schaft den Körper nicht berühren.

Wenn Sie das gewünschte Feeling verankert haben, legen Sie den zweiten Schläger wieder weg, und achten Sie darauf, ob Sie genauso schwingen wie zuvor. Wenn Sie wieder in die Gewohnheit verfallen, mit der rechten Hand zu schlagen, setzen Sie den zusätzlichen Schläger noch eine Weile ein. Schlagen Sie ein paar Mal mit, einige Male ohne zweiten Schläger. Durch die Schlägerwechsel verankern Sie nach und nach die Muskelerinnerung, ohne sich selbst „Tu-das"-Anweisungen zu geben.

Die Entwicklung präziser Körperempfindungen

Bis jetzt haben wir ein Siebenereisen benutzt, um diese Bewegung zu verankern. Wie gesagt, Sie können den gleichen Schwung mit verschiedenen Schlägern anwenden und unterschiedliche Ergebnisse erzielen.

Schauen wir uns einmal an, was mit dem Ball geschieht, wenn wir den gleichen Pendelschwung bei Pitching Wedge oder Sand Wedge benutzen.

Sie werden schneller lernen, wenn Sie Ursache und Wirkung in Ruhe studieren. Nehmen Sie verschiedene Schläger zum Übungsgrün, und probieren Sie unterschiedliche Positionen. Achten Sie auf die unterschiedlichen Reaktionen des Balls. Probieren Sie alle Schläger aus – vom Sand Wedge bis zum Siebenereisen. Vielleicht entscheiden Sie sich für zwei oder drei Schläger bei verschiedenen Entfernungen. Das ist in Ordnung, aber finden Sie es selbst heraus, und treffen Sie Ihre eigene Entscheidung.

Um die Wirkung Ihrer Schläge zu studieren, müssen Sie beobachten, was mit Ihrem Ball passiert. Das klingt jetzt vielleicht widersprüchlich, denn gerade noch habe ich Sie gebeten, das Gras unter dem Ball zu beobachten, nachdem Sie ihn geschlagen haben. Ich höre schon Ihre Frage. „Wie kann ich beides zugleich tun?"

Ich erzähle Ihnen deshalb einmal, was ich häufig bei Golfern beobachte, die ihr Pitchen üben. Sie folgen dem Flug des Balls, kaum daß er das Schlägerblatt verlassen hat, drehen sich dann um und holen sich den nächsten Ball, bevor der letzte ausgerollt ist. Sie haben keine Vorstellung davon, wo der Ball im Verhältnis zum Zielpunkt gelandet ist, und schauten womöglich zu früh auf.

Ich möchte Ihnen raten, genau das Gegenteil zu tun.

Beobachten Sie den Augenblick des Aufpralls, halten Sie die Augen einige Sekunden auf das Gras unter dem Ball gerichtet, und *dann* schauen Sie dem rollenden Ball auf dem Grün nach. Beobachten Sie den Ball, bis er zum *Stillstand* gekommen ist, stellen Sie genau und ohne Selbstkritik fest, wo der Ball liegt. Auf diese Weise geben Sie der unterbewußten, natürlich lernenden Seite Ihres Geistes genaue Informationen: „O. k., das ist das Gefühl, das den Ball unter diesen Bedingungen so und so weit fliegen läßt."

Selbst wenn der Ball völlig anders fliegt als gewünscht, können Sie immer noch von dem Schlag etwas lernen. Nur dann ist diese Information nutzlos, wenn der Schlag getoppt war; denn dann rollt er automatisch weiter als bei einem sauberen Schlag. Sie werden jedoch den Unterschied am Gefühl des Balles auf dem Schlägerblatt feststellen.

Wenn der Ball nicht die gewünschte Richtung nimmt, prüfen Sie Aufstellung und Griff. In dieser Hinsicht sind die Physik des langen und kurzen Spiels identisch.

Die Zielsetzung

Wie schon zuvor diskutiert: Zu den wichtigsten Zwiebelschichten, die die mentale Verfassung für Spitzenleistungen blockiert, gehört das Setzen unerreichbarer Ziele. Was ist Ihr Ziel bei den Chip-and-run-Schlägen? Ist es zu leicht, zu schwer oder genau richtig? Die Antwort, die von Ihrer Erfahrung, Ihren Fähigkeiten abhängt, kennen nur Sie allein. Ein Hinweis: Wenn Sie sich auch nur im geringsten von Ihrem Ziel gestreßt fühlen, dann ist es wahrscheinlich zu hoch gesteckt. Wenn Sie Ihre Konzentration verlieren, dann ist es zu leicht oder zu unklar definiert.

Wenn Sie merken, daß Ihre Ziele für Ihre momentane Spielstärke zu schwierig sind, dann machen Sie das Loch in Ihrer Vorstellungskraft einfach größer. Wenn der Schlag ins Loch gehen soll, vergrößern Sie das Loch mental bis zum Radius einer Schlägerlänge um das Loch herum, oder noch größer, wenn Sie wollen. Je angepaßter das Ziel, desto leichter kommen Sie in die richtige Verfassung und haben eine größere Chance für einen guten Schlag. Das wiederum stärkt Ihr Selbstvertrauen.

Als ich die Auswirkung unproduktiver Ziele in meinem eigenen Golfspiel studierte, fiel mir der Unterschied auf, der zwischen verschiedenen Tagen besteht. An manchen Tagen kann ich visualisieren, wie ich den Ball ganz nahe am Grün ins Loch chippe, und dieses Ziel setzt mich nicht unter Druck. An anderen Tagen visualisiere ich dasselbe Ziel und muß entdecken, daß ich heute zuviel des Guten versuche. Ich warte eine Sekunde zu lang oder werfe noch einen Blick auf das Loch. Folglich lieferte ich stets einen schlechten Schlag ab. An diesem Tag hatte ich nicht soviel Zutrauen zu meinem kurzen Spiel.

Ich habe gelernt, auf diese feine Verschiebung zu achten. Statt zu versuchen, einzulochen, ziele ich auf einen Kreis um das Loch herum. Das hat mir geholfen, meine Chips beständiger zu machen und nicht zu erlauben, daß die schlechten Tage mein Resultat allzusehr drücken.

Der gerade erlernte Chip wird sich in den unterschiedlichsten Situationen als sinnvoll erweisen. In Schottland nennen sie ihn den „Bump-and-Run"-Schlag und setzen ihn noch aus neunzig Meter Entfernung vom Grün ein. Die Schotten spielen lange Eisen flach und rollend und landen weit vor dem Grün, weil sie nur so den Ball auf den harten Grüns der Links-Kurse stoppen können. Wenn sie einen hohen Pitch spielen, würde er nur über das Grün springen oder auf einem Buckel landen und seitwärts weghüpfen.

Hohe Pitches

Gehen wir zuerst einige Visualisierungsübungen durch, um einen grundlegenden Pitch zu entwickeln oder zu verbessern, und lassen fortgeschrittene Übungen folgen. Für diesen Schlag können Sie nach Belieben Pitching Wedge oder Sand Wedge benutzen.

Am häufigsten brauchen Sie für den Pitch einen einfachen Schlag, der auf dem Grün landet und nur wenig

rollt – keinen hohen Lob mit viel Backspin. Es gibt verschiedene Wege, diesen Schlag zu trainieren. Üben Sie mit allen Methoden, und verwenden Sie dann jene, die für Sie die besten Ergebnisse bringt.

Das erweiterte Pendel

Der einfachste Weg ist die Ausdehnung des Pendelschwungs, den Sie beim Chip-and-run-Schlag gelernt haben. Bewegen Sie sich langsam weiter weg vom Grün, und holen Sie nach und nach im Schwung immer weiter aus, wobei Sie den fließenden Rhythmus der Pendelbewegung beibehalten. Achten Sie auf Hände und Handgelenke: Halten Sie den Schläger feinfühlig, und lassen Sie die Hände nach und nach ins Spiel kommen, indem Sie sich fragen, wieviel Handgelenkaktion am Rückschwung beteiligt ist, auf einer Skala von 1 bis 5. So können Sie das Idealmaß für die Handgelenkaktion bei Schwung und visualisiertem Schlag ermitteln. Hier könnten Sie auch die „Hello-Goodbye"-Übung erfolgreich einsetzen, weil diese Handstellung sehr wirksam für hohe Pitches ist.

Sie haben nun der Pendelbewegung eine neue Dimension hinzugefügt: Hände und Handgelenke kommen beim Schwung ins Spiel.

Wurf des Schlägerblatts

Halten Sie etwa 15 Meter Abstand vom Übungsgrün und nehmen Sie Aufstellung wie beim Chip-and-run-Schlag, mit den Füßen ein wenig weiter auseinander und die Hände etwas höher am Griff.

Legen Sie nun den Schläger ab, und nehmen Sie einen Golfball in die rechte Hand. Stehen Sie seitwärts zum Grün, in der Aufstellung, als ob Sie einen Ball schlagen wollten. Werfen Sie nun den Ball in hohem, weichem Bogen in Richtung Grün, mit Hilfe einer Unterarmbewegung.

Schließen Sie Ihre Augen und studieren Sie die Bewegung von Arm, Hand und Handgelenk während des Wurfs. Vielleicht finden Sie einen Freund und üben mit ihm, indem Sie sich gegenseitig den Ball zuwerfen. Das hilft Ihnen, die Muskelerinnerung des Pitch-Schlags zu verankern.

Nehmen Sie nun den Schläger und halten ihn nur mit der rechten Hand ganz unten am Griff, nahe am Schaft. Machen Sie die gleiche Bewegung ohne Ball; doch statt den Ball zu werfen, können Sie sich vorstellen, das Schlägerblatt aufs Grün zu werfen. Schließen Sie ihre Augen und fühlen Sie diese Bewegung intensiv – prüfen Sie, ob es die gleiche Bewegung wie beim Ballwurf ist.

Legen Sie nun beide Hände an den Schläger und wiederholen Sie die gleiche Bewegung: Sie werfen das Schlägerblatt aufs Grün. Wenn Sie sich mit der Bewegung sicher fühlen, tun Sie das gleiche mit dem Ball, jedoch mit geöffneten Augen. Gehen Sie jedesmal diese vier Schritte durch, beginnend mit dem Ballwurf. Achten Sie dabei auf Veränderungen im Schwung.

Wenn Sie mit der Übung vertraut geworden sind, können Sie auch den Ball mit geschlossenen Augen schlagen. Vielleicht macht Sie das anfangs unsicher, doch es wird Ihr Gefühl und Ihre Wahrnehmung entwickeln helfen.

Wenn Sie den Ball toppen oder halb schlagen, achten Sie auf die folgenden Punkte:

Sehen Sie das Gras, nachdem der Ball fort ist?

Versuchen Sie, den Ball mit dem Schlägerblatt in die Luft zu heben?

Sie wissen nun, wie Sie beim ersten Punkt verfahren müssen, für den zweiten wird Ihnen die nächste Übung helfen.

Eine Glocke läuten

Das genaue Gegenteil ist die zweite Methode, den Chip zu erlernen oder zu verbessern. Hier kommt die linke Hand als Führhand zum Einsatz. Bei gleicher Aufstellung und Ansprechhaltung stellen Sie sich dieses Mal vor, daß Sie ein Seil halten, das an einer Glocke am Gipfelpunkt Ihres Rückschwungs befestigt ist. Um die Glocke zu läuten, ziehen Sie das Seil mit der linken Hand *abwärts und durch* den Ball. Diese Visualisierung hilft dabei, den Ball steiler zu treffen und ihn höher zu schlagen.

Wenn Ihr Pitch schon verankert ist, sind Beständigkeit und Präzision das wichtigste Element. Beides können Sie deutlich verbessern, wenn Sie Visualisierungen verwenden, die Sie mental und emotional mit Ihrem Ziel verbinden. Ihr Unterbewußtsein erhält eine deutliche Botschaft in bezug auf Ihre Absichten; für negative Gedanken bleibt kein Raum.

Zur Entwicklung der positiven Verbindung gibt es verschiedene Wege, und vielleicht haben Sie schon Ihre eigenen mentalen Spiele erfunden. Hier sind zwei, die meinen Schülern und mir geholfen haben.

Der Faden und das Loch

Eine Freundin, Profi-Spielerin mit exzellentem Kurzspiel, erzählte mir während eines Kagami-Trainings, was sie bei kurzen Schlägen visualisiert. Sie stellt sich vor, daß ein Faden an ihrem linken Handrücken befestigt ist, der am Schläger entlang hinabläuft, durch den Ball zum Ziel. Der Faden dient als Bindeglied zwischen linker Hand und Loch.

Mehr braucht sie nicht, weil ihr die Visualisierung auch hilft, die Betonung auf den linken Handrücken zu legen, der in Richtung Fahne geht. Wenn Sie den Faden sehr deutlich visualisiert, hat sie das Gefühl, als ob der Ball keine andere Wahl hat, als mit dem Faden zum Ziel zu fliegen.

In Abwandlung dieser Übung kann man sich vorstellen, daß der Faden direkt vom linken Handrücken zum Loch führt. Bei der Schlagausführung zieht der Faden die linke Hand zum Loch.

Die Verbindung

Eine weitere Übung besteht darin, die Verbindung zwischen Händen, Schläger, Ball und Ziel zu fühlen. Wie genau wird sich der Schlag anfühlen, der den Ball in weicher Kurve aufs Grün bringt und zum Ziel rollen läßt? Beantworten Sie die Frage nicht mit dem Kopf, lassen Sie es sich von Ihrem Unterbewußtsein zeigen. Nach einiger Zeit werden Sie eine Sensibilität für den Schlag in Ihren Händen und im Schlägerblatt fühlen, eine Verbindung zwischen Schläger, Ball und Ziel, als ob zwischen Ihnen und der Fahne keine Trennung existiert.

Wenn Sie Schwierigkeiten mit dem Visualisieren oder mit den beiden Übungen haben, prüfen Sie, wie hoch Ihre Ziele gesteckt sind. Vielleicht sind Sie für den Grad Ihres Selbstvertrauens etwas zu hoch angesetzt.

Bei beiden Übungen ist es jedoch während des Schwungs immer noch wichtig, den Aufprall von Schläger und Ball zu beobachten. Wenn ich mich zu sehr in die Verbindung mit dem Ziel vertiefe, vergesse ich, das Auftreffen zu beobachten. Je erfahrener Sie im Golfspiel werden, desto mehr können Sie das Ziel in Ihre Denkprozesse einbinden; doch es muß weiterhin ein Gleichgewicht herrschen. Bei Anfängern ist es das letzte, woran sie denken sollten; doch ein Spieler mit einstelligem Handicap oder Professional kann sich schon stärker mit dem verbinden, was er erreichen will, ohne den Schwung zu stören.

Überstarke Ausrichtung auf das beabsichtigte Ziel kann auch Professionals schaden. Das Gleichgewicht zu erreichen ist leichter, wenn man die eigenen Gedanken wahrnimmt und sie bewußt steuert. Dann kann man mit unterschiedlichen Abstufungen von Zielausrichtung und Visualisierungen experimentieren und eine mentale Technik entwickeln, die die größten Erfolgsaussichten verspricht.

Die Übungen in diesem Kapitel sollen Sie nur auf den Weg bringen – eigene Visualisierungsübungen zu entwickeln kann großen Spaß machen.

Checkliste für die Übung:

Fühlen Sie das Gewicht des Schlägerblatts, zwischen 1 und 5. Empfinden beide Hände das gleiche Gewicht, oder ist die Wahrnehmung unterschiedlich?

▼

Der Chip-and-run-Pendelschwung, mit geschlossenen und offenen Augen.

▼

Vergleichen Sie den Übungsschwung mit dem Schwung mit Ball.

▼

Bei Schlägen um das Grün: Habe ich das Gras gesehen, nachdem der Ball geschlagen wurde?

Wenn Sie den Ball toppen oder halbschlagen, üben Sie mit verlängertem Schläger.

▼

Hohe Pitches. Ballwurf mit der rechten Hand.

▼

Alternativ: Läuten einer Glocke mit der linken Hand. Ziehen des Schlägers hinab und durch den Ball.

▼

Visualisieren Sie einen Faden, angeheftet an den linken Handrücken und ans Ziel.

▼

Fühlen der Verbindung zwischen Händen, Schlägerblatt, Ball und Ziel.

IV

18. Müheloses Bunkerspiel

Wieviel Sand habe ich herausgeschlagen?

▼

Das Bunkermännchen

▼

Die Aufstellung für hohe Bunkerschläge

▼

Der Telefonzellenschwung

IV

DAS KURZE SPIEL

„Der Schlag aus dem Sand heraus ist der leichteste beim Golf. Schließlich ist er der einzige, wo man den Ball nicht treffen muß.“

WALTER HAGEN

18. Müheloses Bunkerspiel

Zahlreiche Golfer, manchmal sogar gute Spieler, zittern vor dem Spiel aus dem Sandbunker. Wie oft haben Sie es schon gehört: „Oh nein, nicht in den Bunker!“ Besonders Anfänger haben Schwierigkeiten mit dem Bunker, weil sie nicht wissen, wie man ihn korrekt spielt.

Bunkerschläge können sehr interessant sein und zu Vielfältigkeit und Reiz des Golfspiels besonders beitragen. Wenn Sie erst Zutrauen zu Ihrer Fähigkeit gewonnen haben, den Ball erfolgreich aus dem Bunker zu holen, verlieren die „Sandkisten“ auch ihre Bedrohlichkeit. Bei den meisten Golfern ist das schlicht eine Frage von physikalischem Verständnis, einigen Visualisierungsübungen und von viel Praxis.

Ob als Handicap-Spieler oder Anfänger, ich bin überzeugt, daß Sie von den Übungen in diesem Kapitel profitieren können, in der angegebenen Reihenfolge. Ich werde die Beschreibungen so einfach wie möglich halten; nur die Aufstellung für einen hohen Bunkerschlg muß etwas näher erläutert werden.

Für die Übungen sollten Sie einige Zeit im Übungsbunker verbringen. Wenn Ihr Club keinen besitzt, suchen Sie sich einen in einem Club oder einem Übungsplatz in Ihrer Nähe. Diese Übungen in einem Golfplatzbunker durchzuführen dürfte dort nicht gerade auf Gegenliebe stoßen.

Zum Reiz der Bunker gehört es, daß sie Sand enthalten! Liegt auf der

Hand, ich weiß, doch schenken wir dem Sand auch genug Aufmerksamkeit? Hier verbirgt sich der einzige gravierende Unterschied zwischen einem hohen Pitch aus dem Gras und einem Bunkerschlag. Machen wir uns daher zuerst mit der Konsistenz des Sandes im Bunker vertraut. Fühlen Sie, wie tief der Sand ist, wie der Schläger reagiert, wenn Sie ihn durch den Sand ziehen. Normalerweise haben wir keine Gelegenheit, den Sand der Bunker zu prüfen; machen Sie also jetzt das Beste daraus.

Wieviel Sand habe ich herausgeschlagen

Die Sandmenge, die ich mit dem Schlag „herausschaufle", macht den Unterschied zwischen einem langen und einem kurzen Schlag aus dem Bunker aus. Wenn ich mit dem *Sand Wedge* einen Sechzig-Meter-Schlag aus dem Bunker machen will, muß ich den Ball sauber schlagen und darf fast keinen Sand schaufeln. Ein hoher, weicher Schlag aus einem Bunker am Grün wird viel mehr Sand mitnehmen. In beiden Fällen verwende ich fast den gleichen Schwung.

Die größte Herausforderung bei Bunkerschlägen besteht nach meiner Erfahrung in der Kontrolle der Sandmenge und damit, wie weit der Ball fliegt oder ob er überhaupt den Bunker überwindet.

Ich habe ein Wahrnehmungsspiel entwickelt, um meinen Schülern zu ermöglichen, diesen Aspekt der Bunkerschläge zu trainieren. Vergessen Sie nicht, daß wir stets nach Spielen Ausschau halten sollten, die uns von der „Ich-muß"-Denkweise zu Fragen und Antworten vom Typ „Was ist passiert?" führen, besonders während des Schwungs.

Wir messen die Sandmenge auf einer Skala von 1 bis 5. 1 bedeutet gar kein Sand, 2 ist eine kleine Delle unter dem Ball (so groß wie ein Lammedaillon), 3 bedeutet etwas mehr Sand (wie ein Schnitzel), 4 ist noch mehr Sand (wie ein T-bone-Steak), 5 ergibt sich, wenn der Schläger zu weit hinter dem Ball den Sand aufwühlt (wie ein Ochsenbraten). Bei 5 bleibt der Ball in der Regel im Sand.

Der Sand verlangsamt das Schlägerblatt, Sie benötigen deshalb einen vollen Schwung – viel härter, als Sie vielleicht glauben. Machen Sie zuerst einige Schwünge ohne Ball, und achten Sie darauf, wieviel Sand Sie jeweils mitnehmen, zwischen 1 und 5. Achten Sie dabei auf den Aufprall des Schlägers.

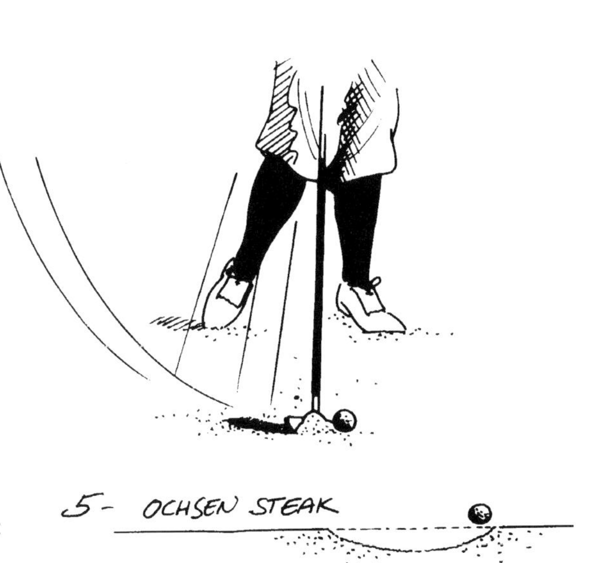

Säubern Sie eine flache Sandfläche und zeichnen Sie, wie in der Abbildung gezeigt, Linien in den Sand. Die Linie vom Ball in Richtung Fahne gibt die Richtung für das Schlägerblatt an. Die Linie von 2 Uhr bis 8 Uhr zeigt die Schwungrichtung, und die Linie bei den Füßen die Aufstellungsrichtung. Wenn Sie sich so im Bunker aufstellen, weisen Füße, Hüften und Schultern nach links von der Fahne.

Und das ist richtig so. Anfangs mag es sich ungewohnt anfühlen, doch bleiben Sie dabei. Die Grundlinie des Schlägerblatts weist in Richtung Fahne, und der Schläger sollte so offen sein, daß man sich vorstellen kann, auf dem Schlägerblatt ein Ei zu kochen, ohne daß es herabfällt.

Das Bunkermännchen

Eine gute Visualisierung für kurze Bunkerschläge: Stellen Sie sich vor, der Ball ist ein kleines, im Sand stehendes Männchen. Die Füße des kleinen Mannes sind etwa 2 cm im Sand vergraben. Das Ziel ist es, den Schläger durch den Sand unter seinen Füßen durchzuschwingen, so daß er mit heilen Beinen und Füßen aus dem Sand fliegt. Wenn Sie nicht genug Sand mitnehmen, könnten Sie seine Beine abhacken!

Die Aufstellung für hohe Bunkerschläge

Bei flachen Bunkern auf der Spielbahn und nicht allzu steilen Bunkern am Grün ist die Aufstellung für Bunkerschläge die gleiche wie bei normalen Chips. In steilen Bunkern muß der Sand offener sein, weil man nur so den Ball hoch genug schlagen kann, um den Bunker zu überwinden. Die Aufstellung unterscheidet sich grundlegend von den meisten anderen Schlägen, ich werde sie daher Schritt für Schritt durchgehen. Wenn diese Information für Sie neu ist, schlagen Sie einige Zeit lang keine Bälle, bis Sie mit der neuen Bewegung völlig vertraut sind.

Der Winkel des Schwungs ist der gleiche wie Ihre Aufstellung, mit anderen Worten, von außen nach innen über den Ball. Das Gewicht sollte gleichmäßig auf beide Füße verteilt sein, der Ball ist nahe an der linken Ferse plaziert.

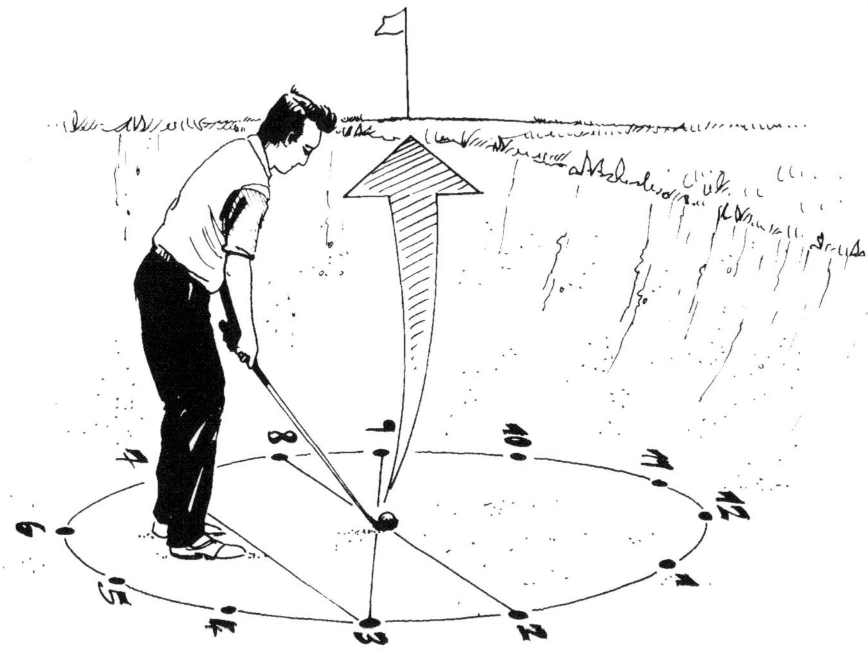

Bei dieser Aufstellung bleibt Ihnen nichts übrig, als den Schläger mit offenem Schlägerblatt von außen nach innen zu schwingen. Das gibt dem Ball viel Rückwärtsdrall (Backspin) und schickt ihn schnell in die Höhe.

Aus dieser Stellung können Sie den Ball so hart schlagen, wie gewünscht, und Sand mit dem Ball mitnehmen. Er wird in die Luft hopsen und sanft auf dem Grün landen. Je größer der Schwung, desto größer der Rückwärtsdrall.

Üben Sie mit dieser Aufstellung, schwingen Sie von 2 bis 8 Uhr, und halten Sie das Schlägerblatt offen zum Ziel. Wenn Sie sich damit vertraut fühlen, wenden Sie sich der Frage zu: Wieviel Sand nehme ich mit?

Ein weiterer wichtiger Punkt: Wo endet der Schläger nach dem Schlag? Schwingen Sie durch den Sand, oder wird der Schläger durch den Aufprall im Sand langsamer oder gar gestoppt? Wenn Sie darauf achten, wo der Schlägerschwung aufhört, geben Sie Ihrem Unterbewußtsein genaue Informationen – und das ist alles, was Sie brauchen.

Wenn Sie sich mit dieser Bewegung wohl fühlen, fangen Sie an, Bälle aus dem Bunker zu schlagen. Tauchen Probleme auf, gehen Sie zurück zum Schwung ohne Ball, prüfen Sie Ihre Aufstellung und wieviel Sand Sie dabei mitnehmen.

Wenn dieser Schlag für Sie neu ist, sollten Sie ihn einige Wochen trainieren, bevor Sie ihn auf dem Golfplatz anwenden. Position und Bewegung sollten gut in Ihren Muskeln verankert sein, dann müssen Sie nicht mehr über ihn nachdenken. Alle Bunkerschläge können dann zur automatischen Bewegung werden.

Der Telefonzellenschwung

Diese Visualisierung eignet sich für alle hohen Backspins, ob Bunkerschlag oder hoher Feder-Pitch. (Dieser Pitch landet weich wie eine Feder auf dem Grün.) Um mehr Backspin zu erzielen, müssen wir den Schläger nach den Gesetzen der Physik beim Rückschwung steiler schwingen, damit der Schläger den Ball steiler trifft und ihn mit Rückwärtsdrall höher fliegen läßt. Das erzählt uns der Intellekt; doch jetzt werde ich Ihnen einen einfacheren Weg zeigen, diese Bewegung auszuführen – ohne all die technischen Überlegungen in Ihrem Kopf: Eine Visualisierung für die rechte Gehirnhälfte.

Stellen Sie sich vor, Sie stehen in einer Telefonzelle mit geöffneter Tür. Sie schlagen den Ball in Richtung offener Tür, haben aber für den Rückschwung nur wenig Platz, weil die Zelle sehr klein ist. Folglich müssen Sie den Schläger beim Rückschwung mit Hilfe von Handgelenken und Händen sehr steil führen. Der Vorschwung ist unbehindert, weil die Tür offen ist; Sie können frei durch den Ball schlagen.

Sie können diesen Schlag mit dem gleichen Ergebnis aus Bunker oder Gras schlagen: ein hoher, kurzer Schlag mit viel Backspin. Eine kleine Warnung zu diesem Schlag: Wenden Sie ihn im Gras nur bei guter Ballage an und nur dann, wenn Sie den Schlag geübt haben und mit ihm vertraut sind.

CHECKLISTE FÜR DIE ÜBUNG:

Wieviel Sand habe ich mitgenommen, zwischen 1 und 5?

▼

Das Bunkermännchen aus dem Sand zu schlagen bringt den Intellekt zum Schweigen.

▼

Zeichnen Sie die Aufstellung in den Sand, und schwingen Sie den Schläger entlang der Linien.

▼

Halten Sie das Schlägerblatt in Richtung Zielpunkt, offen genug, um darauf ein Ei zu kochen.

▼

Um mehr Höhe zu gewinnen, stellen Sie sich vor, Sie schwingen in einer Telefonzelle.

▼

Wie stets bei jedem Schlag, visualisieren Sie vor dem Schlag, was Sie erreichen wollen, und achten Sie auf den Augenblick des Auftreffens.

IV

19. Putten – das vergessene Spiel

Das Gesetz der Physik

Lange Putts

Kurze Putts

Mittellange Putts

Wie man das Putten übt

Marcus, der Pro

Eine persönliche Erfahrung

IV

DAS KURZE SPIEL

„Ein einziger bewußter Gedanke, der uns durch den Kopf geht, bringt den Pfeil von seiner Bahn zum Ziel hin ab."

ZEN IN DER KUNST DES BOGENSCHIESSENS

19. Putten – das vergessene Spiel

„Eine kleine Sache hat im strategisch richtigen Moment eine große Wirkung."

Das Putten ist ein Spiel im Spiel. Es scheint die Menschen auf unterschiedliche Weise zu beschäftigen. Manche Golfspieler gewinnen von Anfang an Selbstvertrauen und finden das Einlochen leicht, andere frustriert es so sehr, daß sie das Golfspielen aufgeben. Die mentalen Aspekte überwiegen dabei so sehr, daß wir wissen müssen, wie wir unseren Kopf auf dem Übungsgrün zum Schweigen bringen können; sonst wird uns der wunderbare Spiegel des Golfs zeigen, daß wir in den Schwung eingegriffen haben – in der Regel dadurch, daß der Ball das Loch verfehlt!

Die Beherrschung der bewußten Denkvorgänge während des Schwungs ist bei weitem das wichtigste Element beim Putten. Deshalb können sich Golfer mit Hilfe der Kagami-Methoden nach kurzer Zeit dramatisch verbessern. Wer die geeignete mentale Technik gefunden hat, für den ist es nur noch eine Frage der Übung.

Das Gesetz der Physik

Das Putten kennt mehr Stilrichtungen als jeder andere Bereich im Golf, weil es auf dem Grün nur noch sehr wenige Regeln gibt, die zu beachten sind. Die physikalischen Gesetze sind sehr einfach.

a) Die Richtung des Putterblatts im Augenblick des Kontakts mit dem Ball bestimmt die Richtung des Balls.

b) Die Geschwindigkeit des Putterblatts bestimmt die Wegstrecke, die der Ball zurücklegt.

Wer diese beiden Elemente beherrscht, ist ein guter Putter.

In dieser Hinsicht habe ich nur einen oder zwei Vorschläge; doch das sind nur nützliche Hinweise, die mir geholfen haben, nicht etwas, das Sie unbedingt übernehmen müssen. Bei der Kontrolle des Putter nützt mir beispielsweise ein fester Stand. Ich habe gerne meine Augen über dem Ball, weil es mir hilft, die Linie zu sehen, auf der mein Ball rollen soll.

Wenn Sie als Anfänger nach einem guten Putt suchen oder wenn Sie einen erfolgreicheren Schlag trainieren wollen, kann ich die Pendelbewegung empfehlen – ähnlich dem Chip-and-run-Schlag im letzten Kapitel. Der einzige Unterschied besteht darin, daß Beine und Hüften beim Putten völlig bewegungslos bleiben müssen, die Pendelbewegung darf nur aus den Schultern kommen.

Der Griff ist sehr individuell, wichtig ist nur, daß beide Hände ruhig bleiben und so eng wie möglich zusammenarbeiten. Auch wenn eine Hand kontrolliert, sollte die andere als stützende Kraft wirken und nicht konkurrieren. Eine entspannte, aber stabile Aufstellung sorgt für entspannte Muskeln.

Lange Putts

Viele Golfer fragen mich, wie man die Schlagstärke eines langen Putts beurteilen kann, wenn so viele Variablen eine Rolle spielen. Ich sage immer, daß man es nicht intellektuell beurteilen kann. Das Unterbewußtsein ist unendlich viel fähiger, einen Putt einzuschätzen, als der Kopf.

a) Die Programmierung des Computers. Beschäftigen wir uns mit der mentalen Vorbereitung für einen langen Putt, von etwa sechs bis sieben Meter Länge. Ich möchte, daß Sie sich Ihr Unterbewußtsein als Computer vorstellen. Er kann in Sekundenschnelle sämtliche Variablen berechnen, die einen langen Putt beeinflussen, und ohne Beteiligung des Intellekts Ihren Muskeln alle nötigen Informationen geben.

Wichtigste Voraussetzung dazu ist, daß der innere Computer mit den richtigen Daten gefüttert wird. Wenn Sie hinter dem Putt stehen, um die Entfernung zu schätzen, dann funktionieren Ihre Augen wie Kameralinsen – Sie werden die Entfernung kürzer als in Wirklichkeit einschätzen. Seitlich jedoch, von der Mitte zwischen Putt und Loch aus, können Sie dem Computer die korrekten Daten eingeben. Auch die Lage des Grüns, sein Neigungswinkel und andere Eigenschaften treten deutlicher zutage.

Das Auge braucht nur wenige Sekunden, um dem inneren Computer diese Informationen zu übermitteln. Wenn es zur Gewohnheit geworden ist, werden Sie Ihre Tasche an einem geeigneten Platz neben dem Grün ablegen, um die beste Sicht auf den Putt zu erhalten und nicht zuviel Zeit zu verschwenden. *Versuchen* Sie nicht, Distanz und Unebenheit des Grüns zu erkennen. Schon kleinste Spannungen im Denken können jene Augenmuskeln zusammenziehen, die die Gestalt der Linse regulieren, und damit Wahrnehmung von Grün und Entfernung verändern.

Der nächste Programmierschritt betrifft die Richtung des Putts. Man erkennt sie am besten einige Schritte hinter dem Putt. Ich selbst beurteile bei langen Putts die Richtung des Schlags nicht mit hoher Genauigkeit. Eine allgemeine Vorstellung genügt meinem Computer – mit Ausnahme schwieriger Hügelputts, bei denen ich einen Punkt am Hang auswähle, den der Ball berühren soll.

Verzichten Sie auf eine Analyse des Putts und auf Selbstanweisungen, was oder was nicht zu tun ist. Vorschriften treiben Sie in den Kopf zurück und blockieren die präzise Funktion Ihres inneren Computers. Früher führte ich Selbstgespräche: „Vergiß nicht, der letzte lange Putt war zu kurz, schlag jetzt also etwas fester", oder „Wenn ich von rechts nach links schlage, sollte er zehn Zentimeter ausbrechen; wenn ich aber fester schlage, dann nur sieben Zentimeter." Der innere Computer ist absolut fähig, alle diese Berechnungen ohne Eingriffe des Intellekts vorzunehmen.

b) Ein müheloses Ziel setzen. Der nächste Programmierpunkt ist Ihr Ziel. Und das ist eine Frage des Selbstvertrauens. Bei zu hoch gesteckten Zielen setze ich mich erfahrungsgemäß unter Druck, und mein Intellekt läßt dem inneren Computer keine Chance, richtig zu funktionieren. Er mischt sich ein und sagt mir, was zu tun ist. Setzen Sie sich bei allen Putts erreichbare Ziele.

Für Professionals ist das Einlochen eines Siebenmeter-Putts eine spannende Herausforderung, einen mittleren Handicap-Spieler setzt es jedoch unter Streß. Um streßfreie Ziele zu finden, bitte ich meine Schüler, mir zu sagen, wie groß das Loch sein soll, damit sie hundertprozentig sicher sein können, den Ball einzulochen. Zumeist beträgt der Radius dann eine Putterlänge. Das ist in Ordnung, denn wenn der erste Ball innerhalb des Kreises landet, ist der zweite Putt meist relativ leicht.

Wählen Sie Ihr Ziel und visualisieren Sie dann, wie der Ball in diesem Kreis landet. Auf dem Übungsgrün erweist sich manchmal ein Kreidekreis als hilfreich, oder die Markierung Ihres Ziels mit einem Tee.

c) Vertrauen in den inneren Computer. Alle Daten sind nun im Computer – die richtige Entfernung, die Neigung des Grüns, die Geschwindigkeit und Richtung des Putts und ein leicht erreichbares Ziel. Jetzt fehlt nur noch ein wenig Selbstvertrauen.

gewonnen. Das war sicherlich nicht von Anfang an so, bevor ich mit diesen mentalen Techniken begann. Wenn Sie noch nie zuvor dem inneren Computer Gelegenheit gaben, die Putts für Sie zu schlagen, dauert es vielleicht einige Schläge, bevor er seine Arbeit aufnimmt.

Faszinierend ist es, zu beobachten, was in meinen Kursen mit den Schülern passiert. Anfangs schlagen sie den Ball weit neben das Loch; doch wenn sich der Intellekt nicht einmischt und sie das Vertrauen in den Computer behalten, werden sie nach etwa fünf bis sechs Schlägen unglaublich präzise.

Eine relative Anfängerin lochte kürzlich bei dieser Übung innerhalb von 20 Minuten sechs Putts ein, sämtlich über sieben Meter lang. Sie hatte noch nie einen Putt aus dieser Distanz eingelocht, und ihr erklärtes Ziel zu Beginn des Kurses war die Verbesserung ihres Puttens gewesen.

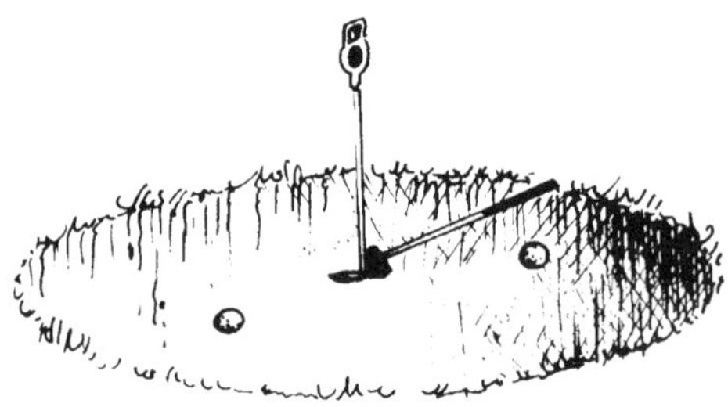

Wenn mir ein langer Putt bevorsteht, weiß ich, daß mein Computer alles hat, was er braucht, um *für mich* den Ball zu schlagen. Deshalb schweigt mein Intellekt im Augenblick des Schlags. Ich denke über nichts anderes nach. Vielleicht fühle ich den Rhythmus der Bewegung oder visualisiere den Weg des Balls; doch meistens denke ich an gar nichts.

Das Vertrauen in meinen inneren Computer habe ich im Laufe der Zeit

d) Die Fähigkeit, das Feeling zu verbessern. Wie bei Chip und Pitch: Geschlossene Augen helfen unseren Sinnesorganen, das „Feeling" zu entwickeln. Die nächste Übung habe ich mir ausgedacht, um die Sensibilität auf dem Putting Green zu erhöhen. Sie macht auch mit einem Partner viel Spaß.

Finden Sie einen langen Putt von etwa sechs Meter und putten Sie mit geschlossenen Augen. Bevor Sie die Augen öffnen, sagen Sie Ihrem Partner oder sich selbst, wie weit vor oder hinter dem Loch der Ball zum Stillstand gekommen ist. Einige Putts später sagen Sie Ihrem Partner auch, ob der Ball rechts oder links am Loch vorbeilief, und wie weit, immer noch mit geschlossenen Augen. Nach ein paar Minuten sollten Ihre Antworten demnach etwa so lauten: „60 cm zu weit, 1 Meter links“ oder „1 Meter zu kurz, 50 cm rechts vom Loch.“ Anfangs liegen Sie vielleicht weit daneben mit Ihren Schätzungen, doch nach einer Weile, mit dem besseren Feeling beim Putten, gewinnen Sie an Präzision.

Diese Übung hat mir besonders dabei geholfen, ein besseres Gefühl für die langen Putts zu gewinnen, um dem inneren Computer bessere Informationen zu geben für eine erfolgreichere Arbeit.

Kurze Putts

Bei kurzen Putts habe ich zahlreiche verschiedenartige Visualisierungen und Wahrnehmungsspiele praktiziert. Was sich im Laufe der Jahre als erfolgreich zeigte, möchte ich Ihnen hier vorstellen.

Die Herausforderung kurzer Putts ist einfach zu beschreiben: Der Ball *muß* ins Loch gehen. Fehler lassen sich hier nicht mehr ausgleichen, der Ball geht entweder rein oder nicht! Selbstvertrauen spielt deshalb hier die wichtigste Rolle. Ich weiß es nur allzu gut: Wer viele kurze Putts versiebt hat, für den ist die Angst vor einem fehlgehenden Ball das größte Problem.

Ich hatte kaum Zutrauen zu meiner Fähigkeit, Putts aus einem Meter Entfernung oder weniger einzulochen, bevor ich das *Inner Game* kennenlernte. Als erstes lernte ich, wie ich die negativen Gedanken, die meine Putts sabotierten, loswerden und durch positive Visualisierungen ersetzen konnte. Danach konnte ich die Bälle häufiger versenken und mein Selbstvertrauen stärken. Wenn Sie kurze Putts gut in den Griff bekommen, nimmt das dem übrigen Spiel viel Druck.

a) Die Trambahnschienen. Zu den erfolgreichsten Visualisierungsübungen bei kurzen Putts gehört die Vorstellung, daß auf dem Gras vom Ball bis zum Loch Trambahnschienen verlegt sind. Nach dem Lesen des Grüns und der Entscheidung für eine Puttlinie visualisiere ich einen Schienenstrang - als Kurve, wenn nötig –, der im Loch endet. Der wichtigste Schienenabschnitt sind die ersten Zentimeter nach dem Ball. Wenn ich bereit zum Putten über dem Ball stehe, muß ich nur noch den Ball entlang der Schienen schlagen. Habe ich den Putt richtig gelesen, muß der Ball ins Loch gehen. Dieser Denkprozeß lenkt mich davon ab, an das Endergebnis des Putts zu denken – an das Einlochen – und richtet meinen Geist auf den ersten Schienenbschnitt. In Abwandlung dieser Übung können Sie eine magnetische Linie auf dem Gras visualisieren, die den Ball anzieht.

Als hilfreich für diese Visualisierung kann sich ein Kreidestrich erweisen, den Sie auf dem Übungsgrün zeichnen. Am Anfang tun Sie sich leichter mit flachen Putts. Beginnen Sie mit kurzen Putts von etwa 30 cm Länge, und gehen Sie allmählich weiter zurück, wenn Sie sie regelmäßig einlochen.

b) Die Linie halten. Wenn Ihr Putten unbeständig ist, können einfache Wahrnehmungsspiele dem Körper helfen, die effizienteste Bewegung zu finden. Wenn Sie beispielsweise bemerken, daß das Putterblatt nicht zügig entlang der gewählten Linie schwingt, fragen Sie sich, welcher Körperteil den Winkel des Blatts kontrolliert. Vielleicht stellen Sie fest, daß die Innenfläche der rechten oder der Handrücken der linken Hand den Winkel verändert.

Schließen Sie Ihre Augen und finden Sie heraus, ob Sie durch Fühlen der jeweiligen Hand erraten können, ob das Putterblatt offen, geschlossen oder im rechten Winkel stand, als es den Ball traf. Nach dem Ratespiel können Sie nachschauen, wo der Ball hinrollte, und so bessere Informationen erhalten.

Wenn Sie das Gefühl haben, daß sich der Körper zu stark bewegt, dann finden Sie heraus, wo sich die Bewegung am meisten bemerkbar macht. Vielleicht schwankt der Kopf, oder der Oberkörper bewegt sich seitwärts. Hier bietet sich ein Wahrnehmungsspiel an: Wie stark ist die Bewegung, auf einer Skala von 1 bis 3? Zwingen Sie sich nicht, die Bewegung zu stoppen. Das erzeugt nur Spannung, senkt das Wahrnehmungsvermögen und blockiert den natürlichen Lernvorgang.

Wir kennen nun Übungen für kurze und lange Putts. Doch wie steht es mit all den Putts, die zwischen einem und sechs Meter liegen?

Mittellange Putts

a) Der Punkt vor dem Ball. Ein Fünf-Meter-Putt kann das Visualisieren einer Tramschiene vom Ball zum Loch schwierig machen. Leichter wäre es dann, einen Punkt wenige Zentimeter vor dem Ball zu wählen, über den der Ball rollen soll. Die Wahl sollte präzise erfolgen, denn schon ein Zentimeter Abweichung läßt den Ball fehlgehen. Bei einem mittellangen Putt sollte diese Übung in Ihren inneren Computer programmiert werden, zusammen mit der Distanz des Putts. Beide Informationen sollten gleichberechtigt in Ihr Programm aufgenommen werden, sonst schlagen Sie einen schnurgeraden Putt, der kurz vor dem Loch stehenbleibt.

b) Ein Faden zwischen Ball und Loch. Diese Visualisierung ist eine Variation der Tramschienen-Übung, jedoch weniger genau und deshalb gut geeignet für längere Putts. Stellen Sie sich einen Faden vor, an Ball und Loch befestigt. Wenn der Putter den Ball trifft, zieht der Faden den Ball wie ein Magnet ins Loch.

Wenn der Putt einen weiten Bogen enthält, können Sie sich den Faden vorstellen, wie er in einer Kurve am Boden liegt, der der Ball folgen wird.

(c) Der Laserstrahl. Mein Freund Alan bedient sich beim Putten zumeist dieser Visualisierung, sowohl für kurze als auch für mittellange Putts. Nachdem er die Neigung des Grüns gelesen hat, achtet er nicht mehr allzu sehr auf den Schwung, wenn er sich über dem Ball befindet. Er überläßt die nötigen Anpassungen seinem Unterbewußtsein. Statt dessen konzentriert er sich auf die Rückseite des Lochs und klinkt sich in die Linie zwischen Ball und Loch ein, als ob ein Laserstrahl beide verbindet. Wenn er das Gefühl des Einhakens in die Verbindung wahrnimmt, verwendet er den Putter gleichsam als Auslösemechanismus, der die Energie liefert, um die beiden Elemente Ball und Loch zu verbinden.

Dies sind nur wenige Beispiele für Wahrnehmungsspiele, die Sie beim Putten machen können. Die Liste ist endlos, und es kann großen Spaß machen, eigene Spiele zu erfinden und der Entwicklung ihres Puttens zuzuschauen.

Wie man das Putten übt

Wenn Sie das Putten üben, achten Sie darauf, es interessant und spannend zu halten. Immer auf demselben Fleck zu stehen und hundert Bälle in Richtung Loch zu befördern ist keine gute Strategie für die mentale Vorbereitung, weil diese Situation auf dem Golfplatz niemals eintritt.

Wenn Sie jedem Übungsputt die gleiche Aufmerksamkeit schenken wie im Turnier, dann trainieren Sie Ihre mentale und körperliche Vorbereitung. Schlagen Sie nie zwei Putts von der gleichen Position aus, machen Sie das Üben interessant, indem Sie die Herausforderung stets abwandeln. Selbstvertrauen auf dem Grün gewinnen Sie am besten, wenn Sie einige Bälle im Kreis um das Loch anordnen, im Abstand von etwa 50 cm. Schenken Sie jedem Putt Ihre volle Aufmerksamkeit, und wenn Sie alle Bälle mit dem ersten Putt einlochen, erweitern Sie den Kreis ein wenig.

Wenn Sie Ihr Selbstvertrauen auf dem Grün gänzlich verloren haben, dann helfen oftmals kleine Veränderungen. Vielleicht versuchen Sie es mit einem neuen Putter, einem anderen Griff, einem anderen Stand. Das hilft, das Denkmuster in Verbindung mit dem Mangel an Selbstvertrauen zu brechen. Wenn sich das Putten anders anfühlt, dann ist das wie ein Neuanfang, mit neuem Selbstvertrauen.

Marcus, der Pro

Kürzlich arbeitete ich mit Marcus, einem Professional, der eine mentale Blockade bei Putts zwischen einem und drei Meter Länge hatte. Er habe, so sagte er mir, bei längeren Putts eine größere Chance, einzulochen als bei kürzeren. Bei Putts unter einem Meter war sein Selbstvertrauen groß genug; also bat ich Marcus, solche Putts zu schlagen und auf seinen Rhythmus zu achten. Als die Putts länger wurden, änderten sich sein Rhythmus und Stil. Er merkte, daß er den Putter zu kurz zurücknahm und den Ball im Vorschwung hinterherstieß. Ich bat ihn, sich auf den Rhythmus des Putts zu konzentrieren und den Stil exakt beizubehalten, unabhängig von der Länge des Putts. Dann gab ich ihm Putts unterschiedlicher Länge vor, sowohl kürzer als auch länger als ein Meter.

Marcus fiel auf, daß er sein linkes Handgelenk im Vorschwung manchmal öffnete und dann links am Loch vorbeischlug. Ich bat ihn, mir nach jedem Putt zu sagen, wie er seinen Rhythmus auf einer Skala von 1 bis 5 beurteilte und ob er sein Handgelenk geöffnet habe. Nach einigen Minuten lochte er fast jeden Putt zwischen einem und zwei Metern ein. Schlag und Rhythmus wurden beständiger, und er öffnete sein Handgelenk nicht mehr beim Rückschwung.

Wir arbeiteten dann an einer Visualisierungsübung, die ihm beim Turnier helfen würde, seinen Intellekt zu beruhigen. Er neigte dazu, unter Druck sein Putten zu sehr zu analysieren. Am erfolgreichsten erwies sich eine Kombination der Visualisierung mit dem „schwarzen Loch“ und dem Faden. Bei allen Putts unter 5 Metern stellte er sich einen kleinen Mann im Loch vor, der einen Faden hält, verbunden mit Ball und Putter. Beim Putt zieht das Männchen Ball und Putter mit dem Faden zum Loch. Der Faden liegt am Boden entlang der Linie, die der Ball entlangrollen soll.

Eine persönliche Erfahrung

Kürzlich spielte ich eine Runde von neun Löchern. Es war ein schöner Tag, die Grüns waren frisch geschnitten und in perfektem Zustand. Am Abend zuvor hatte ich beschlossen, meine Visualisierungen für das Putten zu üben, motiviert vielleicht durch das Verfassen dieses Kapitels.

Ich visualisierte Ball und Loch mit einem Faden verbunden. Ich hatte keine großen Erwartungen, spielte nicht um hohe Einsätze – ich hatte nur Spaß daran, für mich selbst zu spielen, eine seltene Gelegenheit während der letzten Monate.

Bei neun Löchern versenkte ich fünf Putts zwischen drei und fünf Metern Länge und einen Chip vom Rand des Grüns – allesamt mit derselben Visualisierung. Das war um so aufregender für mich, weil ich nicht allzusehr auf die Linie meiner Putts achtete. Ich gab meinem inneren Computer alle nötigen Informationen, und als ich dann über dem Ball stand, vertraute ich meinem Unterbewußtsein die richtige Aufstellung an. Ich hatte das Gefühl, als ob ich mit meinem Geist den Ball ins Loch führte, als ob mein Körper nur auf die kraftvollen mentalen Verbindungen reagierte, die ich zwischen Ball und Fahne knüpfte – wie ein Zen-Bogenschütze, der den Pfeil mit einem einzigen bewußten Gedanken in das dem Auge verborgene Ziel lenkt.

Es war ein aufregender Morgen gewesen, und heute früh marschierte ich zum gleichen Golfplatz in der Hoffnung, dieses Gefühl noch einmal zu erleben. Ich machte die gleiche Übung, war aber unfähig, mich in derselben Weise wie noch tags zuvor mit dem Loch zu verbinden. Natürlich gingen die Putts daneben. Es gab einen feinen Unterschied zwischen den Denkvorgängen von gestern und heute; doch erst am 13. Loch erkannte ich ihn. Mein Ball befand sich etwa acht Meter vom Loch entfernt, und ich machte die gleiche Visualisierung, erwartete aber nicht, daß der Ball bei dieser Entfernung ins Loch gehen würde. Und nun raten Sie mal: Der Ball rollte direkt ins Ziel.

Da begriff ich. Bei allen Putts zuvor hatte ich mir nur ein kleines bißchen *mehr* Mühe gegeben, weil ich erwartet hatte, genauso gut zu putten wie gestern. Bei dem langen Putt konnte ich mich völlig entspannen und nahm nur mental mit Loch und Ball Verbindung auf. Mein Körper konnte dann die feinabgestimmte Bewegung produzieren, die nur ein hochkomplexer Computer hervorbringt, und einen Acht-Meter-Putt versenken. Vielleicht bin ich heute der Einsicht in das „Zen des Puttens“ einen Schritt nähergekommen.

Checkliste für die Übung:

Lange Putts: Programmieren Sie den Computer mit allen nötigen Informationen, dann vertrauen Sie darauf, daß er den Ball für Sie schlägt.

▼

Schärfen Sie Ihre Sinne mit geschlossenen Augen, und raten Sie, wo Ihr Ball im Verhältnis zum Loch gelandet ist.

▼

Kurze Putts: Visualisierung einer Trambahnschiene vom Ball zum Loch.

▼

Wahrnehmungsspiele, um Ihren Putter auf der Linie zu halten.

▼

Mittellange Putts: Schlagen Sie den Ball über einen Punkt auf dem Gras.

▼

Ein Stück Faden, verbunden mit Loch, Ball und Putter.

▼

Ein Laserstrahl, der den Ball und die Rückseite des Lochs verbindet.

Damit sind die Übungen für das kurze Spiel beendet. Es ist jetzt Zeit, das Gelernte mit auf den Golfplatz zu nehmen.

IV

20. Kagami auf dem Golfplatz

Das Wahrnehmungsdiagramm

▼

Eine Auswahl von Kagami-Übungen

▼

Welche Übung ist geeignet?

▼

Der persönliche Fortschritt

„Die Art, wie wir Golf spielen, kann eine freudvolle, mühelose Ausdrucksform unseres Lebens sein oder ein frustrierendes, endloses Streben nach Perfektion. Die Wahl, die wir treffen, bleibt uns überlassen."

20. Kagami auf dem Golfplatz

Eigentlich folgt jetzt das Spannendste: Das neue Wissen und die Einsichten, die Sie gewonnen haben, mit auf den Golfplatz zu nehmen und anzuwenden. Jene wunderbare geistige Stille zu entdecken, in der Sie in völliger Harmonie mit Ihrem Körper sind, zuzuschauen, wie Ihr Schwung fließt und der Ball genau dorthin rollt, wo Sie es wünschen.

Eine wirklich göttliche Erfahrung. Das ist es, was Golf zu einem weltweit beliebten Spiel gemacht hat! Der eine perfekt geschlagene Ball, den wir niemals vergessen werden. Der sich anfühlte, als ob der Schläger durch Butter streicht, statt einen harten Ball zu schlagen. Der Fünfzehn-Meter-Putt, der sich wie eine Rakete, die Ihr Ziel ansteuert, aufs Loch zubewegte. Der Drive, der sich wie ein Orgasmus anfühlte. Diese wunderbaren Schläge, die uns immer wieder auf den Golfplatz zurückkommen lassen, selbst wenn es nur noch nebelhafte Erinnerungen sind. Irgendwie spüren wir, daß wir fähig sind, diese Schläge zu wiederholen. Es waren nicht nur Eintagsfliegen, sie kamen aus unserem Inneren.

Mit diesem Buch habe ich Ihnen einige der Schlüssel in die Hand gegeben, die das Tor zu Ihrem Potential aufschließen können, die jene großartigen Erfahrungen zurückbringen oder, wenn Sie Anfänger sind, neue schaffen können. Sie können lernen, Ihren Intellekt zu beherrschen, um sich in jene ideale geistige Verfassung zu bringen, die die Zwiebelschichten abfallen läßt und die Spitzenschläge ans Tageslicht bringt.

Sie unter den Zwiebelschichten zu entdecken, ist nicht so schwer, wie es scheint. Es erfordert Entschlossenheit, die Überzeugung, daß diese Schläge möglich sind, und ein wenig mentale Disziplin.

Wenn Sie die Übungsstunden weise verteilt haben und mentale Vorbereitung und Schwung – wie im Kapitel „mentale Abläufe auf dem Golfplatz" besprochen – auf der Driving Range trainiert haben, dann wird der Wechsel zum Golfplatz viel leichter fallen.

Vielleicht haben Sie schon versucht, die verschiedenen Kagami-Übungen auf den Golfplatz mitzunehmen. Manche von Ihnen werden damit erfolgreich gewesen sein, für andere war es vielleicht ein schlimme Erfahrung. Ich hoffe, Sie haben lange genug durchgehalten, um dieses Kapitel zu lesen, weil ich Ihnen Hilfe anbieten möchte.

In den Anfangsphasen des Kagami-Trainings gehörte der Besuch auf dem Golfplatz nicht zum Programm, und ich merkte schon bald, daß die Mehrheit der Teilnehmer die Übungen nicht voll in ihre Golfrunden integrieren konnten. Auf dem Platz fielen Sie in alte Denkgewohnheiten zurück, weil es sich leichter und „vertrauter" anfühlte. Als es ernst wurde oder das Ergebnis zu zählen begann, verließen sie das bekannte Terrain nur ungern.

Ich habe daher eine Methode entwickelt, um den Brückenschlag zwischen Driving Range und Golfplatz so einfach wie möglich zu machen.

Das Wahrnehmungsdiagramm

Der Schlüssel zu diesem Prozeß ist das Wahrnehmungsdiagramm, das Sie auf der Seite 171 abgebildet sehen. Kopieren Sie sich ein nicht ausgefülltes Diagramm, und nehmen Sie es auf den Golfplatz mit. Dieses Stück Papier wird Ihnen helfen, die mentale Disziplin aufzubringen, die zur mühelosen Übertragung der Übungen auf den Golfplatz nötig ist. Es ist fast so gut, wie von mir persönlich begleitet zu werden und Fragen gestellt zu bekommen.

Gut. Wählen Sie einen Tag, an dem Sie ohne jeden Druck auf dem Golfplatz spielen können. Allein oder mit einem Partner, der auch mit Hilfe dieses Buchs den Kagami-Kurs gemacht hat. Wenn er das Buch nicht kennt, gehen Sie allein. Der Abend oder frühe Morgen eignet sich wohl am besten, weil wir den Druck nachfolgender Spieler vermeiden wollen. Diese Runde wird ein wenig länger dauern, als Sie es gewohnt sind. Geben Sie sich für 18 Löcher mindestens eine halbe Stunde zusätzlich Zeit. Wenn Sie sich mit dem Prozeß vertraut gemacht haben, wird eine Runde nicht länger als bisher dauern.

Bei dieser Runde werden wir die Ergebnisse *nicht* mitzählen. Sie haben richtig gelesen: Kein Score! Zur Abwechslung sind wir einmal am Ergebnis nicht interessiert – nur daran, wie gut Sie sich auf bestimmte Übungen konzentriert haben. Wir werden die Konzentration bewerten, nicht den Weg des Balls.

Damit schwingt das Pendel ganz auf die andere Seite – von der völligen Abhängigkeit von Ergebnissen zur Gleichgültigkeit dem Resultat gegenüber. Das ist notwendig, um Kagami tiefgreifend zu erfahren.

Nach meinem Abschied von der Professional Tour war ich des Drucks, meinen Lebensunterhalt mit Golf zu verdienen, so überdrüssig, daß ich die nächsten zwei Jahre nur noch zum Spaß spielte – und Spaß bedeutete damals: keine Ergebnisse! Uns Erwachsenen hat man beigebracht, daß im Berufsleben ausschließlich Resultate zählen. Wenn wir diese Denkweise auf den Golfplatz übertragen, wundern wir uns auch noch, warum die Ergebnisse so katastrophal ausfallen!

Der einzige Weg, um sich während des Schwungs hundertprozentig auf die Kagami-Übungen zu konzentrieren, besteht darin, anfangs das Ergebnis zu ignorieren. Also kein Zählen der Schläge bitte!

Eine Auswahl von Kagami-Übungen

Wenn Sie alle Übungen im Buch ausprobiert haben, dürften Sie jetzt allmählich wissen, welche für Sie am besten funktionieren. Auf der Driving Range haben Sie vielleicht Zutrauen zu Ihnen gewonnen.

Wählen Sie nun eine oder zwei Übungen für das lange Spiel, die eine oder andere für das kurze Spiel und das Putten. Schreiben Sie jede Übung an den Kopf des Diagramms, und geben Sie ihm ein Symbol.

Der Diagrammkopf könnte also etwa so aussehen:

Langes Spiel	Wasserrad	O
Kurzes Spiel	Telefonhäuschen & Gras anschauen	U *
Putten	Trambahnschienen	=

So viele Übungen sind gar nicht nötig, die Auswahl bleibt ganz Ihnen überlassen. Anfangs wählen Sie vielleicht nur eine und nehmen später weitere hinzu.

Vor jedem Schlag: Entscheiden Sie sich, auf welches Wahrnehmungsspiel Sie sich während des Schwungs konzentrieren wollen.

Technische Schwungfehler passieren nicht aus heiterem Himmel – die „Probiermuskeln" aktivieren sich immer durch Gedanken.

Nach jedem Schlag: Geben Sie sich eine Antwort zwischen 1 und 5, schreiben Sie diese mit Hilfe des Symbols der jeweiligen Übung auf. Versuchen Sie nicht, mehr als eine Übung gleichzeitig zu machen. Es bleibt Ihnen überlassen, wie Sie die Übung bewerten.

Wenn Sie auf die Farbe des Tees achteten, dann könnte 5 bedeuten, daß Sie die Farbe des Tees gesehen haben; 1, wenn Sie den Ball wegfliegen sahen, ohne auf das Tee zu achten. Bei der Wasserrad-Übung könnten Sie bewerten, wie gut Sie sich auf das Bild oder das Gefühl des Wasserrads konzentrieren konnten. Wenn Sie die Spannung in Ihrer rechten Schulter bewerten wollen, könnte 1 als völlig verspannt und 5 als entspannt gelten. Vielleicht wollen Sie Ihre mentale Aufstellungsvorbereitung trainieren: 5 könnte dann ein reibungsloser Übergang von der linken zur rechten Gehirnhälfte markieren, während 1 das Festhalten entweder am Intellekt oder am Unterbewußtsein bedeutet.

Es ist unwichtig, wie Sie die Übungen bewerten, solange Sie sich nach jedem Schlag eine Antwort geben, die ignoriert, wohin der Ball gegangen ist. Vielleicht haben Sie sich perfekt auf Ihre Übung konzentriert, aber beim Schwung einen anderen Fehler gemacht und einen schlechten Schlag abgegeben. Bewerten Sie die Übung, nicht das Resultat. Wenn Sie das auch auf dem Golfplatz tun, führt das Ihre Konzentration von der Zukunft zurück ins Jetzt.

Wenn Sie jeden Schlag als Chance ansehen, Ihren Geist zu üben, werden Sie die mentale Disziplin eines guten Golfers entwickeln. Wie ich früher schon sagte. Der Geist ist wie ein Muskel – je mehr Sie die Verbindung zwischen rechter und linker Gehirnhälfte trainieren, desto tragfähiger wird sie.

Halten Sie das Wahrnehmungsdiagramm leicht erreichbar. Wenn Sie bei jedem Schlag erst lange in Ihrer Golftasche suchen müssen, schreiben Sie nichts auf. Nach einigen Löchern glauben Sie vielleicht, daß Notizen jetzt überflüssig sind – Vorsicht! Ihr Intellekt wartet nur auf den Augenblick, in dem Sie die Konzentration verlieren, um Ihnen wieder „Tu-das"-Vorschriften beim Schwung zu machen. Halten Sie 18 Löcher lang durch, und beobachten Sie einfach nur, was geschieht.

Welche Übung ist geeignet?

Sie machen beispielsweise die Wasserrad-Übung und merken dabei, daß Sie den Ball halb schlagen. Versuchen Sie nach dem Schlag, den Grund dafür herauszufinden. Wenn Sie die Antwort haben, dann wissen Sie wahrscheinlich schon, welche Übung Sie beim nächsten Schlag machen werden. Wenn Sie nicht sicher sind, stellen Sie beim nächsten Schlag eine Frage, die Ihnen bei der Antwort helfen kann, etwa: „Habe ich das Gras oder Tee gesehen, nachdem der Ball geflogen ist?"

Bei den meisten Golfern gibt es höchstens drei Dinge, die beim Schwung schieflaufen können. Wenn Sie Ihre Schwungfehler sowohl im Kopf als auch nach Gefühl identifiziert haben, können Sie die Fehler auf dem Golfplatz viel leichter gleich nach dem Schlag erkennen. Sie spüren, wie sich eine bestimmte Muskelgruppe anspannt, sehen, welche Richtung der Ball nimmt, und wissen genau, was passiert ist. Besser noch, Sie werden schon beim nächsten Schlag wissen, was zu korrigieren ist.

Es kann geschehen, daß Sie weder mental noch körperlich erkennen, was den Schwung störte. So geht es mir manchmal. Der Schwung fühlt sich perfekt an, in meinem Kopf herrscht Stille, und dann schaue ich auf, und der Ball fliegt in die falsche Richtung. Und ich habe keine Ahnung, welche Zwiebelschicht sich eingemischt hat.

Manchmal sind die Zwiebelschalen sehr fein gesponnen – also machen Sie sich keine Gedanken darüber, sonst stört das Ihre Konzentration. Wenn Sie das Problem nicht ausmachen können, gehen Sie einfach zum nächsten Schlag, und konzentrieren Sie sich noch mehr auf eine bestimmte Kagami-Übung.

Ob Sie die Ursache erkennen können oder nicht, technische Schwungfehler passieren nicht aus heiterem Himmel – die „Probiermuskeln" aktivieren sich *immer* durch Gedanken. Diese Regel kennt keine Ausnahme. Wenn Sie diese Prämisse akzeptieren können und weiterhin nach dem Warum fragen, kommen die Antworten nach einiger Zeit schneller.

Der persönliche Fortschritt

Wenn Sie sich mit dem Wahrnehmungsdiagramm allein auf dem Golfplatz wohlfühlen, können Sie den nächsten Schritt wagen. Kleine beherrschbare Fortschritte sind einfacher, wenn man etwas Neues lernt. Kinder versuchen nicht, eine Leiter hinaufzuklettern, bevor sie auf dem Boden laufen können; doch ich kenne viele Erwachsene, die laufen wollen, bevor sie gehen können. Das führt stets zum Mißerfolg, weil das jeweilige Können noch keine Basis für ein Weiterkommen bildete. Der Körper hatte noch keine Zeit, neue Muskelkoordinationen zu erlernen und diese auszuprobieren.

Versuchen Sie also nicht schon eine Woche nach Ihrer ersten Kagami-Runde diese neue Art des Golfspiels in ein Turnier mitzunehmen. Gehen Sie schrittweise vor und nehmen Sie sich auf jeder Stufe Zeit, in Ihrem Kagami-Notizbuch festzuhalten, was gut funktionierte und was nicht.

Der nächste Schritt könnte darin bestehen, mit ein paar Freunden zu spielen, immer noch ohne Score. Erklären Sie ihnen, was Sie vorhaben, damit Sie sich nicht befangen fühlen, wenn Sie beim Schwung laut sprechen oder das Diagramm ausfüllen. Vielleicht sagen Sie ihnen auch, daß Sie zwischen den Schlägen nicht sehr viel reden werden, weil dieser Vorgang alle Konzentration erfordert.

Wenn Sie sich damit wohl fühlen, könnten Sie mit dem Zählen beginnen. Das ist die schwierigste Phase, weil Sie vielleicht merken, daß Sie in die alte Abhängigkeit vom Ergebnis verfallen. Wenn das passiert, zählen Sie einige Löcher lang nicht mit, füllen Sie aber weiterhin das Diagramm aus. Der wichtigste Punkt ist, daß Sie wahrnehmen, was geschieht, im Kopf und im Körper. Dann können Sie gleich auf dem Golfplatz richtig handeln und wieder ins richtige Geleise kommen.

Als nächsten Schritt spielen Sie ein Match mit Hilfe der Kagami-Technik. Spielen Sie auch nicht um Geld, und bitten Sie den Partner, Ihrer beider Score zu führen.

Wenn die Konzentration auf dem Golfplatz nachläßt, lassen Sie nicht zu, in eine Abwärtsspirale immer schlechterer Schläge zu gleiten. Halten Sie einen Augenblick inne, sammeln Sie sich, nehmen Sie einen tiefen Atemzug und sagen Sie sich selbst, daß Sie nicht zulassen müssen, daß Ihr Kopf mit Ihnen davonläuft. Wenn Sie in den Bäumen oder im Rough gelandet sind, wählen Sie den einfachsten Ausweg, und bringen Sie den Ball einfach zurück ins Spiel. Wenn Sie auf der Spielbahn sind, nehmen Sie einen leichten Schläger, und kicken Sie den Ball einfach nur mit einem einfachen, halben Schwung vorwärts. Durchbrechen Sie den Teufelskreis, und übernehmen Sie wieder die Kontrolle Ihrer Gedanken.

Jetzt sollten Sie bereit sein für Ihr erstes Kagami-Turnier. Viel Glück und viel Freude dabei – und vergessen Sie nicht:

Jeder Schlag ist eine Gelegenheit zu lernen.

KAGAMI WAHRNEHMUNGS DIAGRAMM

#1 ______________________________

#2 ______________________________

KAGAMI
G O L F

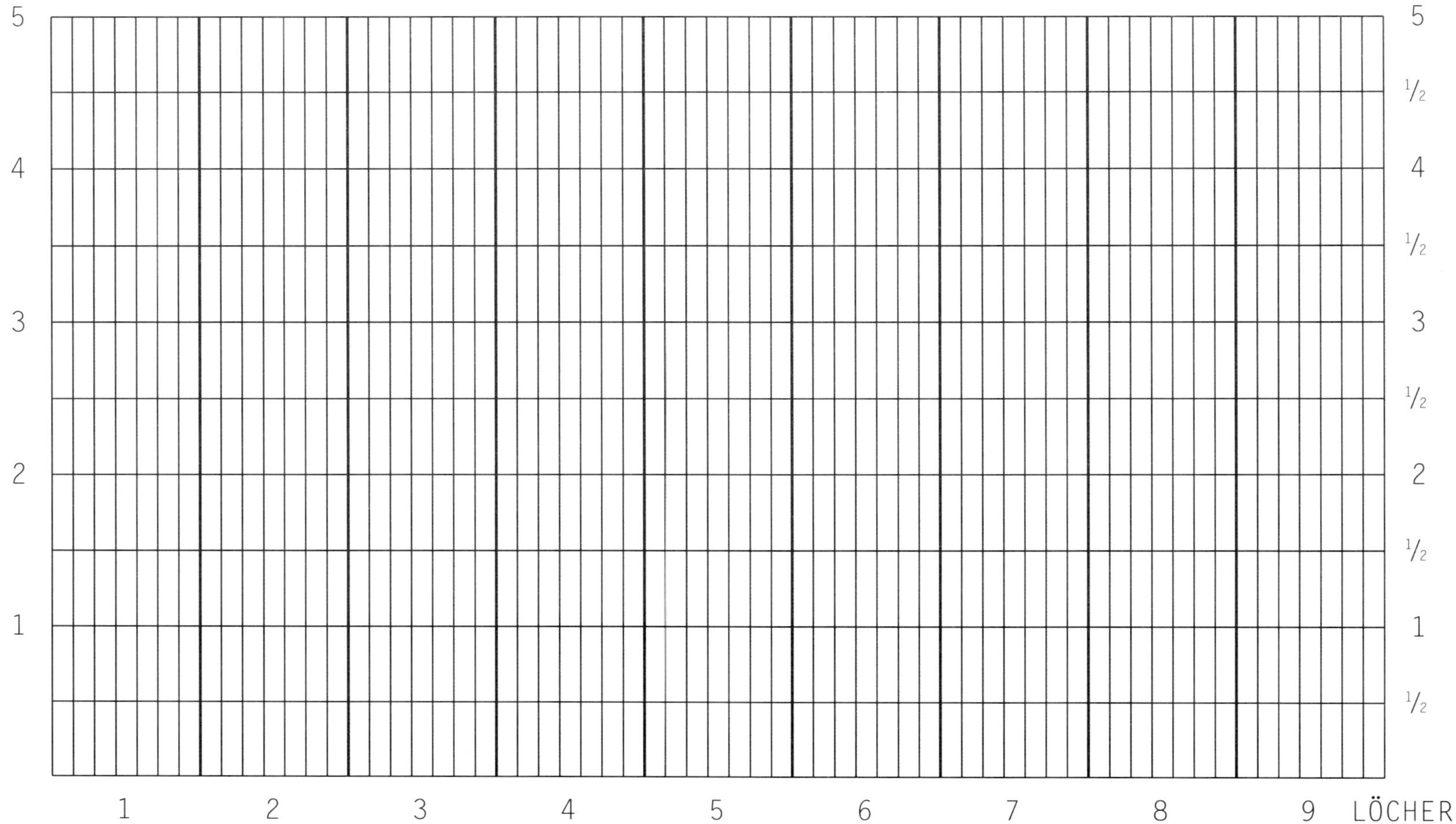

„Kein Mensch kann dir enthüllen, was nicht schon im Dämmerschlaf verborgen in den Skizzen deines Wissens liegt."

KHALIL GIBRAN

Nachwort

„Dein Vermögen und dein Traum – beginne sogleich damit. Kühnheit birgt Genius, Kraft und Magie."

GOETHE

Als kleines Kind waren Sie eine vollkommene Lernmaschine, besaßen unglaubliche Fähigkeiten, mit Hilfe beider Gehirnhälften Informationen zu absorbieren und körperliche Fertigkeiten zu erlernen. Mit diesem Buch wollte ich Ihnen helfen, etwas von diesem körperlichen und geistigen Geschick zu „wecken". Es steht Ihnen von Anfang an zur Verfügung; doch als Erwachsener besaßen Sie nicht das nötige Werkzeug, Ihre natürliche Lernfähigkeit wiederzuentdecken. Jetzt, wo Sie über die Übungen den Kagami-Prozeß erfahren haben, haben Sie vielleicht einen Schritt in Richtung jener mühelosen, freudvollen Lernweise eines Kindes gemacht.

Dieses Buch birgt alle Elemente, um sich dem Golfspiel aus völlig neuer Perspektive zu nähern. Sie kann Ihnen helfen, sich von nutzlosen, blockierenden Denkmustern und Überzeugungen zu lösen. Ich habe Ihnen eine „Ganzhirn"-Methode für das Golfspiel gezeigt, die mithilft, das Gehirn weiterzuentwickeln, habe Ihnen neue mentale oder körperliche Spiele gezeigt, die zu erfolgreicher Muskelprogrammierung beitragen können.

Selbst wenn das ganze Buch nur eine einzige Übung enthält, die für Sie funktioniert, kann das genügen, um Ihr Golfspiel dramatisch zu verbessern.

Selbst wenn Sie bis hierher nur gelesen haben, ohne eine einzige Übung zu machen, haben Sie ebenfalls etwas gelernt! Dieses Muster können Sie jetzt sofort durchbrechen, wenn Sie zu Kapitel 4 zurückgehen und damit anfangen, sich Ziele für Ihr Golfspiel zu setzen.

Vielleicht haben Sie schon damit begonnen, zu entdecken, daß Ihr Talent viel größer ist als vermutet, daß Golflernen riesigen Spaß machen kann. Wenn Sie mit Hilfe der Kagami-Technik allmählich Ihr wahres Potential als Golfer entfalten, haben Sie sich auf eine Reise begeben, die den Blick zurück überflüssig macht.

Ich glaube, daß das Golfspiel viel Ähnlichkeit mit der Reise durchs Leben hat. Golf ist für mich nicht nur eine Sportart. Der Kagami-Weg ist viel mehr. Ich habe herausgefunden, daß seine Prinzipien in allen Lebensbereichen Gültigkeit haben. Mein Golfspiel spiegelt in der Regel mein Verhalten in Beruf und Privatleben wider. Wenn Sie in den Spiegel, genannt Golf, blicken, könnten Sie Einsichten gewinnen, die auch für andere Bereiche gültig sind.

Das Golfspiel läßt sich niemals „meistern". Immer wieder tun sich neue Ziele auf. Golf, wie auch das Le-

10–12

12–14

14–16

25. Mittwoch

8–10

10–12

12–14

14–16

Bemerkungen:

8–10

10–12

12–14

14–16

21. Samstag

8–10

10–12

12–14

14–16

22. Sonntag

ben, wäre langweilig, wenn es keine neue Herausforderungen zu bieten hätte.

Ich nütze Golf als Versuchslabor, um meine Verhaltensmuster zu ändern, um meine Ziele zu überprüfen – als Vehikel, um meinen Geist zu üben. Ich möchte Teile der ungenutzten 90 Prozent meines Geistes zurückerobern, und Golf bietet einen idealen Übungsplatz dafür.

Als ich die Fähigkeit gewann, jede Situation auf dem Golfplatz als Herausforderung und Lernchance zu sehen, war es nur noch ein kurzer Schritt zum „Berufs-Schwung", zum „Lebens-Schwung". Wie ich von jedem Golfschlag lernen kann, so kann ich von allem lernen, was mir im täglichen Leben geschieht, auch wenn es im ersten Augenblick wie ein „Unglück" erscheint. Die erste Frage, die sich mir stellt, ist heute: „Was kann ich aus dieser Situation lernen?" Im Beruf wie im Leben hat mir diese Einstellung großen Gewinn gebracht.

Dazu eine kleine Geschichte:

John entwickelt eines Tages den großen Wunsch, auf dem Gipfel eines Berges zu stehen. Er macht sich auf den langen Weg, der seiner Überzeugung nach auf die Spitze führen wird. Er kämpft sich durch Dornen und Büsche und ist völlig von seinem Ziel in Bann geschlagen. Nicht ein einziges Mal hält er inne, um zu trinken oder die Aussicht zu genießen.

Johns Freund Paul hat denselben Wunsch, auf den Gipfel zu klettern. Er startet ein wenig später als John und hat eine andere Einstellung zu seinem Trip. Auch er muß mit Dornen und Gestrüpp kämpfen; doch er bleibt regelmäßig stehen, um die Aussicht zu genießen, sich an klaren Bergbächen zu erfrischen und an den Blumen am Wegesrand zu riechen. Er kennt sein Ziel, doch er ist glücklich, zu sein, wo auch immer er sich gerade befindet. An einer Stelle ist Pauls Pfad völlig mit Dornbüschen blockiert. Er setzt sich, um zu rasten und seine Situation zu reflektieren. Als er sich umblickt, bemerkt er im Gestrüpp einen schmalen Pfad, der bergauf führt, und entschließt sich, dort weiterzugehen. Er weiß nicht genau, wohin der Weg führt, ist jedoch überzeugt, daß das Abenteuer Freude machen wird, und auch die Richtung scheint zu stimmen. Der alternative Weg verläuft direkter, ist leichter zu gehen und von Rosen und schönen Blumen gesäumt. Paul erreicht den Gipfel, hat weniger Energie aufgewandt und ist in besserer körperlicher und geistiger Verfassung, nachdem er den Trip ausgiebig genossen hat.

Die Moral der Geschichte ist:

Gehe den Weg des geringsten Widerstands,

freue dich an jedem Schritt entlang des Weges,

und bleibe unabhängig vom Erfolg deines Tuns.

Sue Crowcroft

Anhang

Ich habe mich Ihnen sehr nahe gefühlt, als ich an diesem Buch schrieb, weil ich versucht habe, mich dabei in Sie, den Lernenden, hineinzuversetzen. Da ich dieses Buch für Golfer aller Leistungsstufen geschrieben habe, wende ich mich manchmal speziell an Anfänger und manchmal an erfahrenere Golfer. Ich hoffe, daß Sie darin Antworten auf Ihre ganz persönlichen Fragen gefunden haben.

Es ist natürlich nicht möglich, alle eventuellen Probleme zu behandeln, die Sie beim Schwung haben könnten. Ich hoffe aber, daß ich Ihnen einige neue Ideen dazu vermitteln konnte, wie Sie Ihre Schwungtechnik verbessern und das Muskelzusammenspiel optimieren können.

Die Kagami-Methode ist nicht unbedingt ein Ersatz für die Arbeit mit Ihrem Pro, sie fördert vielmehr den Lernprozeß. Wir alle haben als Lehrer das gleiche Ziel, nämlich Ihnen, dem Golfer, dabei zu helfen, Ihr Spiel zu verbessern oder ohne Mühe Golfen zu lernen, damit es Ihnen Freude und Erfolgserlebnisse bringt. Unsere Aufgabe ist es, Lehrmethoden zu finden, die zu Ihrem persönlichen Lernstil passen – wir müssen uns nach Ihren Bedürfnissen richten, nicht umgekehrt. Deshalb sage ich meinen Klienten immer, sie sollen nur das mit nach Hause nehmen, was ihnen persönlich hilft, und den Rest dalassen.

Wenn Sie zur Zeit mit einem Pro arbeiten, sollten Sie die bei ihm erlernten Techniken, wenn Sie gut damit zurechtkommen, jetzt nicht über Bord werfen. Sie werden im Laufe der Zeit feststellen, daß Sie seine Informationen in Wahrnehmungsübungen einbauen können, die den Lernprozeß fördern und Ihnen helfen, Ihren Schwung leichter und mit dauerhaftem Erfolg zu verändern.

Sollten Sie noch Fragen oder Zweifel haben, nachdem Sie das Buch gelesen und die Übungen gemacht haben, und selbst keine Lösung finden, wenden Sie sich bitte direkt an uns. Wir senden Ihnen gerne die aktuellen Termine für die Kagami Golf Trainings-Programme. Gegenwärtig halten wir in sechs Ländern Kurse ab, und wir erweitern unser Angebot laufend.

Das Kagami Trainings-Programm

Der Grundkurs beim Kagami Golf Trainings-Programm dauert drei Tage und ist eine intensive Lernerfahrung. Wir vermitteln Ihnen in 22 Stunden Unterricht in der Gruppe einen umfassenden Einblick in die Kagami-Prinzipien; Sie können dabei sehr wertvolle Erkenntnisse zum Lernprozeß gewinnen, und wie Sie persönlich am besten lernen.

Wir arbeiten hauptsächlich auf der Driving Range, dem Chipping und Putting Green oder auf dem Kurs selbst. Etwa ein Drittel der Zeit verwenden wir für Visualisierungsübungen, um die hinter den Kagami-Prinzipien stehende Theorie zu besprechen, um die Erfolgserlebnisse und Erfahrungen der Teilnehmer zu hören, und damit Sie wichtige Übungen und Erkenntnisse in Ihrem persönlichen Notizbuch notieren können.

Jeder Kurs ist auf acht Teilnehmer beschränkt, so daß eine intensive individuelle Betreuung gewährleistet ist. Bei jedem Kagami-Training spielen wir während der drei Tage mindestens neun Löcher zusammen, selbst mit absoluten Anfängern. Die Teilnehmer machen so schnell Fortschritte, daß auch Anfänger keine Probleme haben, den Golfkurs am dritten Tag zu spielen.

Das Kagami Trainings-Programm ist ein gesetzlich geschützter Name. Nur von mir selbst ausgebildete Trainer, die einen Kagami Franchise-Vertrag haben, dürfen nach der Kagami-Methode unterrichten. Es erfordert viel Training, bis man die Kagami-Methode richtig vermitteln kann, und ein umfassendes Verständnis der dahinterstehenden Prinzipien.

Sollte jemand anderer als ein voll ausgebildeter Kagami Franchisenehmer irgendeine Übung aus diesem Buch in seinen Unterricht einbeziehen, kann ich für ihre Effektivität keine Garantie übernehmen. Die Kagami-Methode ist keine „Ruck-Zuck-Sache", sie ist ein Weg des Lernens.

Kassetten zum Kagami-Training

Diese Kassetten sind als zusätzliches Hilfsmittel für Golfer gedacht, die schon einiges über die Kagami-Prinzipien wissen, entweder weil sie dieses Buch gelesen oder an einem Kagami-Training teilgenommen haben.

Ein Set besteht aus zwei Kassetten. Die erste führt Sie schrittweise in die grundlegende Kagami-Übung ein, und es werden Ihnen alle Fragen gestellt, die ich an Sie hätte, wenn ich Sie beim Golfen begleiten würde. Wenn Sie die Kassette im Walkman mit auf die Driving Range nehmen, wird es für Sie wie Einzelunterricht sein.

Auf der zweiten Kassette sind geleitete Visualisierungsübungen, von denen einige nicht in diesem Buch stehen. Diese Übungen unterstützen das Unterbewußtsein dabei, Ihr Golfspiel erfolgreicher und unbeschwerter zu machen. Dabei geht es um Dinge wie Ihr Selbstbild als Golfer, wie Sie wenig hilfreiche Vorstellungen ändern und Wertungen beim Golfspielen möglichst reduzieren können. Sie helfen Ihnen auch, mentale Blockaden wie die Angst vor Versagen, die Angst vor Erfolg, die Nervosität beim ersten Tee oder die Anspannung bei Turnieren abzubauen.

Die Ausbildung zum Kagami-Trainer

Bitte fordern Sie ausführliche Informationen an, wenn Sie sich intensiv mit der Kagami-Methode befassen und Kagami-Trainer werden möchten.

Sie müssen dazu entweder Golf-Profi sein oder ein Amateur mit niedrigem Handicap, der an einer Karriere als Golflehrer interessiert ist.

Diese Form des Lehrens ist für den Trainer sehr, sehr befriedigend und macht ungemein viel Freude. Sie ist ganz anders als die herkömmlichen Lehrmethoden. Kagami bietet den richtigen Menschen enorme Entwicklungsmöglichkeiten, da wir unsere Aktivitäten weltweit ausbauen wollen.

Die Kagami-Prinzipien sind auf alle Sportarten anwendbar, und deshalb sind wir auch gerne bereit, mit Profisportlern oder Amateuren der Spitzenklasse in anderen sportlichen Disziplinen zu arbeiten.

Wenn Sie mehr über die Kagami-Trainer-Kurse und das Kassettenprogramm wissen möchten, schreiben Sie bitte an:
Kagami
Sports & Management Training
Postfach 1106
(94082) 8394 Griesbach i. Rottal
Germany

Verbessern Sie Ihr Handicap!

Peter Chamberlain

Lehrbuch Golf

Vom kurzen Spiel zum korrekten Schlag Golfschwung, den Flug des Balls analysieren und verstehen, das Putten, das Grün; schwierige Lagen und wie man sie meistert; die Golfrunde; das Spiel der Nerven – Konzentration und Beherrschung; das physische Spiel – die körperlichen Bedingungen.

Greg Norman/George Peper

Top Golf mit Greg Norman

Anschauliche Beschreibung der Grundlagen und wichtigen Phasen des Spiels. Auf vielen Abbildungen wird die perfekte Technik gezeigt und detailliert erläutert, worauf es im Spiel ankommt. Mit einem Vorwort von Jack Nicklaus.

BLV Sportpraxis Top
John Bradley/Alexander Kölbing

Richtig Golf

Ein didaktisch gut aufgebauter Golf-Kompaktkurs, der eine perfekte Einführung in Technik, Taktik und Psyche dieses diffizilen Sports gibt.

Peter Dobereiner

Die Tricks der Golf-Professionals

und was Sie davon lernen können
Unterhaltsam und lehrreich für Anfänger und Fortgeschrittene: Analyse von charakteristischen Techniken bekannter Profi-Spieler in 84 präzisen Golftips.

Eva-Maria Meißenberg

Abschlagen. Weiterspielen. Einlochen.

Verständliche, übersichtliche, praktische Darstellung der Golfregeln; präzises Nachschlagen und einfache Definition der Spielsituation. Empfohlen vom Deutschen Golflehrer Verband e.V.

In unserem Verlagsprogramm finden Sie Bücher zu folgenden Sachgebieten:

Garten und Zimmerpflanzen • Natur • Heimtiere • Angeln • Jagd • Reise • Sport und Fitness • Wandern, Bergsteigen, Alpinismus • Pferde und Reiten • Auto und Motorrad • Gesundheit, Wohlbefinden, Medizin • Essen und Trinken

Wünschen Sie Informationen, so schreiben Sie bitte an:

BLV

BLV Verlagsgesellschaft mbH • Postfach 40 03 20 • 8000 München 40

Telefon 089/12705-0 • Telefax 089/12705-547